지방자치 사례연구

정 일 섭

도서출판 대영문화사

이 저서는 인하대학교의 지원에 의하여 발간되었음.

머리말

지방자치가 부활된 지 20여 년이 지났다. 1950년대의 지방자치 경험이 10년(1952~1961)에 불과한 것에 비하면 거의 두 배 이상 지방자치에 대한 경험을 하였다. 그러나 그 동안 나타난 모습을 보면 긍정적인 모습 외에 부정적인 모습도 적지 않았다. 그 중 가장 대표적인 것이 지방자치단체장과 지방의원의 부패이며, 또 다른 문제가 지방자치단체의 재정 위기이다. 그런데 자치의 취지를 살펴보면 결국 자치의 주체인 주민이 주인 의식을 가치고 자치에 참여하지 못한 것이 가장 큰 문제라고 할 수 있다. 주민이 자치의 주체로서 역할을 충실히 하고, 지방의원이 주민대표로서 역할을 충실히 하였다면 많은 문제가 나타나지 않았을 것이기 때문이다. 모든 것이 하루아침에 이루어지는 것은 아니지만 결국 지방자치의 성공은 주민의 적극적 관심과 참여 여부에 달려 있고, 이는 또한 지방자치에 대한 지식의 대중화와 관련이 있다. 그런 면에서 지방자치에 대하여 누구나 쉽게 알 수 있는 책이 필요한 것이다. 이 책은 이러한 문제 의식에서 시작되었다.

지방자치에 대한 강의를 하면서 평소에 많이 느낀 바는 풍부한 사례와 통계를 활용하면 훨씬 이해가 빠르다는 점이었다. 다른 과목도 그러하겠지만 특히 지방자치론은 우리의 생활 현실과 밀접한 관계가 있기 때문에, 이론이나 관련 법 조문만으로 이해하기에는 많은 한계가 있고 공감이 가지 않는 경우도 많기 때문이다. 그래서 강의 시간에는 가능한 많은 사례와 통계를 소개하려고 노력하였다. 때로는 인터넷을 통하여 관련 자료를 소개하고, 다른 나라 지방자치단체의 홈페이지를 방문하기도 하였다. 지방자치와 관련된 사례와 자료를 수집하면서 다른 사람들도 활용할 수 있게 하는 방법에 대하여 생각해 보았다. 기존의 교과서에 관련 자료를 추가하는 것과 책을 새로 출간하는 두 가지 방법이 있었다. 하지만 기존의 교과서에 관련 자료를 모두 추가하는 것은 교과서의 간결함을 해칠 것 같다고 판단되어 후자를 택하기로 하였다.

지방자치와 관련된 사례를 수집한다는 것은 쉬운 듯하면서도 어려웠다. 인터넷을 통하여 쉽게 많은 자료를 찾을 수 있는가 하면, 적절한 사례를 찾기 어려운 경우도 많았다. 사례는 객관적인 사실을 보도한 신문기사와 행정안전부 자료를 많이 활용하였다. 지방자치의 역사가 진행됨에 따라 앞으로 더욱 다양하고 풍부한 사례가 나타날 것이다. 부족함은 후에 다시 채우기로 하고 일단 출간하기로 하였다. 지방자치를 공부하는 학생이나 일반 주민들이 지방자치를 쉽게 이해하는 데 조금이나마 도움이 되었으면 하는 마음 간절하다. 부족한 부분이나 수정하여야 할 부분에 대한 의견이 있는 분은 언제라도 연락을 부탁드린다.

2012년 6월

정일섭

차 례

제 1 장

지방자치의 의의

지방자치의 의의 – 지방(地方) + 자치(自治)

지방자치의 필요성 – 지방이 잘할 수 있는 일
지방이 경제적으로 할 수 있는 일

지방자치의 요소 → [구역 – 영토 / 자치권 – 주권 / 주민 – 국민] ← 국가의 3요소

1 지방자치의 의의

지방자치(地方自治)란 지방과 자치라는 두 단어가 결합된 것이다. 즉, 지방에서 이루어지는 자치란 의미이다.

지방(地方)이란 국가의 한 부분을 의미한다. 즉, 국가 전체가 아닌 국가의 한 부분을 의미하며, 서울이 아닌 그 외 지역을 의미하는 것은 아니다. 따라서 지방자치에서 의미하는 지방에는 서울도 포함되며, 서울특별시장도 지방자치단체장의 하나이다.

자치(自治)란 스스로 '자(自)'에 다스릴 '치(治)'이다. 자치가 이루어질 수 있는 것은 국민 주권이 인정되기 때문이다. 국민이 국가의 최고 권력인 주권을 가지고 있기 때문에 국가의 모든 사항을 국민이 스스로 처리할 수 있는 것이다.

미국의 16대 대통령 에이브러햄 링컨(Abraham Lincoln)이 게티즈버그에서 한 연설 중 '**인민(人民)에 의한**(by the people)'의 의미가 바로 자치를 의미하는 것이고, 이러한 자치가 지방에서 실현되는 것이 바로 지방자치이다. 민주국가에서 자치는 국가 단위와 지방 단위에서 이루어질 수 있다. 국가 단위의 자치는 국민자치로 지방 단위의 자치는 주민자치라고 할 수 있다. 국가의 구성원은 국민이고, 지방자치단체의 구성원은 주민이기 때문이다. 물론 대부분의 경우 주민은 동시에 국민이다. 하지만 외국인은 국민은 아니지만 주민은 될 수 있다.

지방자치의 개념은 매우 다양한데 그 이유는 각국이 자기 나라에서 발전한 자치 형태에 대응한 자치의 개념을 구성하기 때문이다. 지방자치의 개념을 좀 더 구체적으로 정리해 보면 다음과 같다.

지방자치

1. 주체 – 주민이
2. 목적 – 지역의 발전과 주민의 복리 증진을 위하여
3. 재원 – 지방재정을 통하여
4. 대상 – 주민의 일상생활과 밀접하게 관련된 지역적 사무를
5. 방법 – 스스로 또는 대표자의 선출을 통하여 자주적으로 처리하고, 그 결과에 대하여 책임지는 제도이다.

2 지방자치의 필요성

민주국가에서 자치는 국가 단위와 지방 단위에서 이루어질 수 있다.

그런데 여기서 "국가 단위에도 자치의 원리가 적용되는데, 굳이 지방 단위에까지 자치의 원리를 적용시켜야 할 필요가 있는가?" 하는 의문이 제기될 수 있다. 즉, 국가 단위에서 주권자인 국민이 국가원수인 대통령과 대표인 국회의원을 선출하고, 이들이 행정부와 입법부를 구성한다. 국민 대표기관인 국회에서 법률을 제정하고 예산을 비롯한 국가의 중요한 의사 결정을 하며, 행정부는 이를 구체화한다. 사법부는 입법부에서 제정한 법률을 통하여 위법성 여부에 대한 판단을 한다. 그리고 대표자에 의한 대의민주제의 한계가 있는 경우에는 국민투표와 같은 직접참정제도를 통하여 이를 보완한다.

이같이 국가 단위에 자치의 원리가 적용됨에도 지방 단위에 자치의 원리를 적용시켜야 하는 이유는 크게 나누어 보면 다음과 같다.

첫째, 지방이 더 잘할 수 있는 일은 지방이 하는 것이 바람직하다.

예를 들어 시내버스 노선을 지역에서 생활하는 주민이 참여해서 결정한다면 가장 이용하기 편리한 노선을 결정할 수 있을 것이다.

둘째, 지방이 더 경제적으로 할 수 있는 일은 지방이 하는 것이 바람직하다.

'규모의 경제'라는 측면에서 국가보다 지방이 더 경제적으로 처리할 수 있는 일이 있다면, 그런 일은 지방이 하는 것이 더 바람직하다.

3 지방자치의 3요소

국가를 구성하는 3요소가 영토와 주권과 국민이듯이 지방자치의 3요소도 지방의 차원에서 영토에 대응하는 구역, 주권에 대응하는 자치권, 국민에 대응하는 주민이다. 여기서 구역이란 좀 더 정확히 설명하면 지방자치가 이루어지는 지역적 단위, 즉 자치구역을 의미한다. 따라서 광역자치단체의 구역은 기초자치단체의 구역을 포함한다.

자치권은 자치를 할 수 있는 권한을 의미한다. 자치권이 주어지지 않으면 자치를 할 수 있는 법적 자격이 주어지지 않는다. 1950년대 우리나라 농촌 지역의 기초자치단체는 읍과 면이었다. 즉 농촌 지역에는 읍과 면이 자치권을 가진 자치단체였다. 그러나 1961년 「지방자치에 관한 임시조치법」에 따라 읍과 면은 자치권을 상실하고 군이 기초자치단체가 되었다. 현재도 특별시나 광역시의 구는 자치권을 갖는 자치구이지만 인구 50만 이상의 도시에 설치된 구는 자치권이 없는 행정구이다.

주민은 지방자치단체의 관할 구역 안에 주소를 가진 자이다(지방자치법 제12조). 따라서 외국인은 국적을 가지고 있지 않기 때문에 국민이 될 수는 없지만 주민이 될 수는 있다. 또한 기초자치단체의 주민은 동시에 광역자치단체의 주민이 된다.

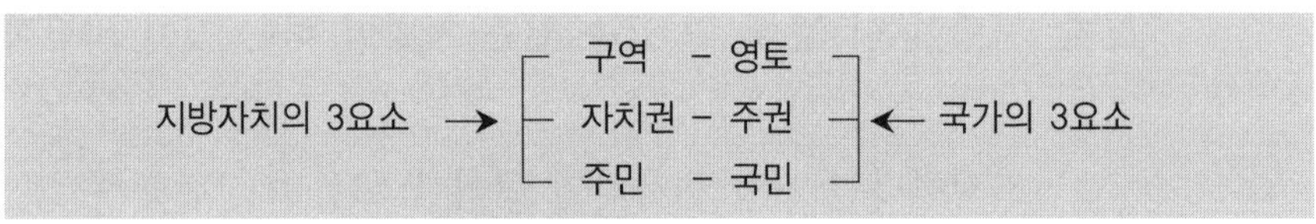

그림 1-1 지방자치의 3요소

제 2 장 지방자치의 양면성

지방자치의 실시는 실시 이전에 비하여 바람직한 변화의 가능성을 많이 가져다 준다. 하지만 가능성은 어디까지나 가능성일 뿐 반드시 실현된다는 보장이 없다. 경우에 따라서는 실시 이전에 나타나지 않았던 부정적 측면이 나타날 수도 있다.

지방자치의 실시에 따라 나타나는 긍정적 측면과 부정적 측면의 사례를 민주성과 효율성의 측면에서 나누어 보면 다음과 같다.

지방자치의 양면성

- 민주성 →
  - 긍정적 측면
  - 부정적 측면
- 효율성 →
  - 긍정적 측면
  - 부정적 측면

1 지방자치와 민주성

1) 긍정적 측면

(1) 주민참여 예산회의

2012년 1월 12일 서울 서대문구청에는 주민참여 예산위원들이 모여 올해 첫 공식 모임을 가졌다. 지난해 활동을 평가하고 올해 예산 편성을 준비하기 위한 자리였다. 출석 체크를 하니 위원 29명 중 22명이 참석하였다. 위원회는 동별 대표와 공모 위원으로 구성된다. '예산학교' '동별 지역회의' '주민위원회' 등 3개 주제를 정하고, 세 그룹으로 나눠 문제점과 제안을 메모지에 적은 뒤 커다란 종이 위에 붙였다.

종이판은 금세 메모지로 뒤덮였다. "예산학교의 교재는 어려웠지만 교육 내용은 쉬웠다. 균형을 맞춰야 한다"(장미선 · 37), "예산학교에서 편성을 실제처럼 해보는 실습 시간이 있어야 한다"(이옥주 · 41), "특정 단체 회원이 동원된 지역회의가 있었는데, 올해는 이런 일을 막아야 한다"(차승연 · 33) 등의 내용이었다. 서대문구(문석진 구청장)는 지난해부터 예산(일반액 2,480억 원)의 1%인 24억 원을 주민 손에 맡기는 주민참여예산제를 실시하고 있다. 주민들이 직접 사업을 검토하고 예산을 배정하는 것이다.

지난해 6월 「지방재정법」이 개정되면서 서울 25개 구청 중 22개 구에서 주민참여예산 조례를 만들었다. 하지만 대부분 조례만 있을 뿐 실질적인 활동은 거의 없다. 서대문구가 돋보이는 이유이다. 처음부터 활동이 활발하였던 건 아니다. 취지는 좋았지만 주민 손으로 예산을 직접 짜는 일은 생각보다 훨씬 어려웠다. 공무원도, 주민도 모두 처음 해보는 일이었기 때문이다. 구청은 조례 제정 직후 제도 취지를 설명하는 '예산학교'를 운영하였다. 그러나 주민 참여가 저조하였다. 주민위원인 박도영(37 · 여) 씨는 "처음엔 아르바이트 자리를 구해 볼까 해서 참가한 것"

이라며 “하지만 예산학교에 참여하면서 예산 편성의 중요성을 깨닫고 적극적으로 참여하게 되었다”고 말하였다.

서대문구 주민위원회는 6개월 활동 끝에 지난해 말 주민참여예산 12억 5,000만 원을 40개 사업에 편성하였다. 배정된 예산의 절반만 사용하였다. 앞서 이들은 동별 회의에서 올라온 사업 160건의 필요성을 확인하기 위하여 현장을 일일이 방문하였다. 또 수시로 모임을 열었고, 밤샘 토론도 마다하지 않았다. 최종 결론은 이틀에 걸쳐 열린 아홉 시간의 마라톤 회의 끝에 내려졌다. 파손된 채 방치된 주택가의 계단 보수에 600만 원을 배정하는 등 시급하다고 판단한 사업이 꼽혔다. 주민위원 안정호(42) 씨는 “주어진 예산을 다 쓰기보다는 필요 없는 사업은 아예 시작하지 않는다는 취지로 배정 예산의 절반만 사용했다”며 “예산 편성 활동을 하면서 ‘이기적인 사업’이 얼마나 많은지를 실감했다”고 말하였다.

주민참여예산제는 올해 서울시 차원에서도 도입될 전망이다. 박원순 서울시장은 최근 서울시 중기시정계획을 발표하면서 서대문구와 같은 제도를 도입하겠다고 발표하였다. 김상한 서울시 예산과장은 “2~3월 중에 조례안을 만들어 시의회에 제출할 계획”이라며 “인터넷으로 사업 아이디어를 실시간 접수하는 등 예산 편성 방식과 규모를 검토하고 있다”고 말하였다. 주민참여예산제가 도입되면 일반 시민도 서울시 예산(약 21조 7,000억 원) 편성 과정에 참여할 수 있게 된다(중앙일보, 2012.1.25).

• 2011년 서대문구 주민참여예산제 현황

- 위원회 구성: 29명(동별 대표 14명, 공모 위원 15명)
- 주요 활동: 동별 지역회의 제시 사업(160건) 중 우선순위 결정 등
- 예산 규모: 구 예산의 1%인 24억 원(실사용 예산: 12억 5,000만 원)
- 사용처: 극동아파트 우회전 진입로 보도 블록 개선(280만 원) 등 40개 사업

자료: 서대문구

(2) 대형마트 강제휴업 추진

전주시의회가 지자체 중 처음으로 대형마트와 기업형 수퍼마켓(SSM)의 강제 휴업일을 정하는 조례안을 통과시킨 가운데, 서울시가 매달 일요일 중 하루와 평일 중 하루를 강제 휴업일로 정하는 안을 추진 중이다. 서울시 관계자는 2012년 2월 8일 "대형마트와 SSM의 의무 휴업일을 매달 평일과 일요일 중 한 차례씩 정하고, 영업 시간은 매일 자정부터 오전 8시까지 제한하는 조례안 개정 기준안을 마련하여 이달 말 자치구에 통보할 계획이다"고 밝혔다.

서울시에 따르면 서울에는 대형마트 64곳, SSM은 267곳이 있으며, 24시간 영업을 하는 SSM은 자치구별로 평균 10~15곳이 있다. 서울시가 대형마트와 SSM 영업에 대한 기준안을 통보하면, 25개 자치구 의회가 지역 사정에 맞추어 의결하게 된다. 서울시 관계자는 "최근 소상공인을 배려하여야 한다는 분위기가 강해 대부분의 자치구들이 이를 따를 것"이라고 말하였다. 이현찬 서울 은평구의회 의장은 "중소상공인들의 어려움이 많지만 대형마트의 휴업일을 두 번 모두 일요일에 정하면 마트 이용객에게 피해를 줄 수 있어 하루는 평일, 하루는 일요일로 정하는 게 낫다"고 밝혔다.

강릉시도 다음달 시의회에 대형마트의 월 2회 의무 휴업을 의무화하는 조례 개정안을 상정할 방침이며, 원주시도 영업 시간 제한과 의무 휴무일 지정에 대하여 구체적으로 검토할 계획이다. 경남 진주시는 오는 5월 조례를 개정하여 대형마트 등에 월 1~2회 의무 휴업과 함께 자정부터 오전 8시까지 영업을 제한할 방침이다. 국회는 2011년 12월 말 대형마트(연면적 3,000㎡ 이상)와 SSM(연면적 3,000㎡ 미만)에 대하여 심야 영업 시간을 제한하고 월 1~2회 강제 휴무를 정할 수 있는 「유통산업발전법」을 통과시켰다(조선일보, 2012.2.9).

2) 부정적 측면

(1) 지방자치단체장의 비리

① 경북 청도

2007년 말 정한태 군수 당선자가 주민 1,400명에게 6억 7,000만 원을 뿌려 대한민국 최대 규모의 지방선거 사범으로 기록된 곳이다. '새마을 운동의 발상지'로 유명한 경상북도 청도에서 만난 Y씨(63). 마을 이장까지 지낸 그는 "나는 청도군수 재선거에서 당선된 정한태 후보자의 화양읍 사조직 책임자였다"며 "아직도 자연스레 돈이 오가는 게 지방선거"라고 입을 열었다. 그는 이 죗값으로 1년간 옥살이를 했다. Y씨와 함께 2007년 재선거 때 금품 살포에 나선 다른 읍·면의 조직책 24명이 구속되었고, 돈 받은 주민 1,400명이 줄줄이 입건되었다. 돈 살포 유혹에 무릎 꿇는 후보자들, 덥석 봉투를 챙기는 유권자들. 지방선거에서 이런 고질병은 왜 되풀이되는 걸까.

청도군 주민은 4만 4,000여 명으로 유권자는 약 3만 8,000명이다. 청도 선거관리위원회 서동화 사무과장의 가상 분석에 따르면 군수 후보로 지지도가 비슷한 3명이 나오고, 투표율을 70%로 가정할 때 1만 표면 당선 안정권이다. 여기서부터 표를 사고 싶은 '매표(買票) 심리학'이 발동한다. 지방선거에서 '돈선거형 비리의 악순환 구조'가 처음 밝혀진 셈이다.

이 사건을 지휘한 경북지방경찰청 박종화 경감은 "군 단위 지역은 유권자가 적어 후보자들이 돈으로 표심을 살 수 있다는 생각이 많다"고 말하였다. 예컨대 청도 같은 곳에서 군수 당선권인 1만 표를 얻기 위하여 1인당 5만 원씩 뿌리면 5억 원이면 된다. 후보자들 중에는 이 정도의 금액은 충분히 감당할 수 있는 자산가들이 많다. 당시 온천호텔 사장이었던 정한태 후보가 회사에서 자금을 조성해 뿌린 돈도 6억 7,000만 원이었다.

강원택 한국정당학회장(숭실대 정치학 교수)은 "과거 제한적으로 투표권을 부여하여 유권자가 적었던 영국에서도 술 사먹이는 비리가 있었지만 1860년대에 강력한 부패처벌법이 만들어져 없어졌다"고 말하였다. 부적격 후보자가 돈을 뿌려 당선될 수 있는 '선거공학적 구조'는 더 있다. 지방선거에서는 표심 잡기를 '공중전화'식으로 본다. 동전을 다 쓰면 통화가 끊기는 공중전화처럼 자금이 떨어지면 더 이상 아무것도 못한다는 생각이다. 박종화 경감은 "후보들이 출발선에서는 모두 공명선거를 다짐한다"며, "하지만 막판으로 가면서 경쟁이 치열해져 조급증이 발동하고 돈을 투입한다"고 말하였다.

② 경남 창녕

골재채취업자와 군수들 간 결탁 비리 등으로 최근 4년간 군수가 두 번 바뀌고 세 번 선거를 치렀다. 창녕군수들의 '모래 무덤' 낙동강 하구에 위치한 경남 창녕군의 한 골재채취장. 강에서 퍼올린 모래산은 '황금알을 낳는 거위'인 동시에 '군수들의 무덤'이다. 군수들이 골재채취량 허가권을 놓고 업자들과 유착한 뇌물 비리가 잦았다. 창녕군은 민선 4기 4년간 군수 선거를 세 번 치렀다. 낙동강 하구에 위치한 경남 창녕군의 현창지구 골재채취장. 하루 평균 300여 대의 트럭(25.5t)이 분주하게 드나든다. 창녕에는 이런 골재채취장이 7곳 있다. 인근 의령군에 한 곳, 함안군에 두 곳이 있는 데 비하면 많다.

창녕군이 낙동강과 접한 곳은 60.4㎞, 경상남도 낙동강 유역의 절반이다. 연간 퍼내는 모래만 300만㎥, 240억 원 규모이다. 골재채취업은 창녕군 최대의 이권 사업이다. 이 골재채취장을 둘러싸고 2006년 민선 4기 출범 이후 현재까지 4년간 비리 등의 혐의로 군수가 2명 바뀌고 선거를 세 번이나 치렀다. 골재채취량은 매년 군청이 허가한다. 군청은 국토해양부로부터 배정받은 채취량을 관내 7개 사업장에 배분한다. 이 배분량에 따라 업자들의 사업 이익이 결정된다. 인허가는 군수가 독단적으로 행사하게 마련이다. 업자-군수 간 유착이 생기는 뿌리이다. 유착은 돈 선거로 이어진다. 한 골재업자는 "우리가 아주 봉이다. 선거만 끝나면 당선된 군수의 측근이라는 자들이 찾아와 선거비 보전을 요구한다. 정치인을 가까이하지 않다 보니 허가량 배정 때마다 불이익을 당하고 있다"고 주장하였다. 창녕군청 골재 경영담당 김동일 계장은 "예부터 이곳 모래는 '황금알을 낳는 거위'라 불렸다. 그러나 골재업이 하도 골치 아프고 문제가 많아 인근 군들은 아예 손을 떼려 한다. 창녕은 사업 규모가 워낙 커 제도 개선에 역점을 두고 있다"고 말하였다.

민선 4기 때 창녕 군수가 두 명이나 낙마한 것도 이 사업과 관련 있다. 채취장의 모래산이 '군수들의 무덤'이라는 별명을 갖게 된 이유이다. 김종규 전 군수(재임 기간 2002년 6월~2006년 7월)는 골재업자 등으로부터 뇌물을 받은 혐의로 검찰 조사를 받는 도중에 2006년 5·31 지방선거에서 무소속으로 당선되었다. 텃밭 정당인 한나라당 후보를 65표 차로 따돌리며 연임에 성공하였다. 그러나 취임 한 달도 못 되어 군내 공설운동장 인조잔디 업자로부터 1,000만 원의 뇌물을 받은 사실이 밝혀져 낙마하였다.

다음 하종근 군수는 골재채취업자들로부터 4억 5,000만 원을 받은 혐의로 징역 5년을 선고받았다. 2년간 군수 선거만 세 번. 세 번째 선거에서는 아예 골재업이 공약의 핵심 선상에 올랐다. 선거 과정에서 시민단체 주도로 후보자들이 골재채취업 직영화를 놓고 정책토론회까지 벌였다. 선거의 주인공이 후보자도, 유권자도 아닌, 골재채취장의 모래 무덤이 된 셈이다.

③ 전북 임실

지방자치단체장 선거 도입(1995년) 이후 15년간 임기를 채운 군수가 한 명도 없는 지역이다. 선거비가 필요한 후보자 시절부터 접근해 '보험'을 들어두는 것은 업자들만이 아니다. "정당 공천을 받고 나니 제일 먼저 찾아온 이들이 만년 계장들이었다. 4,000만~5,000만 원씩 싸들고 왔다. 그 다음에는 건설업자들이 8,000만~1억 원씩 든 돈가방을 들고 왔다. 거절하였더니 상대 후보를 찾아가 선거운동을 하더라." 전북 임실의 군수 선거에 나섰던 한 후보가 털어놓은 얘기이다.

실제로 임실에서는 2003년 사무관 승진 인사 대상자 3명으로부터 9,000만 원을 받은 혐의로 당시 이철규 군수가 구속되었다. 올 초 1억 2,000만 원의 뇌물을 수수한 혐의로 군수직을 상실한 김진억 전 군수에 대해서도 최근 인사청탁 비리가 추가로 드러났다. 6급 승진 대상 공무원으로부터 2,000만 원을 받고 승진시켜 준 뒤 사례비로 3,000만 원을 추가 수수한 혐의이다. 임실군은 1995년 지방자치제 출범 이후 당선된 군수 세 명 모두가 구속되어 낙마한 진기록을 갖고 있다. 전국공무원노조 임실지부 김성남 위원장은 "이제는 그저 임기만 채워 달라는 게 군민들의 바람일 정도"라고 전하였다.

단체장 비리의 피해자는 지역 주민들이다. 민선 4기 4년간 총 7회에 걸쳐 전국 198개 선거구에서 재·보궐선거를 치렀다. 선거 비용은 572억 원으로 해당 지역이 부담한다.

손실은 선거 비용만이 아니다. 잘못 뽑은 단체장이 저지른 예산 낭비, 비리는 지역 발전 저해로 이어진다. 한국매니페스토 실천본부 이광재 사무처장은 "피해를 보는 것은 결국 유권자이다. 지방 선거의 중요성을 무시할 수 없는 이유"라고 강조하였다(중앙일보, 2010.5.17).

2 지방자치와 효율성

1) 긍정적 측면

(1) 서울시의 승진 심사 및 전보 기준 선정위원회 구성

2007년 4월 임기 2년차를 맞은 오세훈 서울시장은 새 인사 제도를 발표하였다. 공무원들의 '철밥통'을 깨겠다며 '현장시정추진단'을 만들어 업무 능력이 떨어지거나 근무 태도가 불량한 공무원들을 배치하는 내용이었다. 1차로 102명이 선발되어 한강에서 쓰레기를 줍거나 환경 순찰 같은 고된 업무를 하면서 '반성의 시간'을 가졌다. 이에 시 노조는 인권

위원회 제소 등으로 강하게 저항하였다. 결국 이 제도는 대상자가 매년 줄더니 2010년 12월 폐지되었다.

2012년 1월 11일 박원순 시장이 오찬간담회를 열고 서울시의 새 인사 제도를 발표하였다. 행사장에는 임승룡 노조위원장도 배석하였다. '성과'와 '경쟁' 중심에서 '화합'과 '사람' 중심으로 인사 제도를 바꾸겠다는 것이다. 성과 있는 사람에게 인사 가점을 주겠다며 전임 시장이 만든 '성과포인트제'도 대폭 축소되었다. 박 시장은 "기존 인사 제도 하에서는 지나친 경쟁으로 팀워크가 흔들리고 직원들의 피로감이 누적되었다"며 "공무원이 신나면 시민이 행복하다는 생각으로 인사 제도를 운영하겠다"고 선언하였다.

이날 발표된 새 제도는 기존 공무원 조직에서는 찾아보기 힘든 파격적인 내용들이 담겨 있다. 우선 전국 지방자치단체 중 처음으로 직원들이 승진과 전보 심사 기준을 직접 결정한다. 이를 위하여 행정·기술·기능 분야별 5급 이하 실무직원 20여 명으로 구성된 승진 심사 및 전보 기준 선정위원회가 구성된다. 결정된 기준은 내부망을 통하여 사전에 공개된다.

실·국장들이 데리고 일할 직원을 고르도록 하였던 기존의 '드래프트제'도 전면 폐지된다. 대신 개인들의 희망이 우선 반영되어 전보 인사가 이루어진다. 이를 위하여 희망자가 몰리는 일부 부서에 대해서는 연속 근무를 제한하고 기피 부서는 직위공모제를 통하여 필요 인력을 공개 모집하기로 하였다. 이창학 행정국장은 "인사·감사 파트나 시립대·인재개발원처럼 선호 부서에 대해서는 골고루 기회를 줄 방침"이라면서 "기피 부서 희망자에게는 인센티브를 제공하겠다"고 설명하였다.

오 전 시장의 대표적인 인사 정책이었던 성과포인트는 대폭 축소된다. 하지만 이 같은 인사 정책에 대하여 조직의 긴장도를 떨어뜨릴 것이라는 견해도 나온다. 이창원(행정학) 한성대 교수는 "공정한 인사와 화합도 중요하지만 경쟁과 성과도 봐야 한다"며 "박 시장이 지나치게 전임 시장 정책 뒤집기에만 몰두하고 있다"고 비판하였다(중앙일보, 2012.1.12).

(2) 화천군의 산천어축제

강원 화천 산천어축제가 개막 9일 만에 방문객이 80만 명을 돌파하는 등 연일 대박 행진을 이어 가고 있다. 화천군에 따르면 지난 2012년 1월 7일 2년 만에 열린 산천어축제가 개막 첫날 12만여 명의 관광객이 찾은 것을 비롯하여 15일까지 80만여 명이 몰려 축제가 끝나는 29일까지 2년 전 최고였던 130만여 명을 웃돌아 170여만 명이 넘어설 전망이다. 주말인 14일에는 16만 6,000명이라는 최대 인파가 몰린 가운데 휴일인 15일에도 15만 4,300명이 몰려 주말 연휴 32만여 명이 넘는 인파가 축제장을 찾으면서 새로운 기록을 세우며 산천어축제의 명성을 다시 한 번 확인시켰다.

가장 인기가 많은 프로그램은 뭐니뭐니 해도 산천어 얼음낚시. 길이 1,700m, 폭 100m에 달하는 얼음 벌판에 1만 2,000개의 구멍을 뚫어 만든 산천어 낚시터에는 8시부터 접수를 시작해 접수 1시간 30분 만에 티켓이 모두 동이 나는 등 발 디딜 틈이 없을 정도로 많은 인파로 붐비고 있다. 특히 최근 CNN이 세계 7대 불가사의로 선정하는 등 세계 여행자들의 마음을 사로잡을 것이라며 소개하며 외국인 관광객의 발길이 이어져 15일 현재 8,800여 명이 몰려 인기몰이를 하고 있다(중앙일보, 2012.1.16).

(3) 가평군의 씽씽 겨울축제

2012년 1월 29일까지 계속되는 가평 '자라섬 씽씽 겨울축제'의 꽃인 송어 얼음낚시터는 연일 인파로 붐빈다. 비닐천막을 친 연인석과 가족석은 예약이 완료될 정도로 인기를 끌고 있다. 24일 오후 1시쯤 경기도 가평군 가평읍사무소 앞. 50대 규모의 읍사무소 주차장은 연휴인데도 빈자리가 없다. 왕복 2차로 인근 도로변에도 주차 차량이 장사진이다. 읍사무소 건너편 시외버스터미널에도 겨울축제장을 방문한 승객들로 북새통이다. 주변 왕복 4차로 경춘국도에서도 차량들이 거북이걸음을 하고 있다. 인근 음식점도 손님들로 가득하다.

가평읍에서 스포츠용품점을 운영하는 서흥원(59 · 가평군생활체육회장) 씨는 “겨울이면 가평읍내 거리는 인적이 끊기다시피 할 정도로 적막하였는데 겨울축제 여파로 지역경기가 들썩거리고 있다”며 활짝 웃었다. 서씨는 “지난 6일부터 보름 넘게 겨울축제가 이어지면서 매상이 평소의 3배 정도로 늘었다”고 자랑하였다.

경기도 내에서도 재정자립도가 최하위권인 가평군 지역 경기가 ‘자라섬 씽씽 겨울축제’로 인하여 활기를 띠고 있다. 송어 얼음낚시로 대변되는 이번 축제에는 지난 6일부터 25일까지 20일 동안 60만 명이 다녀갔다. 주말이면 하루 최대 10만 명까지 몰렸다. 29일 축제 종료 시점까지는 총 80만 명 이상 다녀갈 것으로 예상된다. 이는 가평군 내 단일 행사로는 가장 많은 관광객 유치 기록이다.

음식점과 숙박업소들은 관광객 맞이에 바쁘다. 이들 업소는 축제 홈페이지(singsingfestival.net)에 마련된 ‘우리 가게 홍보’ 프로그램을 활용해 관광객을 끌어 모으고 있다. 가평터미널 인근 닭갈비나라 주인 황계환(53) 씨는 “축제 시작 후 80여 명을 수용할 수 있는 음식점에 주말이면 빈 자리가 없을 정도”라며 “매출이 배로 늘었다”고 말하였다. 행사장 인근 주요 펜션은 주말이면 방 잡기가 어려울 정도로 호황이다. 여기에다 상품권 배포도 지역 상권에 도움을 주고 있다. 가평군은 입장료 1만 3,000원을 내면 5,000원짜리 상품권을 지급한다. 관광객들은 이 상품권으로 행사장 내는 물론 가평군 내 음식점과 숙박업소에서 현금처럼 사용한다(중앙일보, 2012.1.26).

(4) 기타큐슈 지방정부 야쿠자에 정면 대결

일본 후쿠오카(福岡)현 철강도시 기타큐슈(北九州)시의 기타하시 겐지(北橋健治) 시장이 수세기에 걸쳐 끈질긴 생명력을 과시한 폭력조직 야쿠자와의 전쟁에서 큰 성과를 거두고 있다고 「인터내셔널 헤럴드 트리뷴(IHT)」이 2012년 2월 3일 보도하였다. 비결은 돈과 사람이 야쿠자 조직에 들어가는 것을 차단한 조치였다.

기타큐슈 지방정부가 야쿠자에 정면 대결을 선언한 것은 2010년. 다른 도시와 손잡고 기업과 개인이 야쿠자와 거래하는 행위 자체를 범죄로 규정하면서이다. 야쿠자는 거세게 저항하였다. 기타하시 겐지 기타큐슈 시장과 그의 가족들을 겨냥하여 살해 협박을 서슴지 않았다. 야쿠자와 거래를 끊으려는 기업 중역의 집에는 수류탄까지 던졌다. 2011년 11월 건설사 회장이 야쿠자 추방 결의대회에 참석하고 건설 하도급 과정에서 야쿠자를 배제시켰다는 이유로 아내가 보는 앞에서 총에 맞아 죽는 사건도 발생하였다. 야쿠자 가운데 가장 위험한 조직으로 알려진 조직원 650명 규모의 구도카이(工藤會)가 사용하는 협박 수법이었다. 지난해 일본에서 발생한 44건의 폭력조직 관련 총격전 가운데 18건이 후쿠오카현에서 발생하였다.

시 당국은 물러서지 않았다. 조직의 수입원을 봉쇄하기 위하여 새로운 처벌로 맞섰다. 기타큐슈에서는 1일부터 야쿠자의 주요 자금원인 건설공사에서 이들을 배제하기 위하여 야쿠자로부터 부당 요구를 받은 건설공사 관계자가 당국에 이 사실을 통보하도록 하는 것을 의무화하는 전국 최초의 조례가 시행되었다. 이번 개정 조례에는 18세 미만 남녀가 야쿠자 사무실에 출입하는 것을 금지하는 규정도 담고 있다. 또 사무실 안에서 약물 제공 등의 불법행위가 있을 경우에는 최장 8개월까지 사무실 사용을 제한할 수 있게 하였다.

야쿠자에 대한 시민의 인식도 조금씩 바뀌고 있다. 시민들은 이제 야쿠자를 다른 나라와 마찬가지로 마약과 도박, 건설업체 착취 등으로 돈을 버는 폭력배와 똑같은 존재로 바라보기 시작하였다. 이런 인식 전환은 이례적인 현상이다. 일본 정부가 1990년대 초반 이래 네 차례나 손보기에 나섰지만, 현재 8만 명에 달하는 야쿠자 조직에 큰 타격을 가하지 못하여 일본인들은 야쿠자와 공생하는 것을 숙명처럼 여겼기 때문이다. 일본 사회의 야쿠자 배제 의지는 점차 강해지고 있다. 후쿠오카현을 비롯한 47개 지자체가 야쿠자 조직에 이익 공여를 금지하는 내용의 조례를 시행하고 있다. 거의 모든 가게에는 '폭력단 출입 거부'라는 표시를 달고 있다(중앙일보, 2012.2.4).

(5) 연천군 귀농인 지원

수도권 접경지역에 위치한 경기도 연천군이 인구 늘리기에 사활을 걸었다. 2012년 들어 파격적인 '당근정책'을 내놓았다. 연천군 인구는 1982년 6만 8,144명으로 정점을 찍은 뒤 지속적으로 줄고 있다. 지난해 말 4만 4,900명으로 29년 만에 34%나 급감하였다. 연천군 박성수 인사팀장은 "인구 늘리기는 인구 감소와 고령화로 날로 쇠락해 가는 연천군의 위상을 회복하고 미래 성장 동력을 창출하기 위한 노력"이라고 말하였다. 연천군은 인구 감소로 지역경제가 날로 피폐해지고, 지역(포천-연천) 출신 국회의원조차 배출하지 못하고 있다.

이에 따라 군은 올 들어 전입자에 대한 '통 큰 지원'을 내세워 인구 5만 '회복작전'에 나섰다. 지난해 말 44개 혜택을 담은 '인구 유입을 지원하는 조례'를 제정하여 올해부터 시행에 나섰다. 이 가운데 귀농인에 대한 지원정책이 가장 적극적이다. 최대 1,940만 원을 지원하고 2억 5,000만 원의 융자를 알선한다. 출산장려 지원 시책도 빼놓을 수 없다. 둘째 아이 출산에 200만 원, 셋째 아이 출산에는 500만 원의 양육비를 지급한다. 올 들어 추진된 다양한 인구 늘리기 정책의 효과도 나기 시작하였다. 인구가 30년 만에 증가로 돌아섰다. 2월 말 현재 4만 5,215명으로 집계되어 한 달 전의 4만 4,824명보다 391명(0.9%) 늘었다.

연천군의 낙후상은 수도권 도시로 보기 어려울 정도이다. 전체 면적(674.47㎢)은 서울의 1.14배에 이른다. 하지만 수도권이라는 이유로 중첩 규제에 신음하고 있다. 수도권정비계획법·군사시설보호구역·문화재보호법 등이 주요 발전 저해 요인이다. 4년제 대학과 전문대도 전무하다. 4년제 대학의 경우 수도권정비계획법 적용으로 신설이 금지되어 있다. 이 법으로 인하여 대기업도 없다. 기업이라야 종업원 수 10명 이하 영세업체 93곳(총 종업원 수 1,800여 명)이 전부이다. 게다가 전체 면적의 98%(660.66㎢)가 군사시설보호구역으로 묶여 발전을 봉쇄당하고 있다. 김규선 연천군수는 "인구 집중을 막고 균형 발전을 꾀하는 수도권정비계획법을 적용하여 연천군을 규제하는 것은 모순"이라고 말하였다.

연천군은 이 사업을 위하여 올 예산 2억 원(군비)을 확보해 두고 있다. 인구가 예상보다 늘어날 경우 추경을 편성한다는 계획이다. 하지만 열악한 재정 형편으로 급격하게 인구가 유입된다면 관련 예산 편성도 차질을 빚을 전망이다. 연천군의 지난해 재정자립도는 27.6%로 전국 평균(51.9%)의 절반 수준이다. 올해 예산은 3,102억 원이다(중앙일보, 2012.4.2).

• 연천군 인구 유입 지원 주요 내용 •

- 귀농인 지원
  최대 1,940만 원 지원, 2억 5,000만 원 융자 알선
- 모든 전입 가구
  건강보험료 1만 원, 상하수도요금 1만 8,000원, 자동차번호판 교체비 3만 8,000원 지원
- 군 장병 지원
  관내 전입장려금 5만 원 지원
- 출산장려금
  둘째 아이 출산 200만 원, 셋째 아이 출산 500만 원 지급
- 영유아 지원
  선택형 예방접종 4종(130만 원) 무료
- 주거 안정 지원
  주택건설업자가 100가구 이상 주택 건설 또는 1만 6,500㎡ 이상 대지 조성 시 진입도로 및 상하수도시설 설치

2) 부정적 측면

(1) 복지 서비스의 양극화

울산광역시 서동에 사는 김순영(44 · 가명) 씨는 2년 전부터 치매를 앓고 있는 시어머니(87)를 돌보느라 사생활이 거의 없다. 시어머니의 증상이 심해지면서 그 곁을 24시간 지켜야 하는 김씨의 고통은 크다. 집 근처 치매노인 주간보호시설은 '그림의 떡'이다. 김씨는 "남편 월급 300만 원 중 70만 원을 시설 이용비로 낼 엄두가 나질 않는다"고 말하였다.

김씨는 비용 부담을 덜 수도 있었다. 시어머니가 건강보험공단에서 노인성 중증 질환 1~3등급 판정을 받았다면 노인장기요양보험이 적용되어 월 20만 원만 내면 되어서이다. 하지만 시어머니는 두 번이나 등급 판정에서 탈락하였다. 치매 증세가 약해 지원 대상에 포함되지 않는다는 이유였다.

김씨네 가족이 서울에 살았다면 어땠을까. 서울에서는 노인장기요양보험 적용이 안 되는 초기 치매 환자들도 낮에는 서울형 데이케어센터(day care center)에서 시간을 보낼 수 있다. 이 센터에서는 오전 8시부터 오후 10시까지 간호 인력이 상주하며 물리 치료, 음악·미술 치료 등을 해준다. 서울시가 재정 지원을 해 보호자 비용 부담도 적다. 어느 지역에 사느냐에 따라 치매 노인과 그 가족의 삶의 질이 다른 것이다.

지자체 복지 서비스는 곳간 사정에 따라 천차만별이었다. 서울과 지방, 서울 강남과 비강남 간 차이가 특히 컸다. 대표적인 것이 노인복지와 영유아보육 서비스이다. 서울 서초구는 '노인 천국' 자치구로 불린다. 2009년 최신식 노인복지관 두 개를 지어 세 곳을 운영 중이다. 서울시 25개 자치구 평균은 1.2개이다. 서울시가 화상전화기를 지원하는 독거노인 안심전화 서비스도 서초구는 구청 예산을 더하여 추가 서비스를 한다. 독거노인 가정의 출입문·가스레인지 등에 붙인 센서를 화상전화기와 연결시켜 전화상담사가 수시로 도난이나 화재 위험을 체크한다.

장애인 복지시설도 차이가 컸다. 서울 종로구·중구·도봉구에는 장애인 복지관이 없다. 종로구에 사는 장애인 박모(45) 씨는 얼마 전 전동휠체어가 고장 나 끙끙대야 했다. 노원구나 성동구에 살았다면 장애인복지관을 통하여 쉽게 수리 서비스를 받았을 일이다. 출산장려금도 지역에 따라 최대 200배까지 차이가 난다. 지난해 광주광역시 동구의 셋째 아이 출산장려금은 1,000만 원으로 전국 최고였다. 반면 경남 고성군은 5만 원으로 광주의 200분의 1이었다. 보육료도 '부익부 빈익빈'이다. 강남구는 소득 상위 30% 가정에도 둘째 아이부터 어린이집 이용료의 절반을 지원한다. 집에서 길러도 10만 원을 보조한다. 전국 대다수 지역에서는 소득 하위 70%까지만 정부가 보육료를 지원한다(중앙일보, 2011.12.5).

(2) 지방자치단체장의 선심 행정

전남 장성군은 인구가 4만 6,245명에 불과하다. 그나마 주민이 계속 줄고 있고 대부분이 농업에 종사해 소득도 낮다. 주민 넷 중 한 명은 65세 이상 노인이다. 그래서 문화예술을 향유할 사람이 많지 않다. 그럴 욕구가 있는 주민이라면 시설과 프로그램이 좋은 광주광역시 문화예술회관으로 가면 된다. 자동차로 30분이 채 안 걸리는 거리이다.

이청 군수 시절인 2009년 2월 장성군은 '문화 인프라 구축'을 내세워 장성읍에 문화예술회관을 착공하였다. 건물 중앙부에 설계한 대공연장은 700석 규모였다. 수십 명의 오케스트라 단원을 태운 채 지하에서 무대 앞까지 오르내릴 수 있는 시설도 설계하였다. 이 군수는 당시 "문화예술회관 건립을 통하여 미래의 먹거리인 동시에 눈에 보이지 않는 자산인 문화의 부가가치를 창출할 수 있도록 최선을 다하겠다"고 밝혔다. 그럴싸한 이 말이 실현되었을까.

장성군은 이 문화예술회관의 핵심 공간인 대공연장을 휑하게 비워 놓은 채 지난해 9월 소공연장 · 전시실 · 사무실을 먼저 개관하였다. 정부 · 전남도 지원금 37억 원 외에 없는 살림에 군비 147억 원까지 무려 184억 원을 투자하고도 예산을 확보하지 못하여 두 손을 든 것이다. 대공연장을 완성하려면 60억 원이 더 든다. 국비 · 도비 지원은 끝나 전액을 군비로 충당하여야 하지만 영세한 군 재정으로는 힘들다. 게다가 대공연장을 완성해 봤자 효용은 크지 않다. 반면에 적지 않은 유지관리 비용이 들어간다는 데에 김양수 현 군수의 고민이 있다. 지금 쓰고 있는 소공연장(206석)으로도 웬만한 공연이나 행사를 소화할 수 있다.

문제가 심각한 것은 장성군처럼 과욕에 의한 예산 낭비가 전국 곳곳에서 수없이 일어나고 있다는 점이다. 지방자치단체장과 공무원들은 입만 열면 예산 부족 타령을 하고, 지역의 경쟁력을 강화하기 위하여 노력하고 있다고 말한다. 경쟁력을 높이려면 지역이 가진 자원을 최대한 효과적으로 관리하고 사용하여야 한다. 그 자원 중에서도 공공예산이 차지하는 비중은 크다. 지역 경쟁력을 강화하기 위해서는 한정된 예산을 꼭 필요한 곳에 투입하여야 한다. 그러기는커녕 엉뚱한 곳에 잘못 쓰는 바람에 재정 부담이라는 부메랑에 맞아 비틀거리면서 정작 필요한 사업을 못하여 허둥대는 지방자치단체가 한둘이 아니다.

선출직인 단체장은 표를 의식하여 시급성과 재정 여건을 고려하지 않고 일을 벌이기 쉽다. 재정에 대하여 잘 몰라 '용감한' 결정을 내리는 경우도 많다. 그래서 단체장을 보좌하는 직업 공무원의 역할이 중요하다. 단체장 말 한 마디에 수백억 원이 드는 사업들을 내지르는 공무원들에게 기본적인 사실을 환기시키고 싶다. 그 사업비가 단체장 개인의 쌈짓돈이 아니라 주민이 알토란 같은 세금을 내 만든 공공예산이라는 것을. 단체장은 임기가 끝나 떠나면 그만이지만 지자체 재정은 멍들고 후유증은 오래간다. 그 피해는 지자체를 지키는 공무원에게도 미친다는 걸 일깨우고 싶다(중앙일보, 2012.1.19).

(3) 지방자치단체의 사업 관련 비리

경기도 포천시는 2006~2009년 A건설사에 28건(총 3억 4,800만 원)의 공사를 몰아줬다. 공개 경쟁입찰이 아닌 '수의계약' 형식이었다. 감사원 감사 결과 A건설사 사주는 포천시의원의 가족인 것으로 15일 드러났다. 지방자치단체가 해당 시의원 가족에게 일감을 몰아준 것이다. 감사원이 2011년 5월에서 7월까지 25개 지자체를 대상으로 실시한 '계약 관련 토착비리 점검' 결과 포천시를 포함하여 8개 지자체가 시·도의원 등의 '가족기업'에 일감을 몰아주는 등 '부당거래'를 한 것으로 나타났다. 지방계약법상 지방의원의 가족이 50% 이상 지분을 갖고 있거나 대표로 일하는 기업과 지자체는 수의계약을 할 수 없다.

포천시 외에 지방계약법을 위반한 자치단체는 충청남도, 제주도, 경남 진주시, 경북 안동시, 전남 순천시, 인천시 옹진군, 충남 홍성군 등이다. 충남의 경우 도의원의 부인이 대표로 있는 인쇄업체에 2008년부터 3년

간 96건을 수의계약하여 3억 6,400만 원을 지급하였으며, 진주시는 2010~2011년 어린이놀이터 보수공사 등 3건을 시의원 본인과 부모가 지분 58%를 갖고 있는 시공업체에 수의계약으로 맡겼다. 홍성군에서도 군의원 가족이 소유한 건설업체가 2006~2010년 도로 포장·배수로 공사 등에서 28건, 3억 7,900만 원 규모의 사업을 수의계약으로 따냈다. 감사원은 부당 수의계약으로 문제가 된 지자체 8곳에 '주의' 처분을 내렸다. 감사원은 부당 수의계약에 연루된 전·현직 시의원 10명과 관련 공무원들에 대해서는 "건당 금액이 적고 불법으로 수의계약하는 과정에 공무원이 대가를 받는 등의 연관성을 찾기가 쉽지 않아 별도의 조치를 취하지 않았다"고 말하였다.

지자체 사업권에 얽힌 뇌물 비리도 감사원 조사에서 드러났다. 전남 신안군에선 섬 지역 식수원 개발사업을 맡은 공무원 6명이 2009년 1월부터 2011년 1월까지 명절 인사비 명목으로 도급업체 23곳에서 총 4,100만 원을 거뒀다. 이들은 또 해수 담수화 사업을 진행하면서 용역비를 많이 지급하거나 품질이 떨어지는 설비를 쓰는 것을 눈감아 준 혐의

표 2-1 지방의원 관련 업체에 돌아간 지역 사업

지역	업체	부당 수의계약 규모
경기도 포천시	시의원 가족 소유 건설사 1곳	3억 5,000만 원(28건)
전남 순천시	시의원 가족 소유 건설사 1곳	40,000만 원(4건)
충남 홍성군	군의원 아들이 대표이사인 건설업체와 군의원 가족 소유 건설사 총 2곳	7억 1,400만 원(40건)
충청남도	도의원 배우자가 대표이사인 인쇄사 1곳, 도의원 가족이 소유한 조명업체 1곳	10억 3,500만 원(100건)
제주특별자치도	도의원 가족이 소유한 건설사 1곳	1억 6,400만 원(11건)
경북 안동시	시의원 가족이 소유한 공사업체 1곳	1,900만 원(1건)
경남 진주시	시의원 가족이 소유한 공사업체 1곳	4,300만 원(3건)
인천시 옹진군	군의원 배우자가 대표이사인 건설사 1곳	6,600만 원(5건)
총계	지방의원 10명 총 10개 업체	24억 30,000만 원(192건)

주) 2006~2011년 계약 기준.

자료: 중앙일보, 2012.2.16.

도 받고 있다. 감사원은 "질이 좋지 않은 설비를 쓰는 바람에 신안군 해수 담수화 시설의 배관이 빨리 부식되어 사용 연한이 짧아졌고, 정수(淨水) 효율도 떨어졌다"고 지적하였다. 감사원은 관련 신안군 공무원 6명을 징계 요구하고, 이 중 뇌물을 받는 일을 주도한 1명은 검찰에 고발하였다. 감사원은 정부 입찰에 참여할 수 있는 자격을 유지하려고 이미 사망하였거나 자격 없는 사람을 필수·기술 인력으로 신고한 엔지니어링 업체 122곳도 찾아내 사업자 신고를 무효화하라고 지식경제부에 요구하였다. 엔지니어링 기술경력증을 빌려준 뒤 돈을 받은 초등학교 기간제 교사 등 19명에게는 과태료를 물리기로 하였다(중앙일보, 2012.2.16).

(4) 전국 지자체 출연기관 492곳서 특채·업무비 비공개 등 부패 적발

전국 지자체는 매년 1조 3,000억 원의 예산을 이 같은 이름의 지자체 산하 출연기관 492곳에 지원하고 있다. 국민권익위원회는 최근 실시한 492개 지자체 출연기관을 대상으로 한 실태 조사 결과 특채, 업무추진비 사용 내역 비공개 등 각종 부패 사례를 적발하였다고 6일 밝혔다. 권익위 관계자는 "지자체 출연기관 수는 1999년(141개)에 비하여 3.5배 늘어났다"고 하였다. 출연기관 난립의 근본 원인은 지자체장의 선거 때문이라는 지적이 많다. 정부 관계자는 "장학재단 등 각종 출연기관의 설립은 고스란히 지자체장의 선거용 업적이 된다"고 하였다. 또 다른 정부 관계자는 "지자체장은 '자기 사람들'을 출연기관 간부로 보내는 보은(報恩) 인사를 통하여 자신의 선거 조직을 유지한다"고 하였다. 권익위는 지자체 출연기관에 대한 운영 지침을 마련하고, 부패가 빈발하거나 업무가 중복되는 기관들은 해체하거나 통폐합하라고 행안부에 권고하였다.

예산이 투입되는 출연기관이 폭증하고 있지만 정부는 현재까지도 지자체 출연기관의 인사·계약 원칙을 담은 운영 지침을 마련하지 않고 있다. 권익위 관계자는 "지자체 출연기관들은 구체적인 운영 지침이 존재하지 않는다는 것을 핑계로 각종 비리를 저지르고 있다"고 하였다. 강원도의 한 사립대 교수는 인근 지자체 출연기관의 기관장을 겸직하여

7,000여만 원의 연봉을 별도로 챙겼고, 기관 업무용 차량 명목으로 지급받은 그랜저 차량을 자신의 전용차로 사용하였다. 전남 지역의 한 출연기관장은 2008~2009년 법인카드를 휴일에, 근무지와 멀리 떨어진 서울·경기 지역에서 647회에 걸쳐 7,500만 원을 부당 지출하였다. 이런 일들은 지자체 출연기관에 대한 '규제가 부재한' 상황을 악용한 것이다.

권익위는 지자체 출연기관들이 다른 공공기관에서는 법령상 엄격히 금지되고 있는 특채, 수의계약 등을 허용하는 자체 규정을 만든 사실도 확인하였다. 사실상 '부패 허용 규정'인 셈이다. 경남 지역의 한 출연기관은 자체 규정에 '직원은 어떤 경우에도 업무추진비 지출 내역을 누설해서는 안 된다'고 명시하였다. 일반 공공기관은 업무추진비를 의무적으로 공개하고 있다(조선일보, 2012.6.7).

제 3 장

한국의 지방자치

시기	일자	내용
초창기 (1948~1961)	1949. 7. 4	지방자치법 제정
	1952. 4. 25	제1대 시 · 읍 · 면의원 선거
	1952. 5. 10	제1대 도의원 선거
	1956. 8. 8	제2대 시 · 읍 · 면의원 선거 제1대 시 · 읍 · 면장 선거
	1956. 8. 13	제2대 도의원 선거 제1대 서울특별시의원 선거
	1960. 12. 12	제2대 서울특별시의원 선거 제3대 도의원 선거
	1960. 12. 19	제3대 시 · 읍 · 면의원 선거
	1960. 12. 26	제2대 시 · 읍 · 면장 선거
	1960. 12. 29	제1대 서울특별시장 및 도지사 선거
정지기 (1961~1991)	1961. 5. 16	군사혁명위원회 포고령 제4호 지방의회 해산
	1961. 9. 1	지방자치에 관한 임시조치법

읍 · 면자치의 폐지와 군(郡) 자치의 실시
지방자치단체장은 국가공무원으로 임명
지방자치법상 의회 의결을 요하는 사항
- 도와 서울특별시 – 내무부 장관의 승인
- 시와 군 – 도지사의 승인

부활기 (1991~) –	1991. 3. 26 기초의원선거
	1991. 6. 20 광역의원선거
	1995. 6. 27 제1회 동시지방선거
	1998. 6. 4 제2회 동시지방선거
	2002. 6. 13 제3회 동시지방선거
	2006. 5. 31 제4회 동시지방선거 – 기초의원 정당 추천
	2010. 6. 2 제5회 동시지방선거 – 교육감, 교육위원 직선

1 초창기

제헌헌법은 제96조에서 "지방자치단체는 법령의 범위 내에서 그 자치에 관한 행정사무와 국가가 위임한 행정사무를 처리하고 재산을 관리하며, 법령의 범위 내에서 자치에 관한 규정을 제정할 수 있다"고 규정하고, 제97조에서는 "지방자치단체의 조직과 운영에 관한 사항은 법률로 정하며, 지방자치단체는 각각 의회를 두고 지방의회의 권한과 의원의 선거는 법률로써 정한다"고 규정하고 있었다.

그러나 정부와 국회 간의 의견차에 따라 지방자치법의 제정이 지연되다가 1949년 7월 4일 법률 제32호로 제정・공포되어 같은 해 8월 15일부터 시행되었다. 그런데 같은 법 제75조에 "지방의회 의원선거는 대통령령으로 늦어도 선거일 전 70일 전에 공포하여야 한다"고 규정하고 있어서, 선거의 실시는 결국 대통령의 판단에 의존하게 되었다. 이 같은 규정에 따라 지방자치법이 제정되었음에도 불구하고 정부 수립 후 여러 가지 행정 체제의 미비와 국내 치안 상태의 불안을 이유로 지방의회 의원선거는 무기한 연기되었다.

그 후 정부는 1952년 2월 6일자로 대통령령 제605호를 발하여 최초의 시읍면선거를 4월 25일에 실시한다고 발표하였다. 1952년 2월에서 4, 5월의 당시 국내 정세는 지방의원선거를 실시하기에 적합한 상황은 아니었다. 비록 휴전회담은 열리고 있었지만 전투행위는 계속되고 있었고,

표 3-1 지방자치단체장 선출 방법의 변천

<table>
<tr><td rowspan="2">서울시장
·도지사</td><td>구분</td><td colspan="3">임명제</td><td>직선제</td></tr>
<tr><td>기간</td><td colspan="3">1949. 7. 4~1960. 10. 30
(11년 4개월간)</td><td>1960. 11. 1~1961. 9. 1
(10개월)</td></tr>
<tr><td rowspan="2">시·읍·
면장</td><td>구분</td><td>간선제</td><td>직선제</td><td>임명제</td><td>직선제</td></tr>
<tr><td>기간</td><td>1949.7.4
(6년 5개월)</td><td>1956.2.13
(2년 10개월)</td><td>1958.12.26
(1년 10개월)</td><td>1960. 11. 1 ~ 1961. 9. 1
(10개월)</td></tr>
</table>

자료: 한국지방행정연구원(1999), 「지방자치·행정50년사」, pp. 49-53.

서울특별시와 경기·강원도는 행정기관의 수복도 다 하지 못한 상태에서 비상계엄령이 선포되고 있었기 때문이다. 그 후에도 지방자치법은 이승만 정권의 정치적 이해관계에 의하여 4차례나 개정되었다. 하지만 제2공화국의 출범에 따라 지방자치법은 1960년 11월 1일 다시 민주적으로 개정되었다.

그러나 1961년 5·16 군사쿠데타에 의해 포고령 제4호로 전국의 지방의회가 해산되고, 그 후 30년간 지방자치는 정지되었다. 1961년 5월 22일 국가재건최고회의는 포고 제8호로 지방의회의 의결을 요하는 사항을 읍·면은 군수, 시는 도지사, 서울특별시와 도는 내무부 장관의 승인을 얻어 집행토록 하였다. 또한 국가재건최고회의령은 제42호 및 국가재건비상조치법 제20조에 따라 지방자치단체장을 임명제로 전환하였다. 1961년 9월 1일 제정된 「지방자치에 관한 임시조치법」의 주요 내용은 군을 지방자치단체로 하여 읍·면 자치제를 폐지하고 지방자치단체장은 국가공무원으로 임명하도록 하였다. 또한 지방자치법 중 의회의 의결을 요하는 사항은 도와 서울특별시는 내무부 장관의, 시와 군에서는 도지사의 승인을 얻어 시행하도록 하였다.

2 정지기(1961~1991)

1961년 5·16 군사쿠데타에 의한 1년 7개월간의 군정의 뒤를 이어 1962년 12월 17일 국민투표로 확정된 개정헌법에 따라 1963년 10월 대통령선거와 11월 제6대 국회의원선거를 거쳐 12월 17일 대통령 박정희가 취임함으로써 제3공화국이 출범하였다. 제3공화국 헌법에서는 헌법 부칙 제7조 ③에 "이 헌법에 의한 최초의 지방의회의 구성 시기에 관하여는 법률로 정한다"고 규정하였으나 지방의회의 구성 시기에 관한 법이 제정되지 않아 지방의회는 구성되지 못하였다.

1972년 12월 27일 개정된 제4공화국 헌법은 부칙 제10조에 "이 헌법에 의한 지방의회는 조국 통일이 이루어질 때까지 구성하지 아니한다"고 규정하여 지방자치의 시행은 제3공화국 헌법 부칙의 규정보다 더욱 불확실하게 되었다.

제5공화국 헌법은 지방자치의 시행 시기에 대하여 헌법 부칙 10조에 "이 헌법에 의한 지방의회는 지방자치단체의 재정자립도를 감안하여 순차적으로 구성하되, 그 구성 시기는 법률로 정한다"고 규정하였다. 이 헌법 규정이 함축하는 의미는 두 가지로 다음과 같다. 첫째는 지방자치의 실시 여부를 결정하는 헌법적 기준을 지방자치단체의 재정력으로 정한 것이고, 둘째는 지방자치의 실시 시기를 재정자립도에 따라 순차적으로 하도록 정하였다는 점이다. 그러나 제5공화국에서도 지방의회의 구성 시기에 대한 법률을 정하지 못하였다.

1988년 2월 출범한 제6공화국에서 1988년 4월 6일 전문 개정된 「지방자치법」이 공포되었다. 1988년 4월의 개정법률에 의하면 시·군·자치구의회의원선거는 법 시행일부터 1년 이내인 1989년 5월 30일까지 실시하고, 시·군·자치구의회가 구성된 날로부터 2년 이내에 시·도의회를 구성하게 되어 있었다(부칙 제2조). 그러나 1988년 4월 26일 실시된 제13대 국회의원선거 결과 정치 구도가 여소야대로 바뀌자 야3당은 중앙

집권적인 지방자치법으로는 지방자치를 실시할 수 없다고 하였다. 이에 따라 1988년 12월에 야3당은 각각 독자적인 지방자치법 개정 법률안을 국회에 제출하여 1989년 3월 9일 야3당 합의로 지방자치법 개정 법률안이 국회를 통과하였다. 그러나 노태우 대통령의 거부권 행사로 지방자치법 개정은 무산되었다. 이어 1989년 12월 19일에는 4당의 합의로 개정 법률이 국회를 통과하였고 12월 30일 공포되었다. 이 법률에 의하면 지방의회 의원선거는 1990년 6월 30일 이내, 지방자치단체장 선거는 1991년 6월 30일 이내 실시하도록 규정하였다.

지방자치법이 개정된 후에는 지방의회의원선거법의 제정이 지연되면서 법정 시한인 1990년 6월 30일 이전의 의원선거가 불가능해졌다. 특히 쟁점이 된 것은 정당 추천제의 허용 여부에 대한 것이었다. 결국에는 여 · 야가 지방의원선거법을 1990년 3월에 개최된 임시국회에서 처리하지 않기로 합의하여 6월 30일 이내의 지방의원선거는 무산되고 말았다. 그 후 1990년 12월 정기국회에서 여 · 야 간에 극적인 타협에 의하여 지방자치법 개정 법률안이 국회에서 통과되었다. 이 법률은 지방의회 의원선거는 1991년 6월 30일 이내, 지방자치단체장 선거는 1992년 6월 30일 이내 실시하도록 규정하였다.

3 부활기(1991～)

1961년 5 · 16 군사쿠데타에 의하여 지방자치가 중단된 지 30년 만에 지방자치가 부활되어 기초의원선거(1991. 3. 26)와 광역의원선거(1991. 6. 20)가 실시되었다. 그러나 지방자치법에 규정되었던 지방자치단체장 선거는 1992년 6월 30일까지 실시되지 못하였다. 그 후 문민정부인 1995년 6월 27일 지방의원과 단체장을 동시에 선출하는 제1회 동시선거가 처음 실시되었다. 그 후 지방선거는 제2회(1998.6.4), 제3회(2002.6.13), 제4회(2006.5.31), 제5회(2010.6.2)가 실시되었다. 1991년 지방자치가 30

년 만에 부활된 후, 그 동안의 주요 변화를 지방자치법 및 지방자치 관련법을 통해 살펴보면 다음과 같다(정일섭, 2010 : 38-86).

*** 지방자치법 및 지방자치 관련법의 주요 변화**

1. 1991. 12. 31의 지방자치법 개정

1) 지방의원의 체포·구금 시 영장 사본을 첨부하여 의장에게 통지하고 여비 지급
2) 기초의회의 상임위원회 설치
3) 지방의회 사무기구의 명칭-시·도는 사무처, 시·군·자치구는 사무국, 사무과

2. 1994. 3. 16의 지방자치법 개정

1) 도농복합시의 설치
2) 주민투표 제도의 도입
3) 과태료 부과 권한 인정
4) 의정활동비 지급 근거 규정
5) 당해 지방의회의 국정감사권 및 행정 사무감사권 대행
6) 읍·면·동장의 일반직화
7) 분쟁조정위원회의 설치
8) 직무이행명령과 행정대집행 등

3. 1994. 12. 20의 지방자치법 개정

1) 직할시의 명칭 변경-광역시
2) 광역시·통합시의 행정구역에 특례(광역시-군, 통합시-읍·면)
3) 지방자치단체장의 연임 제한-3기

4. 1995. 1. 5의 지방자치법 개정

지방자치단체 소속 국가공무원의 임명은 지방자치단체장의 제청

5. 1995. 8. 4의 지방자치법 개정

도농복합 형태의 시 설치 규정 도입

6. 1999. 8. 31의 지방자치법 개정

1) 조례 제정 및 개폐청구권 도입
2) 주민감사청구권 도입
3) 지방자치단체장의 권한 대행: 궐위, 구금, 장기 입원 - 부단체장의 권한 대행
4) 지방자치단체분쟁조정위원회의 기능 강화: 의결기구화, 직권조정제 도입
5) 지방자치단체장 등의 협의체 설립 근거 규정

7. 2000. 1. 12의 지방자치법 개정

광역시의 부시장 및 도의 부지사 정수를 인구가 800만 이상인 경우에는 3인까지 둘 수 있도록 하고, 3인 이상 두는 시 · 도에 있어서는 그 중 1인으로 하여금 특정 지역의 사무를 관장하게 할 수 있도록 하였다(지방자치법 제101조의 2).

8. 2002. 3. 25의 지방자치법 개정

부단체장의 권한 대행 사유 확대: 금고 이상의 형이 확정되지 않은 경우도 포함

9. 2003. 7. 18의 지방자치법 개정: 도농복합 형태의 시 설치 근거 추가

지방자치법 제7조②의 4. 국가의 정책으로 인하여 도시가 형성되고, 제106조의 규정에 의하여 도의 출장소가 설치된 지역으로서 그 지역의 인구가 3만 이상이고, 인구 15만 이상의 도농복합 형태의 시의 일부인 지역

지방자치법 제32조 ①의 “지방의원은 명예직으로 하되”의 명예직 삭제

10. 2004. 1. 29의 지방자치법 개정: 주민투표법 제정 내용 반영

11. 2005. 1. 27의 지방자치법 개정

1) 조례의 제정 및 개폐청구 대상 제한(법령 위반 사항 제외)
2) 주민감사청구제도의 개선(요건의 완화)
3) 주민감사청구 대상의 제한(있었던 날 또는 종료된 날부터 2년 경과 시 제외)
4) 주민소송제도의 도입
5) 지방의회 회기 운영의 자율성 확대
6) 위법한 지방의회의 의결에 대한 통제의 강화

12. 2005. 8. 4의 지방자치법과 공직선거법의 개정

1) 회기수당의 월정수당으로 전환
2) 의정비 심의위원회의 신설
3) 부단체장의 권한 대행(단체장의 후보자 등록일부터 선거일)
4) 지방채의 발행(대통령령의 지방채 발행한도액의 범위 안에서 의회 의결)
5) 선거 연령의 19세 조정과 외국인에 대한 지방선거권 부여
6) 기초의원의 정당 추천

13. 2006. 1. 11의 지방자치법 개정

1) 제주특별자치도의 설치
2) 조례 제정 · 개폐 및 감사청구권자의 연령 19세 조정
3) 조례의 제정 및 개폐 요건의 완화(필요한 연서 주민수를 조례로 결정)
4) 읍 · 면 · 동의 행정기구 설치 시 시 · 도지사의 승인 폐지
5) 전국적 통일이 필요한 수수료에 대한 기준 제시
6) 지방자치단체 연합체 설립 근거 도입

14. 2006. 5. 24의 지방자치법 개정: 주민소환에 관한 법률 제정 내용 반영

15. 2006. 12. 20의 지방자치법 개정: 지방의원의 교육위원 겸직

16. 2009. 4. 1의 지방자치법 개정

1) 신규 토지의 귀속절차의 제도화: 중앙분쟁조정위원회의 심의를 거쳐 결정
2) 행정면의 통합 운영
3) 거주외국인, 재외국민의 주민참여권 확대
4) 지방의원의 겸직 금지 및 영리행위 제한 강화
5) 지방공무원으로 보하는 부단체장의 임용 자격 확대: 일반직 지방공무원 추가
6) 지방자치단체의 유사 중복 자문위원회의 통합 운영 근거 도입

17. 2010.3. 31의 지방세법 개편

지방세 기본법 제정(제정 2010.3.31 법률 제10219호, 2011.1.1 시행)
지방세법 전부 개정(개정 2010.3.31 법률 제10221호, 2011.1.1 시행)
지방세특례제한법 제정(제정 2010.3.31 법률 제10220호, 2011.1.1 시행)

18. 2010. 6. 8의 지방자치법 개정

1) 지방자치단체의 자치사무에 대하여 행정안전부 장관 또는 시·도지사는 지방자치법 제171조 제1항에 따라 감사를 실시하기 전에 해당 사무의 처리가 법령에 위반되는지 여부 등을 확인할 의무 부과
2) 주무부 장관과 행정안전부 장관의 지방자치단체에 대한 감사에서 종전 감사 결과의 활용과 수감 부담과 감사의 효율성을 위하여 같은 기간 감사 실시 가능 규정 도입(지방자치법 제171조의2).

19. 2011. 5. 30의 지방자치법 개정

지방자치단체의 종류 중 특별시, 광역시, 도, 특별자치도에서 특별자치시를 추가

20. 2011. 7. 4의 지방자치법 개정

1) 지방자치단체장은 지방의회에 주민청구 조례안을 부의할 때 의견 첨부
2) 지방의회는 청구인 대표자로부터 주민청구조례안에 대한 청구취지 청취
3) 조례 공포 시 지방자치단체장과 지방의회 의장은 상호 통지 의무
4) 위원회가 단체장에게 서류 제출 요구 시 지방의회 의장에게 보고
5) 행정사무감사일의 연장(시 · 도는 10일에서 14일 시 · 군 및 자치구는 7일에서 9일)
6) 행정사무감사 및 조사보고에 대하여 본회의 의결로 처리
7) 감사 또는 조사 결과 시정 필요 시 시정 요구, 처리가 타당한 자치단체 및 기관 이송
8) 지방자치단체장이 예산상 또는 기금상 조치 수반하는 의안 발의 시 비용추계서 및 재원 조달 방안에 관한 자료 제출
9) 중앙행정기관의 장은 지방자치단체장 등의 협의체가 지방자치에 직접적인 영향을 미치는 법령 등에 대하여 제출한 내용에 관하여 행정안전부 장관으로부터 통보를 받은 날부터 2개월 이내에 타당성을 검토하여 행정안전부 장관에게 그 결과를 통보하여야 하고, 행정안전부 장관은 통보받은 검토 결과를 해당 협의체나 연합체에 지체 없이 통보 의무
10) 행정협의조정위원회는 위원장 1명을 포함하여 13명 이내의 위원으로 구성하고, 위원장은 국무총리가 위촉한 위원 중 국무총리가 위촉

21. 2012. 3. 21의 지방자치법 개정

전국적 통일 필요 있는 수수료는 대통령령의 표준금액으로 징수하고, 지방자치단체가 다른 금액으로 징수하고자 하는 경우에는 표준금액의 100분의 50의 범위에서 조례로 가감 가능

제 4 장 자치권

자치권이란 지방자치단체가 소관 사무를 자율적으로 처리할 수 있는 포괄적 권리와 능력을 말한다. 자치권은 자치입법권, 자치행정권 및 자치사법권으로 나눌 수 있으나 우리나라의 경우 자치사법권은 인정되지 않고 있다. 자치권과 이에 대한 제약은 다음과 같다.

자치권의 내용 →
- 자치입법권
- 자치행정권 →
  - 자치조직권
  - 자치행정권
  - 자치재정권
  - 자치계획권
- 자치사법권

1 자치입법권

자치입법권은 지방자치단체가 스스로 법규를 제정할 수 있는 권한을 의미한다. 자치입법권의 근거는 헌법 제117조 제1항에 "지방자치단체는 ……법령의 범위 안에서 자치에 관한 규정을 제정할 수 있다"고 규정하고 있다. 지방자치법에는 조례에 대해서는 "지방자치단체는 법령의 범위 안에서 그 사무에 관하여 조례를 정할 수 있다. 다만, 주민의 권리 제한 또는 의무 부과에 관한 사항이나 벌칙을 정할 때에는 법률의 위임이 있어야 한다"(지방자치법 제22조)고 규정하고 규칙에 대해서는 "지방자치단체장은 법령, 조례가 위임한 범위 안에서 그 사무에 관하여 규칙을 정할 수 있다"(지방자치법 제23조)고 규정하고 있다.

*** 청주시의회의 행정정보 공개조례**

조례의 제정은 헌법(제117조 제1항)이나 지방자치법(제22조)에 의하여 법령의 범위 안에서 제정할 수 있다. 여기서 '법령의 범위 안'에서는 '법령의 위임에 의하여'와 '법령에 위반하지 아니하는 한도에서'로 두 가지 해석이 가능하다. 그러나 이는 청주시의회가 제정한 행정정보 공개조례에 대한 대법원의 판결(대법원 1992.6.23 선고 92추17판결 : 청주시장은 청주시의회가 제정한 행정정보 공개조례가 법률에 조례제정권이 위임되지 않은 조례라는 이유로 무효라고 재의를 요구하였고, 의회가 재의결하자 청주시장은 대법원에 제소하였다. 이에 대하여 대법원은 '주민의 권리를 제한하거나 의무를 부과하는 조례라고 단정할 수 없어 그 제정에 있어서 반드시 법률의 개별적 위임이 따로 필요한 것은 아니다'라고 판결하였다)에 의하여 정리되었다. 즉, 대법원의 판결에 의하여 '법령의 범위 안'은 '법령에 위반되지 않는 범위 안'으로 해석하는 것이 타당하게 되었고, 자치입법권이 지나치게 축소되는 상황도 피할 수 있게 되었다. 청주시의회는 시민 알 권리 보장을 위하여 1991년 지방자치 부활 이후 전국 처음으로 행정정보 공개조례를 제정해 이듬해 10월부터 시행하였고, 그 후 공공기관의 정보공개에 관한 법률(1996.12. 31 제정) 제정의 계기가 되었다. 일본 지방자치법에서는 '법령에 위반되지 않는 한도 내에서 그 사무에 관하여 조례를 제정할 수 있다'고 규정하고 있다(일본 지방자치법 제14조 제1항). 따라서 우리나라 지방자치법의 '법령의 범위 안'은 '법령에 위반되지 않는 범위 안'으로 개정될 필요가 있다.

2 자치행정권

1) 자치조직권

(1) 조례 사항

가. 조례만으로 규정할 수 있는 사항

가) 자치구가 아닌 구와 읍·면·동의 명칭과 구역의 변경(지방자치법 제4조의 2의 ①)

자치구가 아닌 구와 읍·면·동의 명칭과 구역의 변경은 그 지방자치단체의 조례로 정하고, 그 결과를 특별시장·광역시장·도지사에게 보고하여야 한다.

나) 리(里)의 명칭과 구역을 변경하거나 폐치·분합(지방자치법 제4조의 2의 ②)

리의 구역은 자연 촌락을 기준으로 하되, 그 명칭과 구역은 종전과 같이 하고, 명칭과 구역을 변경하거나 리를 폐지하거나 설치하거나 나누거나 합칠 때에는 그 지방자치단체의 조례로 정한다.

다) 행정동과 리의 하부조직 설치(지방자치법 제4조의 2의 ⑤)

행정동·리에 그 지방자치단체 조례로 정하는 바에 따라 하부 조직을 둘 수 있다.

라) 사무소의 소재지(지방자치법 제6조 ①)

지방자치단체의 사무소의 소재지와 자치구가 아닌 구 및 읍·면·동의 사무소의 소재지는 종전과 같이 하고, 이를 변경하거나 새로 설정하려면 지방자치단체의 조례로 정한다.

마) 지방의회 위원회의 설치(지방자치법 제56조 ①)

지방의회는 조례로 정하는 바에 따라 위원회를 둘 수 있다.

바) 의회 사무처의 설치(지방자치법 제90조 ①,②)

① 시·도의회에는 사무를 처리하기 위하여 조례로 정하는 바에

따라 사무처를 둘 수 있으며, 사무처에는 사무처장과 직원을 둔다.

② 시·군 및 자치구의회에는 사무를 처리하기 위하여 조례로 정하는 바에 따라 사무국이나 사무과를 둘 수 있으며, 사무국·사무과에는 사무국장 또는 사무과장과 직원을 둘 수 있다.

사) 의회 사무직원의 정원(지방자치법 제91조 ①)

아) 정무부지사와 정무부시장의 자격 기준(지방자치법 제110조 ②)

정무직과 별정직 지방공무원으로 보할 때의 자격 기준은 해당 지방자치단체의 조례로 정한다.

자) 자치구가 아닌 구와 읍·면·동에 필요한 행정기구 설치(지방자치법 제120조)

지방자치단체는 조례로 정하는 바에 따라 자치구가 아닌 구와 읍·면·동에 그 소관 행정사무를 분장하기 위하여 필요한 행정기구를 둘 수 있다.

나. 대통령령으로 정하는 바에 의하여 조례로 정하는 사항

가) 행정기구의 설치와 공무원 정원(지방자치법 제112조 ②)

행정기구의 설치와 지방공무원의 정원은 인건비 등 대통령령으로 정하는 기준에 따라 그 지방자치단체의 조례로 정한다.

나) 직속기관의 설치(지방자치법 제113조)

지방자치단체는 그 소관 사무의 범위 안에서 필요하면 대통령령이나 대통령령으로 정하는 바에 따라 지방자치단체의 조례로 자치경찰기관(제주특별자치도에 한한다), 소방기관, 교육훈련기관, 보건진료기관, 시험연구기관 및 중소기업지도기관 등을 직속기관으로 설치할 수 있다.

다) 사업소의 설치(지방자치법 제114조)

지방자치단체는 특정 업무를 효율적으로 수행하기 위하여 필요하면 대통령령으로 정하는 바에 따라 그 지방자치단체의 조례로 사업소를 설치할 수 있다.

라) 출장소의 설치(지방자치법 제115조)

지방자치단체는 원격지 주민의 편의와 특정 지역의 개발 촉진을 위하여 필요하면 대통령령으로 정하는 바에 따라 그 지방자치단체의 조례로 출장소를 설치할 수 있다.

마) 합의제 행정기관의 설치(지방자치법 제116조 ①)

지방자치단체는 그 소관 사무의 일부를 독립하여 수행할 필요가 있으면 법령이나 그 지방자치단체의 조례로 정하는 바에 따라 합의제 행정기관을 설치할 수 있다.

다. 행정안전부 장관의 승인과 조례

자치구가 아닌 구와 읍·면·동의 명칭과 구역은 종전과 같이 하고, 이를 폐지하거나 설치하거나 나누거나 합칠 때에는 행정안전부 장관의 승인을 받아 그 지방자치단체의 조례로 정한다(지방자치법 제4조의 2의 ①).

(2) 조례 또는 규칙 사항

가. 사무의 위임과 위탁(지방자치법 제104조)

① 지방자치단체의 장은 조례나 규칙으로 정하는 바에 따라 그 권한에 속하는 사무의 일부를 보조기관, 소속 행정기관 또는 하부행정기관에 위임할 수 있다.

② 지방자치단체의 장은 조례나 규칙으로 정하는 바에 따라 그 권한에 속하는 사무의 일부를 관할 지방자치단체나 공공단체 또는 그 기관(사업소·출장소를 포함한다)에 위임하거나 위탁할 수 있다.

③ 지방자치단체의 장은 조례나 규칙으로 정하는 바에 따라 그 권한에 속하는 사무 중 조사·검사·검정·관리 업무 등 주민의 권리·의무와 직접 관련되지 아니하는 사무를 법인·단체 또는 그 기관이나 개인에게 위탁할 수 있다.

나. 직원에 대한 임면권 등(지방자치법 제105조)

지방자치단체의 장은 소속 직원을 지휘·감독하고 법령과 조례·규칙으로 정하는 바에 따라 그 임면·교육훈련·복무·징계 등에 관한 사항을 처리한다.

(3) 지방의회의 의결과 감독기관의 승인(지방자치법 제159조 ①)

2개 이상의 지방자치단체가 하나 또는 둘 이상의 사무를 공동으로 처리할 필요가 있을 때에는 규약을 정하여 그 지방의회의 의결을 거쳐 시·도는 행정안전부 장관의, 시·군 및 자치구는 시·도지사의 승인을 받아 지방자치단체조합을 설립할 수 있다.

(4) 지방의회의 의견 청취(지방자치법 제4조 ②)

지방자치단체를 폐지하거나 설치하거나 나누거나 합칠 때 또는 그 명칭이나 구역을 변경할 때에는 관계 지방자치단체의 의회(이하 "지방의회"라 한다)의 의견을 들어야 한다. 다만, 「주민투표법」 제8조에 따라 주민투표를 한 경우에는 그러하지 아니하다.

2) 자치행정권

지방자치단체가 자기 사무를 원칙적으로 국가의 관여를 받음이 없이 자주적으로 처리할 수 있는 권한을 의미한다. 자치행정권에 대하여 헌법에는 "지방자치단체는 주민의 복리에 관한 사무를 처리하고"(헌법 제117조 ①)라고 규정하였다. 지방자치법에는 "지방자치단체는 관할 구역의 자치사무와 법령에 의하여 지방자치단체에 속하는 사무를 처리한다"(지방자치법 제9조 ①)고 규정하고, "지방자치단체장은 당해 지방자치단체의 사무와 법령에 의해 위임된 사무를 관리하고 집행한다"(지방자치법 제103조)고 규정하고 있다.

(1) 사무처리 기준 및 절차에 대한 구체적 규정(지방자치법, 지방공무원법 등: 지방자치법 제8조)

① 지방자치단체는 그 사무를 처리할 때 주민의 편의와 복리 증진을 위하여 노력하여야 한다.

② 지방자치단체는 조직과 운영을 합리적으로 하고 그 규모를 적정하게 유지하여야 한다.

③ 지방자치단체는 법령이나 상급 지방자치단체의 조례를 위반하여 그 사무를 처리할 수 없다.

(2) 지방자치단체의 사무에 대한 지도와 지원(지방자치법 제166조)

① 중앙행정기관의 장이나 시·도지사는 지방자치단체의 사무에 관하여 조언 또는 권고하거나 지도할 수 있으며, 이를 위하여 필요하면 지방자치단체에 자료의 제출을 요구할 수 있다.

② 국가나 시·도는 지방자치단체가 그 지방자치단체의 사무를 처리하는 데에 필요하다고 인정하면 재정 지원이나 기술 지원을 할 수 있다.

(3) 위법 부당한 명령이나 처분에 대한 시정명령과 취소·정지(지방자치법 제169조)

① 지방자치단체의 사무에 관한 그 장의 명령이나 처분이 법령에 위반되거나 현저히 부당하여 공익을 해친다고 인정되면 시·도에 대하여는 주무부 장관이, 시·군 및 자 치구에 대하여는 시·도지사가 기간을 정하여 서면으로 시정할 것을 명하고, 그 기간에 이행하지 아니하면 이를 취소하거나 정지할 수 있다. 이 경우 자치사무에 관한 명령이나 처분에 대하여는 법령을 위반하는 것에 한한다.

② 지방자치단체의 장은 제1항에 따른 자치사무에 관한 명령이나 처분의 취소 또는 정지에 대하여 이의가 있으면 그 취소처분 또는 정지처분을 통보받은 날부터 15일 이내에 대법원에 소(訴)를 제기

할 수 있다.

＊ 구청장의 승진처분에 대한 광역시장의 취소

전국공무원노조(전공노) 파업 참가자에 대한 울산시의 징계 요구를 거부하고 있는 울산 동구청과 북구청이 파업 참가자 일부를 지난 2005년 2월 승진시키자 울산시가 7일 이를 직권으로 취소하였다. 이에 따라 승진자 9명(9급→8급 4명, 8급→7급 3명, 7급→6급 2명)은 곧바로 승진 이전으로 강등되고 오는 20일 받는 월급도 승진 이전으로 줄어들며 그동안 받은 월급 가운데 승진으로 늘어난 금액도 반환해야 한다(중앙일보, 2005.6.8).

이상범 전 북구청장은 2005년 정기인사에서 2004년 11월 15일 전국공무원노조 총파업에 가담하였던 공무원 213명 가운데 17명을 승진시킨 데 대하여 울산시가 직권으로 승진임용을 취소하자 이에 반발, 법원에 "울산시의 조치를 취소해 달라"며 소송을 제기하였다. 북구청장이 울산시장을 상대로 냈던 '승진임용 직권취소처분 취소 청구소송'에서 대법원은 2007년 3월 22일 원고(북구청) 패소 판결을 내리자 자체 승진임용하였던 17명에 대하여 2007년 3월 30일 승진임용 취소 발령을 냈다. 북구는 이번 승진임용 취소 발령의 후속 조치로 이들 공무원의 호봉을 정정하고 봉급과 수당의 차액분(1인당 400만~500만 원가량)도 환수할 계획이다(조선일보, 2007.4.1).

(4) 자치사무에 대한 감사권(지방자치법 제171조)

① 행정안전부 장관이나 시·도지사는 지방자치단체의 자치사무에 관하여 보고를 받거나 서류·장부 또는 회계를 감사할 수 있다. 이 경우 감사는 법령 위반 사항에 대하여만 실시한다.

② 행정안전부 장관 또는 시·도지사는 제1항에 따라 감사를 실시하기 전에 해당 사무의 처리가 법령에 위반되는지 여부 등을 확인하여야 한다.

(5) 사무와 재산의 한계 및 승계의 지정(지방자치법 제5조)

① 지방자치단체의 구역을 변경하거나 지방자치단체를 폐지하거나 설치하거나 나누거나 합칠 때에는 새로 그 지역을 관할하게 된 지방자치단체가 그 사무와 재산을 승계한다.

② 제1항의 경우에 지역에 의하여 지방자치단체의 사무와 재산을 구분하기 곤란하면 시·도에서는 행정안전부 장관이, 시·군 및 자치구에서는 특별시장·광역시장·특별 자치시장·도지사·특별자치도지사(이하 "시·도지사"라 한다)가 그 사무와 재산의 한계 및 승계할 지방자치단체를 지정한다.

3) 자치재정권

지방자치단체가 자기 사무를 수행하는 데 필요한 경비를 자주적으로 조달하고 관리하는 권한을 의미한다. 자치재정권에 대하여 헌법 제117조 ①은 "지방자치단체는 ……재산을 관리하며……"라고 규정하였고, 지방자치법에는 "지방자치단체는 법률이 정하는 바에 의하여 지방세를 부과·징수할 수 있다"고 규정하고 사용료·수수료·분담금에 대해서도 징수할 수 있는 근거를 규정하고 있다(지방자치법 제135~138조).

(1) 조세법률주의의 제약

지방자치법 제135조 "지방자치단체는 법률로 정하는 바에 따라 지방세를 부과·징수할 수 있다"는 조세법률주의 조항에 따라 지방세는 법률로만 부과 징수할 수 있다. 하지만 지방세법에서는 다음과 같이 조례로 정하는 바에 따라 지방자치단체장이 세율을 조정할 수 있도록 규정하고 있다.

가. 취득세

지방세법 제14조(조례에 따른 세율 조정)

지방자치단체의 장은 조례로 정하는 바에 따라 취득세의 세율을 제11조와 제12조에 따른 세율의 100분의 50의 범위에서 가감할 수 있다.

나. 등록면허세 - 등록에 대한 등록면허세

지방세법 제28조(세율) - 등록에 대한 등록면허세

⑥ 지방자치단체의 장은 조례로 정하는 바에 따라 등록면허세의 세율을 제1항 제1호에 따른 표준세율의 100분의 50의 범위에서 가감할 수 있다.

다. 주민세

지방세법 제78조(세율) - 주민세 균등분

② 지방자치단체의 장은 조례로 정하는 바에 따라 균등분의 세율을 제1항 제1호 나목 및 같은 항 제2호의 표준세율의 100분의 50의 범위에서 가감할 수 있다.

지방세법 제81조(세율) - 주민세 재산분

① 재산분의 표준세율은 사업소 연면적 1제곱 미터당 250원으로 한다.

② 지방자치단체의 장은 조례로 정하는 바에 따라 재산분의 세율을 제1항의 세율 이하로 정할 수 있다.

라. 지방소득세

지방세법 제89조(세율) - 지방소득세 소득분

② 지방자치단체의 장은 조례로 정하는 바에 따라 소득분의 세율을 제1항의 표준세율의 100분의 50의 범위에서 가감할 수 있다.

지방세법 제100조(세율) - 지방소득세 종업원분

① 종업원분의 표준세율은 종업원 급여 총액의 1천분의 5로 한다.

② 지방자치단체의 장은 조례로 정하는 바에 따라 종업원분의 세율을 제1항의 세율 이하로 정할 수 있다.

마. 재산세

지방세법 제111조(세율)

① 재산세는 제110조의 과세표준에 다음 각 호의 표준세율을 적용하여 계산한 금액을 그 세액으로 한다.<개정 2010.12.27>

③ 지방자치단체의 장은 특별한 재정 수요나 재해 등의 발생으로 재

산세의 세율 조정이 불가피하다고 인정되는 경우 조례로 정하는 바에 따라 제1항의 표준세율의 100분의 50의 범위에서 가감할 수 있다. 다만, 가감한 세율은 해당 연도에만 적용한다.

＊ 강남구 재산세율 50% 감면

2004년 6월 1일 재산세 과세를 앞두고 정부의 재산세 인상안에 따라 재산세가 4~5배 오른 서울 강남구의회가 3일 재산세율을 50% 낮추는 조례안을 전격 통과시켜 파장이 예상된다. 조례안이 공포·시행되면 공동주택 재산세 인상폭이 1~2배로 낮아지고 단독주택의 경우 지난해보다 재산세가 줄어드는 경우도 발생하여 형평성 논란이 일 것으로 보인다. 특히 서초·송파구 등 재산세가 크게 오른 다른 자치구들도 잇따라 조례 개정을 통한 재산세율 조정에 나설 것으로 보여 애초 정부의 재산세 인상 취지가 퇴색할 우려마저 낳고 있다.

강남구의회는 이날 의원 발의로 강남구청장이 재산세율을 50% 감면하는 내용의 강남구세 개정 조례안을 상정하여 만장일치로 통과시켰다. 구의회 관계자는 "강남을 표적으로 한 정부의 재산세 인상안에 따르면 재산세가 4~5배가량 크게 인상돼 주민들이 크게 반발하고 있다"며 "지방세법에 따라 재산세율을 50%까지 낮출 수 있는 자치단체장의 권한을 이용해 재산세 인상을 완화할 수밖에 없다"고 말하였다.

구의회에서 통과된 개정 조례안은 6일께 서울시로 이송될 예정이며, 시가 20일 이내에 재의 요구를 하지 않으면 공포, 시행된다. 만약 서울시가 재의를 요구한다 하더라도 구의원의 3분의 2 이상의 찬성을 얻으면 다시 의결되기 때문에 이날 조례안이 구의원 만장일치로 통과된 점을 감안하면 조례안은 사실상 확정된 것이나 다름없다. 서울시 관계자는 "개정된 조례안에 따르면 단독주택의 경우는 오히려 재산세가 전년보다 낮아질 우려가 있어 형평성 등의 문제가 제기될 수 있다"고 말하였다.

행자부 관계자는 "지방세법에 따라 자치단체가 조례를 고쳐 탄력세율을 정하는 것이기 때문에 법적 문제가 없다"며 "6월 1일 부과되는 재산세는 강남구조례에 따라 과세되겠지만 하반기에는 구청장의 재산세율 조정 권한 범위를 조정하든지 지방세법 개정을 다시 추진할 계획"이라고 밝혔다(한겨레신문, 2004.5.4).

지방세법 제112조(재산세 과세특례)

① 지방자치단체의 장은 「국토의 계획 및 이용에 관한 법률」 제6조 제1호에 따른 도시 지역 중 해당 지방의회의 의결을 거쳐 고시한 지역(이하 이 조에서 "재산세 과세특례 적용대상 지역"이라 한다) 안에 있는 대통령령으로 정하는 토지, 건축물 또는 주택(이하 이 조에서 "토지 등"이라 한다)에 대하여는 조례로 정하는 바에 따라 제1호에 따른 세액에 제2호에 따른 세액을 합산하여 산출한 세액을 재산세액으로 부과할 수 있다.<개정 2010.12.27>

1. 제110조의 과세표준에 제111조의 세율을 적용하여 산출한 세액
2. 제110조에 따른 토지 등의 과세표준에 1천분의 1.4를 적용하여 산출한 세액

② 지방자치단체의 장은 해당 연도분의 제1항 제2호의 세율을 조례로 정하는 바에 따라 1천분의 2.3을 초과하지 아니하는 범위에서 다르게 정할 수 있다.

바. 자동차세

지방세법 제127조(과세표준과 세율-자동차 소유에 대한 자동차세)

① 자동차세의 표준세율은 다음 각 호의 구분에 따른다.<개정 2011.12.2>

③ 지방자치단체의 장은 제1항에도 불구하고 조례로 정하는 바에 따라 자동차세의 세율을 배기량 등을 고려하여 제1항의 표준세율의 100분의 50까지 초과하여 정할 수 있다.

사. 지역자원시설세

지방세법 제146조(과세표준과 세율)

① 특정 자원에 대한 지역자원시설세의 과세표준과 표준세율은 다음 각 호와 같다.<개정 2011.3.29> <시행일 2014.1.1>

④ 지방자치단체의 장은 조례로 정하는 바에 따라 지역자원시설세의 세율을 제1항과 제 2항의 표준세율의 100분의 50의 범위에서 가감할 수 있다. 다만, 제1항 제5호 및 제6 호는 세율을 가감할 수 없다.<개정 2011.3.29> <시행일 2014.1.1>

아. 지방교육세

지방세법 제151조(과세표준과 세율)

① 지방교육세는 다음 각 호에 따라 산출한 금액을 그 세액으로 한다.<개정 2010.12.27>

② 지방자치단체의 장은 지방교육 투자재원의 조달을 위하여 필요한 경우에는 해당 지방 자치단체의 조례로 정하는 바에 따라 지방교육세의 세율을 제1항(같은 항 제3호는 제외한다)의 표준세율의 100분의 50의 범위에서 가감할 수 있다.

(2) 지방채의 발행

가. 지방자치법 제124조

① 지방자치단체의 장이나 지방자치단체조합은 따로 법률로 정하는 바에 따라 지방채를 발행할 수 있다.

나. 지방재정법 제11조(지방채의 발행)

① 지방자치단체의 장은 그 지방자치단체에 항구적 이익이 되거나 긴급한 재난 복구 등의 필요가 있을 때에는 지방채를 발행할 수 있다.

② 지방자치단체의 장은 제1항에 따라 지방채를 발행하려면 재정 상황 및 채무 규모 등 을 고려하여 대통령령으로 정하는 지방채 발행 한도액의 범위에서 지방의회의 의결을 얻어야 한다. 다만, 지방채 발행 한도액 범위더라도 외채를 발행하는 경우에는 지방의회의 의결을 거치기 전에 행정안전부 장관의 승인을 받아야 한다.

③ 지방자치단체의 장은 제2항에도 불구하고 해당 지방자치단체의 발

전과 관계 있는 사업을 위한 경우 등 대통령령으로 정하는 사유가 발생하는 경우에는 행정안전부 장관의 승인을 받은 범위에서 지방의회의 의결을 얻어 제2항에 따른 지방채 발행 한도액의 범위를 초과하여 지방채를 발행할 수 있다.

④ 「지방자치법」 제159조에 따른 지방자치단체조합(이하 "조합"이라 한다)의 장은 그 조합에 항구적 이익이 되거나 긴급한 재난 복구 등의 필요가 있을 때 또는 지방자치단체에 대부할 필요가 있을 때에는 지방채를 발행할 수 있다. 이 경우 행정안전부 장관의 승인을 받은 범위에서 조합의 구성원인 각 지방자치단체 지방의회의 의결을 얻어야 한다.

(3) 채무 부담의 원인이 될 계약 체결 등

지방자치법 제124조 ② 지방자치단체의 장은 따로 법률로 정하는 바에 따라 지방자치단체의 채무 부담의 원인이 될 계약의 체결이나 그 밖의 행위를 할 수 있다.

(4) 보증채무 부담행위

지방자치법 제124조 ③ 지방자치단체의 장은 공익을 위하여 필요하다고 인정하면 미리 지방의회의 의결을 받아 보증채무 부담행위를 할 수 있다.

4) 자치계획권

(1) 광역도시계획의 승인

국토의 계획 및 이용에 관한 법률 제16조(광역도시계획의 승인)

① 시·도지사는 광역도시계획을 수립하거나 변경하려면 국토해양부 장관의 승인을 받아야 한다. 다만, 제11조 제3항에 따라 도지사가 수립하는 광역도시계획은 그러하지 아니하다.

② 국토해양부 장관은 제1항에 따라 광역도시계획을 승인하거나 직접

광역도시계획을 수립 또는 변경(시 · 도지사와 공동으로 수립하거나 변경하는 경우를 포함한다)하려면 관계 중앙행정기관과 협의한 후 중앙도시계획위원회의 심의를 거쳐야 한다.

③ 제2항에 따라 협의 요청을 받은 관계 중앙행정기관의 장은 특별한 사유가 없는 한 그 요청을 받은 날부터 30일 이내에 국토해양부 장관에게 의견을 제시하여야 한다.

④ 국토해양부 장관은 직접 광역도시계획을 수립 또는 변경하거나 승인하였을 때에는 관계 중앙행정기관의 장과 시 · 도지사에게 관계 서류를 송부하여야 하며, 관계 서류를 받은 시 · 도지사는 대통령령으로 정하는 바에 따라 그 내용을 공고하고 일반이 열람할 수 있도록 하여야 한다.

⑤ 시장 또는 군수는 광역도시계획을 수립하거나 변경하려면 도지사의 승인을 받아야 한다.

⑥ 도지사가 제5항에 따라 광역도시계획을 승인하거나 제11조 제3항에 따라 직접 광역도시계획을 수립 또는 변경(시장 · 군수와 공동으로 수립하거나 변경하는 경우를 포함한다) 하려면 제2항부터 제4항까지의 규정을 준용한다. 이 경우 "국토해양부 장관"은 "도지사" 로, "중앙행정기관의 장"은 "행정기관의 장(국토해양부 장관을 포함한다)"으로, "중앙도시계획위원회"는 "지방도시계획위원회"로 "시 · 도지사"는 "시장 또는 군수"로 본다.

⑦ 제1항부터 제6항까지에 규정된 사항 외에 광역도시계획의 수립 및 집행에 필요한 사항은 대통령령으로 정한다.

(2) 도시 · 군기본계획의 확정

국토의 계획 및 이용에 관한 법률 제22조(특별시 · 광역시 · 특별자치시 · 특별자치도의 도시 · 군기본계획의 확정〈2011.4.14〉)

① 특별시장 · 광역시장 · 특별자치시장 또는 특별자치도지사는 도시 · 군기본계획을 수립하거나 변경하려면 관계 행정기관의 장(국토해

양부 장관을 포함한다. 이하 이 조 및 제22조의2에서 같다)과 협의한 후 지방도시계획위원회의 심의를 거쳐야 한다.<개정 2011.4.14>

② 제1항에 따라 협의 요청을 받은 관계 행정기관의 장은 특별한 사유가 없으면 그 요청을 받은 날부터 30일 이내에 특별시장·광역시장·특별자치시장 또는 특별자치도지사에게 의견을 제시하여야 한다.<개정 2011.4.14>

(3) 시·군의 도시·군기본계획에 대한 승인

국토의 계획 및 이용에 관한 법률 제22조의2(시·군 도시·군기본계획의 승인〈개정 2011.4.14〉)

① 시장 또는 군수는 도시·군기본계획을 수립하거나 변경하려면 대통령령으로 정하는 바에 따라 도지사의 승인을 받아야 한다.<개정 2011.4.14>

② 도지사는 제1항에 따라 도시·군기본계획을 승인하려면 관계 행정기관의 장과 협의한 후 지방도시계획위원회의 심의를 거쳐야 한다.<개정 2011.4.14>

③ 제2항에 따른 협의에 관하여는 제22조 제2항을 준용한다. 이 경우 "특별시장·광역시장·특별자치시장 또는 특별자치도지사"는 "도지사"로 본다.<개정 2011.4.14>

제 5 장

의결기관과 집행기관의 관계

우리나라 지방자치단체의 기관 구성 형태는 국가의 통치구조에 비추어 보면 대통령 중심제와 유사한 기관분립형이고, 기관분립형 중에서도 집행기관 우위의 기관분립형이다. 지방자치법과 지방교육자치에 관한 법률을 중심으로 의결기관과 집행기관 간의 관계를 살펴보면 다음과 같다.

1 단체장의 조례에 대한 재의 요구

1) 경기도 "위령사업 지원 조례안" 재의 요구

지방자치법

제26조(조례와 규칙의 제정 절차 등)

① 조례안이 지방의회에서 의결되면 의장은 의결된 날부터 5일 이내에 그 지방자치단체의 장에게 이를 이송하여야 한다.

② 지방자치단체의 장은 제1항의 조례안을 이송받으면 20일 이내에 공포하여야 한다.

③ 지방자치단체의 장은 이송받은 조례안에 대하여 이의가 있으면 제2항의 기간에 이유를 붙여 지방의회로 환부(還付)하고, 재의(再議)를 요구할 수 있다. 이 경우 지방자치단체의 장은 조례안의 일부에 대하여 또는 조례안을 수정하여 재의를 요구할 수 없다.

④ 제3항에 따른 재의 요구를 받은 지방의회가 재의에 부쳐 재적 의원 과반수의 출석과 출석 의원 3분의 2 이상의 찬성으로 전과 같은 의결을 하면 그 조례안은 조례로서 확정된다.

6·25 전쟁 당시 좌우 대결 과정에서 집단 희생된 민간인들의 추모·위령사업을 경기도가 추진토록 하는 내용을 담은 조례가 경기도의회에서 다수당인 민주통합당의 주도로 통과되었다. 그러나 15건의 조치 대상 중 11건이 인민군에 협력하다 국군과 경찰에 의하여 처벌된 세력에 대한 추모사업 성격이어서 논란이 일고 있다. 경기도는 도의회에 재의를 요구할 방침이다.

경기도의회는 2012년 5월 15일 열린 제267회 임시회 본회의에서 재석 103명 가운데 찬성 63명, 반대 40명으로 '6·25 민간인 희생자 위령사업 지원 조례안'을 통과시켰다. 과반 의석을 확보하고 있는 민주통합당이 찬성 당론을 갖고 표결에 참여하였으며, 새누리당은 반대 당론이었다. 이 조례안은 지난 2007년부터 '진실·화해를 위한 과거사 정리 위원회'가 내린 권고 조치에 근거하고 있다. 관련 조례로는 전국에서 처음으로 통과되었다. 경기도 지역의 경우 1950년 10월 인민군 점령 당시 좌익 협의자와 가족 등이 경찰 등에 의하여 집단 총살된 '고양 금정굴 사건'을 비롯하여 15건이 진실화해위의 권고 조치 대상이었다. 이 중 11건은 경찰·군인·우익단체 등이 주도한 사건, 4건은 인민군·좌익 등이 가해자인 사건이었다.

지난 7일 경기도의회 행정자치위원회에서 무기명 투표 끝에 찬성 7표, 반대 6표로 통과되었으며 민주통합당 일부 의원도 반대표를 던진 것으로 알려졌다. 이날 본회의에서 반대 토론에 나선 새누리당 윤영창(포천) 의원은 "순수한 민간인 피해자가 아니라 이름만 위장한 부역자를 추모하는 것을 경계하여야 한다"고 주장하였다. 그러나 이 조례안을 대표 발의한 민주통합당 김영환(고양) 의원은 "이념이 아니라 인권 문제이며 경기도가 책임을 먼저 완수하고 국가 예산과 행정 지원을 요청하여야 한다"고 주장하였다.

경기도는 통과된 조례안의 재의를 요구할 것으로 알려졌다. 경기도의회가 이를 다시 의결하려면 재적 과반수 출석에, 출석 3분의 2 이상의 찬성이 필요하기 때문에 새누리당 의원들이 반대하면 통과가 어려운 상황이다(조선일보, 2012.5.16).

2) 서울시교육청의 "학생인권조례안" 재의 요구

지방교육자치에 관한 법률

제28조(시 · 도의회 등의 의결에 대한 재의와 제소)

① 교육감은 교육 · 학예에 관한 시 · 도의회의 의결이 법령에 위반되거나 공익을 현저히 저해한다고 판단될 때에는 그 의결 사항을 이송받은 날부터 20일 이내에 이유를 붙여 재의를 요구할 수 있다. 교육감이 교육과학기술부 장관으로부터 재의 요구를 하도록 요청받은 경우에는 시 · 도의회에 재의를 요구하여야 한다.〈개정 2008.2.29, 2010.2.26〉 〈시행일 2014.7.1〉

② 제1항의 규정에 따른 재의 요구가 있을 때에는 재의 요구를 받은 시 · 도의회는 재의에 붙이고 시 · 도의회 재적 의원 과반수의 출석과 시 · 도의회 출석 의원 3분의 2 이상의 찬성으로 전과 같은 의결을 하면 그 의결 사항은 확정된다.〈개정 2010.2.26〉 〈시행일 2014.7.1〉

③ 제2항의 규정에 따라 재의결된 사항이 법령에 위반된다고 판단될 때에는 교육감은 재의결된 날부터 20일 이내에 대법원에 제소할 수 있다.

④ 교육과학기술부 장관은 재의결된 사항이 법령에 위반된다고 판단됨에도 해당 교육감이 소를 제기하지 않은 때에는 해당 교육감에게 제소를 지시하거나 직접 제소할 수 있다.〈개정 2008.2.29〉

서울시교육청은 2011년 12월 19일 서울시의회가 통과시킨 서울 학생인권조례에 대하여 2012년 1월 9일 재의(再議)를 요구하기로 한 것으로 6일 알려졌다. 현행 지방자치법에 따르면 교육감은 학생인권조례가 법령을 위반하였거나 공익을 현저히 해칠 때, 지방자치법에 규정된 권리를 침해하였다고 판단할 경우 지방의회에 재의를 요구할 수 있다. 서울시교육청이 재의를 요구할 경우 시의회는 재의요구서가 도착한 날로부터 10

일 이내에 재의결에 부쳐야 한다. 재의결은 재적 의원 과반수 출석에 출석 의원 3분의 2 이상이 찬성하여야 통과될 수 있다.

서울시교육청의 재의 요구 결정은 학생인권조례 내용이 상위 법령인 초·중등교육법 시행령에 위배된다는 판단 때문인 것으로 알려졌다. 서울 학생인권조례는 집회의 자유, 두발·복장 자유, 성적(性的) 지향이나 임신·출산에 따른 차별 금지 조항 등을 포함하고 있다. 교육과학기술부 관계자는 "조례가 공포될 경우 모든 학교는 똑같은 학생생활 학칙을 운영해야 하는데, 이는 학생의 장학 지도를 단위 학교의 학칙으로 정하도록 규정한 초중등교육법 시행령에 위배된다"고 말하였다.

조례안에 학생·학부모·교사의 의견이 충분히 반영되지 않은 점도 재의 요구 결정의 배경으로 작용하였다. 이번 조례안은 지난해 8월 학생인권조례제정운동 서울본부 등 진보·좌파 시민단체가 만들어 발의한 것으로, 최근 일선 학교 현장에서는 "좀 더 검토할 필요가 있다"는 의견이 다수 제시된 것으로 알려졌다.

최근 잇따른 '왕따 폭력' 사건도 학생인권조례 재의 검토에 영향을 미친 것으로 알려졌다. 간접 체벌, 소지품 검사, 일기장 검사 등을 금지하고 있는 학생인권조례는 교사의 왕따 가해 학생 생활지도를 어렵게 할 것이란 지적이 제기된 것이다. 한국교총 등 교원·학부모 단체로 이루어진 '학생인권조례 저지 범국민연대'는 "학교 폭력을 근절하려면 학교 단위에서 교사의 적극적인 생활지도가 이루어져야 하는데 학생인권조례는 교사의 손발을 묶어놓고 있다"고 주장하였다. 한편 학생인권조례제정운동 서울본부는 "서울 시민 10만 명 서명을 받아 발의됐고, 합법적 절차를 거쳐 시의회를 통과한만큼 교육청은 조례를 공포해야 한다"고 주장하였다(조선일보, 2012.1.7).

2 단체장의 예산상 집행 불가능한 의결에 대한 재의 요구

지방자치법

제108조(예산상 집행 불가능한 의결의 재의 요구)

① 지방자치단체의 장은 지방의회의 의결이 예산상 집행할 수 없는 경비를 포함하고 있다고 인정되면 그 의결 사항을 이송받은 날부터 20일 이내에 이유를 붙여 재의를 요구할 수 있다.

제172조(지방의회 의결의 재의와 제소)

③ 지방자치단체의 장은 제2항에 따라 재의결된 사항이 법령에 위반된다고 판단되면 재의결된 날부터 20일 이내에 대법원에 소를 제기할 수 있다. 이 경우 필요하다고 인정되면 그 의결의 집행을 정지하게 하는 집행정지 결정을 신청할 수 있다.

④ 주무부 장관이나 시·도지사는 재의결된 사항이 법령에 위반된다고 판단됨에도 불구하고 해당 지방자치단체의 장이 소(訴)를 제기하지 아니하면 그 지방자치단체의 장에게 제소를 지시하거나 직접 제소 및 집행정지 결정을 신청할 수 있다.

서울·인천 "시의원 유급보좌관제" 재추진 파장

인천시의회가 의원보좌관제 도입을 강행키로 한데 이어 서울시의회도 이 제도 도입을 다시 추진키로 해 논란이 재연될 조짐이다. 행정안전부는 즉각 대법원 제소 의지를 밝혔다. 인천시의회는 2012년 2월 13일 진행된 제198회 임시회 2차 본회의에서 의원보좌관제 운영 예산(5억 4,874만 원)이 포함된 예산안을 재의결하였다. 이번 재의결은 지난달 시의회가 의원보좌관제 도입을 위한 예산안을 통과시키자 시가 지방자치법 위반을 이유로 재의결 요구한 데 따른 것이다.

인천시의회 관계자는 "국회의원처럼 효율적인 입법 활동을 위해서는 전문성을 갖춘 보좌관이 반드시 필요하며, 이는 시민들에게도 유익한 방향으로 환원될 것"이라면서 "보좌관제는 시의회의 전문성 제고뿐만 아니라 청년 일자리 창출에 크게 기여할 것"이라고 말하였다.

서울시의회도 민주통합당 의원들을 중심으로 지난 9일 유급보좌관제와 관련한 기본 조례안을 발의, 이번 회기 내에 처리할 방침이다. 서울시의회 김명섭(민주통합당) 운영위원장은 "유급보좌관제를 이번 임시회에서 처리할 것"이라며 "(유급보좌관제가) 법적 근거가 없다는 지적을 받았지만 정말로 필요한 제도"라고 말하였다. 이와 별도로 서울시의회는 '청년인턴제' 역시 오는 27일 본회의에서 처리할 예정이다. 청년인턴제란 개별 의원이 아닌, 각 상임위원회에 청년 인력을 배치하는 제도로 사실상 유급보좌관제의 변형된 형태이다. 시의회는 지난해 12월 청년인턴제 운영예산(15억 4,000만 원)을 의결하였다가 행안부로부터 재의결을 요구받은 바 있다.

앞서 지난해 3월 유급보좌관제를 의결하였던 경기도의회도 경기도가 제기한 헌법소원(조례안 재의결 무효확인 청구) 때문에 말을 아끼고 있지만 내심 보좌관제 도입을 찬성하는 분위기이다. 경기도의회는 당시 관련 예산으로 28억 원을 통과시켰다. 하지만 유급보좌관제 도입은 실정법 위반이어서 논란이 예상된다.

행안부는 지난달 초 각 시・도의원들이 유급보좌관을 선발하거나, 청년인턴제로 뽑은 인력을 보좌관으로 활용할 경우 지방자치법에 위배된다는 점을 명백히 한 바 있다. 특히 서울시의회가 별도로 추진하고 있는 청년인턴제도 사실상 유급보좌관제의 변형된 형태이기 때문에 받아들일 수 없다는 입장이다. 행안부 관계자는 "유급보좌관제나 청년인턴제는 상위법에 근거가 없는 불법 제도"라며 "시・도의원들이 주장하듯 의원 전문성 제고 방안으로 반드시 보좌관제가 도입되어야 하는 것은 아니다"고 주장하였다.

행안부는 각 시・도의회가 청년인턴제나 유급보좌관제를 도입할 경우 즉각 대법원 제소를 검토할 계획이어서 법정 공방은 피할 수 없을 전망이다. 이에 대하여 서울시의회 박양숙(민주통합당) 의원은 "무보수인 지방의원이 유급 보좌인력을 두는 것은 제도의 취지에 어긋난다는 1966년 대법원 판례는 2004년 지방의원이 유급화하면서 실효성을 상실했다"면서 시대에 맞는 법 집 집행을 요구하고 있어 서울시의 추후 대응에 관심이 모아지고 있다(한국일보, 2012.2.13).

3 단체장의 조례안 재의결 무효 확인 소송

지방자치법

제107조(지방의회의 의결에 대한 재의 요구와 제소)

① 지방자치단체의 장은 지방의회의 의결이 월권이거나 법령에 위반되거나 공익을 현저히 해친다고 인정되면 그 의결 사항을 이송받은 날부터 20일 이내에 이유를 붙여 재의를 요구할 수 있다.

② 제1항의 요구에 대하여 재의한 결과 재적 의원 과반수의 출석과 출석 의원 3분의 2 이상의 찬성으로 전과 같은 의결을 하면 그 의결 사항은 확정된다.

③ 지방자치단체의 장은 제2항에 따라 재의결된 사항이 법령에 위반된다고 인정되면 대법원에 소(訴)를 제기할 수 있다. 이 경우에는 제172조 제3항을 준용한다.

"부상 소방공무원 위로금 조례"에 대한 무효 확인 소송

재난 현장에서 부상한 소방공무원에게 위로금을 주는 인천시의 조례는 무효라는 대법원의 판결이 나왔다. 대법원 3부(주심 신영철 대법관)는 인천시가 인천시의회를 상대로 낸 '인천시 공사상 소방공무원 지원에 관한 조례안 재의결 무효 확인소송'에서 원고 승소 판결하였다고 2012년 6월 1일 밝혔다.

재판부는 "이 조례는 지방자치단체가 개인에 대한 기부・보조・출연과 그 밖의 공금 지출을 할 수 없도록 한 지방자치법 제17조를 위반하였고, 단서 조항인 '예외적으로 허용되는 경우'에도 해당하지 않는다"고 판단하였다. 재판부는 또 "공상 소방공무원 중 선발된 자에 대하여 위로금을 지급하고 계급별로 차등을 두는 것은 법령에서 정하지 않은 명목의 금전을 변형된 보수로 지급하는 것과 같다"며 "지방공무원법 제44조에도 반한다"고 덧붙였다.

시의회는 지난해 2011년 10월 시의원 11명이 발의한 이 조례를 통과시켰고 시가 재의를 요구하자 재의결해 확정하였으며 시는 행정안전부의 검토 의견에 따라 대법원에 무효 확인소송을 제기하였다. 이 조례의 주요 내용은 공무상 병가 및 질병휴직을 사용한 소방관에게 1일 위로금으로 소방사 2만 9천 480원~소방령 4만 2천 230원을 지급하고 순직 소방관 자녀 중 고교생은 연간 100만 원, 대학생은 200만 원의 장학금을 주는 것이다.

행안부는 검토 의견에서 지방재정법 제17조 위반과 함께 소방직에 한정하여 위로금을 주는 것은 일반 공무원과의 형평에 반하여 공익에 부합하지 않는다고 판단하였다. 또 공무원연금법상 위로금을 공제하고 공무상요양비(자치단체의 재해보상부담금)를 지급할 여지가 있어 소방공무원에게는 실질적 혜택 없이 지자체 재정 부담만 늘어날 우려가 있다고 지적하였다(인천신문, 2012.6.4).

제 6 장 계층

계층은 지방자치단체와 중앙정부 간의 연결 구조를 의미한다. 계층구조에는 자치권이 있는 자치단체 간의 자치계층과 수직적 지휘·감독 관계를 갖는 행정계층이 있다.

1 계층구조 현황(2011.1.1 현재)

광역자치단체(16) : 특별시(1), 광역시(6), 도(8), 특별자치도(1)
기초자치단체(228) : 시(73), 군(86), 자치구(69)
행정시(2) : 제주특별자치도에 설치
행정구(33) : 50만 이상의 시에 설치
읍면동(3,477) : 읍 215, 면 1,201, 동 2,061

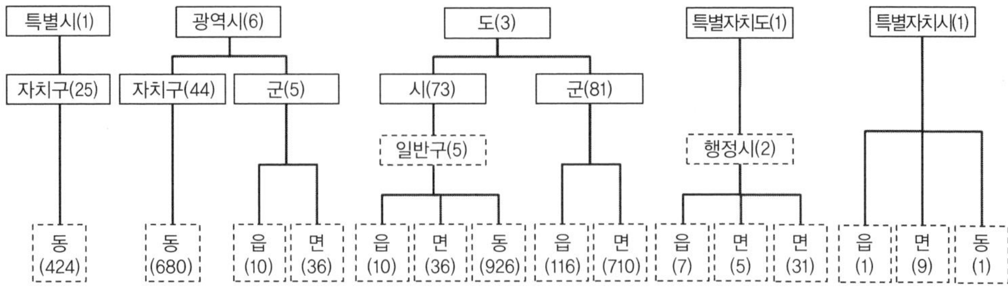

그림 6-1 계층구조 현황

주) 2012.7.1부로 세종특별자치시(광역자치단체) 설치 - 1행정동(14개 법정동), 1읍, 9면(세종특별자치시 행정동·리의 명칭과 관할구역에 관한 조례 입법예고, 2012.6.5)

자료: http://www.clar.go.kr/section/content/content.html?PID=condition(2012.5.27)

2 지방행정 체제 개편에 관한 특별법(2010. 10.1 제정)

'지방행정 체제 개편 특별법'은 지방행정 체제 개편을 추진하기 위하여 대통령 소속으로 지방행정 체제 개편추진위원회 두고, 크게 ① 시·군·구 통합, ② 특별·광역시 내의 자치구·군 개편, ③ 통합 자치단체 및 대도시 특례, ④ 도 개편, ⑤ 읍·면·동 주민자치, ⑥ 지방분권 강화 등 여섯 개 과제를 담당한다. 우선 ① 시·군·구 통합은 인구·지리적 여건, 생활·경제권, 발전 가능성, 지역 특수성, 역사·문화적 동일성 등을 종합적으로 고려하여 추진될 전망이다. 통합 절차는 먼저 개편위원회가 마련한 통합 기준을 사전에 공표하고, 이를 토대로 지방자치단체장, 지방의회 및 지역주민이 통합을 건의한다. 이어 지역의 의사와 통합 기준을 토대로 통합권고안을 마련하고, 개편위원회는 이를 대통령과 국회에 보고하게 된다. 보고 후 행정안전부 장관은 통합안을 권고하고 지방의회의 의견을 듣거나 주민투표 실시를 요구하여 종국적으로 통합시설치법을 제정하게 된다.

② 특별·광역시 내의 자치구와 군 개편은 개편위원회가 자치구와 군의 지위 및 기능 등에 대한 구체적인 방안을 2012년 6월 30일까지 지방

행정 체제 개편 종합 기본계획에 반영하여 대통령과 국회에 보고하여야 한다.

③ 통합 자치단체 특례로는 시·군·구 통합 자치단체에 대해서는 불이익 배제, 행·재정특례 및 기타 특례 등을 규정하고 있다. 통합으로 초과되는 공무원 정원에 대해서는 정원 외로 인정하며, 폐지되는 지방자치단체 소속 공무원에 대해서는 인사상 동등한 처우를 하여야 한다. 재정상 특례로 통합 이후 보통교부세액의 4년간 보장과 절감 예산 및 통합 직접 경비 지원 등을 규정하고 있다.

이와 함께 대도시 특례는 인구 100만 및 인구 50만 이상(인구 30만 이상이고 면적 1,000㎢ 이상 포함) 도시를 대상으로 규정되어 있다. 인구 100만 이상 대도시는 지역개발채권 발행, 50층 이하 건축물에 대한 허가권, 재정비촉진지구의 지정 및 촉진계획의 결정권 등의 사무를 처리할 수 있다. 아울러 인구 100만 이상 대도시에 부시장 1명을 증원하고, 행정기구와 정원에 대한 특례를 대통령령으로 둘 수 있다.

④ 도 개편과 관련하여 '도'는 지방자치단체로 존치하되, 지위 및 기능 재정립 등을 포함한 도의 개편 방안을 개편위원회가 마련하여 차기 지방선거가 실시되기 1년 전인 2013년 6월까지 대통령과 국회에 보고하여야 한다.

⑤ 읍·면·동 주민자치는 읍·면·동의 행정구역에 해당 주민으로 구성되는 주민자치회를 둘 수 있으며, 법령·조례 또는 규칙이 정하는 바에 따라 지방자치단체 사무의 일부를 위임 또는 위탁받아 처리할 수 있게 했다.

⑥ 지방분권 강화를 위하여 특별지방행정기관을 관장하는 중앙행정기관의 장은 2011년 10월 1일 이전까지 특별행정기관 사무이양계획을 개편위원회에 제출하여야 한다. 아울러 지방행정과 치안행정의 연계성을 확보하고 지역 특성에 적합한 치안 서비스를 제공하기 위하여 자치경찰제를 실시하여야 하며, 국가는 이와 함께 교육 자치와 지방자치의 통합을 위하여 노력할 계획이다(행정안전부, 2011a : 349-350).

3 지방행정 체제 개편 주요 과제 추진 일정

2011년	2012년	2013년	2014년
[개편위원회 출범] 2월 16일 [특행 지방 이양계획 접수] 9월	[체제개편 기본계획 보고] 6월 (대통령, 국회) 국회의원 선거: 4월 11일 대통령 선거: 12월 19일	[개편위원회 출범] 2월 16일 [특행 지방 이양계획 접수] 9월	[개편위원회 출범] 2월 16일 [특행 지방 이양계획 접수] 9월

시 · 군 · 구 통합 분야

- 통합기준 공표/통합절차규정 제정(2011.11)
- 통합 건의 접수(2011.11)
- 통합 시안 마련(2012.4)
- 기본 계획 보고
- 지방의회 의견 청취 또는 주민투표 실시〈행안부 장관〉(2013.6)
- 통합 자치단체 설치법 제정(2014.3)

자치구(군)개편 분야

- 자치구(군) 현황 및 대안 분석(2011.10)
- 개편시안 검토(2012.4)
- 기본 계획 보고
- 개편 방안에 따른 행 · 재정 조치 사항 검토(2013.6)
- 자치구(군) 개편 대안에 따른 관련 입법 추진(2014.6)

대도시 특례 발굴(통합특례) 분야

- 통합특례 개선(2011.8) 대도시 특례 발굴 및 부처 협의('12.3)
- 기본 계획 보고
- 통합 자치단체 및 대도시 특례 관련 법령 개정(2014.3)

道 지위 · 기능 재정립 분야

- 道사무와 재원 분석을 통합 지위 · 기능 검토(2012.10)
- 道 개편시안 마련(2013.3)
- 道 개편안 보고
- 道 기능 재정립에 따른 입법 추진(2014.6)

읍 · 면 · 동 주민자치 강화 분야

- 읍면동 주민자치회 모델 개발(2011.12)
- 활동 경과 보고
- 주민자치회 시범 실시(2013.6)
- 주민자치회 실시 · 운영 관련 입법 추진(2014.6)

지방분권 강화 분야

- 특행사무 이양계획 접수(2011.9)
- 특행 기관 이양 사무 분석(2012.6)
- 이양 방안 마련(2012.12)
- 지방분권 추진 방향 마련(2013.6)
- 교육자치 · 자치경찰제 관련 입법 추진(2014.6)

□ 법정 추진일정 □ 임의 보고사항

자료 : http : //www.clar.go.kr/section/content/content.html?PID=plan(2012.5.20)

4 지방행정 체제 개편 추진위원회 개편안 의결

대통령 소속 지방행정 체제 개편추진위원회가 서울특별시와 6개 광역시에 속한 69개 자치구와 5개 군 등 74곳의 지방의회를 폐지하고, 서울을 제외한 6개 광역시 구청장을 관선(임명제)으로 바꾸는 내용을 담은 개편안을 2012년 4월 13일 의결하였다.

위원회가 마련한 '특별 · 광역시 자치구 · 군 지위 및 기능 개편안'에 따르면 서울은 수도라는 특수성을 인정하여 구청장을 민선으로 선출하지만 구의회는 모두 폐지하고, 부산 · 대전 · 광주 · 울산 · 인천 · 대구 등 6개 광역시는 구의회 폐지는 물론, 구청장도 관선으로 선출하도록 하였다. 현재 서울을 제외한 6개 광역시에는 구청장 44명과 군수 5명이 있다. 위원회는 ▲구의회의 독자적인 과세권 등으로 부자 구와 가난한 구의 차이가 더욱 심해지고, ▲시에서 종합행정 계획을 실시하려 해도 자치구 · 군 반발로 원활하게 이루어지지 않는 사례가 많으며, ▲광역시 구의회에 들어가는 행정비용이 과다하다는 등의 이유를 들었다. 이 안은 2014년 지방선거부터 적용하도록 하였다. 이 개편안은 대통령과 국회의장에게 보고한 뒤, 국회 논의 등을 거쳐 법을 개정하는 절차를 밟아야 한다.

하지만 전국 기초자치단체의 3분의 1에 해당하는 자치구를 없애는 것은 '지방자치제도'의 근간을 흔드는 문제인 데다가, 역효과를 우려하여 반발하는 위원도 많았던 것으로 전해졌다. 반대표를 던진 한 위원은 "그동안 충분한 토론을 통하여 전원 합의를 도출하는 것이 관례였는데, 이번에는 파급력이 큰 사안을 다루면서 졸속 처리하였다"고 말하였다. '지방행정 체제 개편에 관한 특별법'에 따르면 위원회는 오는 6월 30일까지 지방행정 체제 개편에 관한 종합적인 기본 계획을 대통령과 국회에 제출하여야 한다. 이후 19대 국회에서 논의 과정을 거쳐 입법 절차를 진행한다.

그러나 이번에 위원회가 의결한 개편안이 실현되기까지는 적잖은 난관이 기다리고 있다. 구의회 폐지안의 경우, 이미 2010년 4월 국회 행정체제 개편특위에서 여야 합의로 통과되었지만 이를 반대하는 일부 의원들의 저지로 본회의에 상정도 못하였다. 구의회와 구청장들의 반발도 무시할 수 없다.

이날 회의에서는 또 인구가 적거나 면적이 작은 자치구 10곳을 인접구와 통합하는 방안도 의결하였다. 서울 중구와 종로구, 부산 중구와 동구, 수영구와 연제구, 대구 중구와 남구, 인천 동구와 중구 등이 통폐합 대상으로 거론되었다. 이 안건을 두고 강현욱 위원장은 재적 위원(24명) 과반수 출석에 출석 위원 과반수 찬성으로 의결하도록 한 규정을 무시하고, 제시된 세 가지 안 중에서 22명 출석에 8명만 찬성한 안을 위원장 직권으로 의결한 것으로 알려졌다. 일부 위원은 "의결 정족수를 만족하지 못하는 등 절차상 문제가 있다"고 반발하고 있다. 한 참석자는 "위원회가 6월로 다가온 대통령·국회의장 보고 시한을 염두에 두고 무리하게 개편안을 마련한 것"이라고 전하였다. 행안부 박동훈 지방행정국장은 "의견 수렴 과정에서 개편안에 대한 종합적으로 재검토해야 할 것"이라고 말하였다(조선일보, 2012.4.16).

5 군과 시의 차이(여주군이 시가 되면)

여주군은 2012년 5월 초 '여주시 설치 추진위원회'를 구성하고 내년을 시 승격 원년의 해로 선포하였다. 주민 의견 수렴 절차도 시작하였다. 지난 10일 주민설명회를 연 데 이어 30일 두 번째 설명회를 연다. 다음달 초에는 주민 여론조사를 실시할 계획이다. 시로 승격하려면 군의회의 동의를 얻어 경기도와 도의회를 거친 건의문이 행정안전부 심사에서 통과되어야 한다. 이후 국무회의와 국회 의결을 거쳐 최종 확정된다.

여주군은 지방자치법 제7조 및 시행령 제7조에 정해진 시 설치 기준인 인구, 도시 산업종사자 비율, 재정자립도 등 3대 조건을 갖추었다. 우선

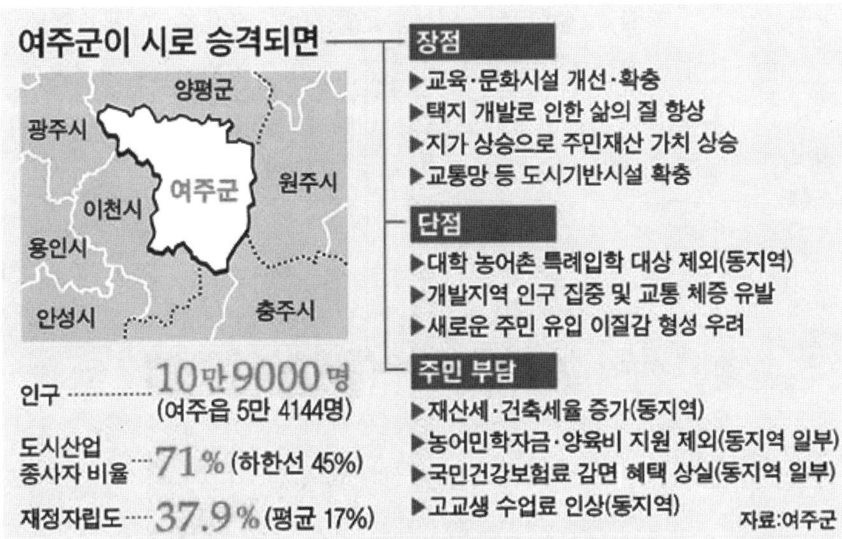

인구 5만 명 이상의 도시 형태를 갖춘 지역이 있어야 하는데 도시 지역인 여주읍 인구가 5만 4,144명으로 이 기준을 넘는다. 군 전체 인구는 10만 9,000여 명이다. 도시 산업종사자 가구 비율이 전체의 71%로 하한선(45%)을 넘는다. 재정자립도는 37.9%로 전국 군 지역 평균(17%)의 배가 넘는다.

지표상으로는 시 승격이 문제될 게 없다. 관건은 여론이다. 그러나 도시 지역인 여주읍 주민들의 반대가 거세다. 시로 승격되면 도시 지역은 동(洞)이 설치되어 지금까지 누려 온 농촌 지역의 혜택을 포기하여야 하기 때문이다. 가장 큰 피해자는 수험생과 학부모이다. 동 지역은 농어촌 수험생 특례 혜택이 사라진다. 올해 여주읍 3개 고등학교에서 212명이 농어촌 특례로 대학에 입학하였다. 전체 진학생(290명)의 73%이다. 여주군의 16세 미만 학생 1만 7,450명 중 1만 542명(60%)이 여주읍에 살고 있다. 여주군 관계자는 "입시 혜택을 보려고 도시 지역에서 여주군으로 이사 온 주민들이 꽤 있다"며 "입시 혜택이 사라지면 이들을 묶어 둘 당근이 사라진다"고 말하였다.

동 지역 고등학교 수업료와 입학금도 오른다. 학생 1인당 연간 37만 원이 늘어난다. 연간 115만 원 정도의 농어민 자녀 학자금과 농어촌 교사 특별근무수당(월 11만 원)도 받지 못한다. 주민세와 사업자의 면허세(등록면허세 12,000원 추가 부담) · 국민건강보험료(22% 경감 폐지) 등도 오른다. 김학모(전 수원지방변호사회 여주지회장) 변호사는 “군청 공무원 등 특정인에게만 실질적인 이익이 돌아갈 뿐 오히려 주민 부담만 늘어나게 될 것”이라고 말하였다. 그럼에도 여주군은 “수치로 따질 수 없는 장점이 많다”며 주민을 설득하고 있다. 대규모 택지 개발과 기반시설이 확대되어 기업체와 병원 · 학교 · 문화시설 등이 늘어날 것이라고 강조한다. 행정 서비스가 개선되고 투자 여건이 좋아져 땅값도 오를 것으로 내다봤다(중앙일보, 2012.5.30).

제 7 장 구역

1991년 지방자치의 부활 이후 구역의 변화는 1994년 8월 3일 「경기도 남양주시 등 33개 도농복합 형태의 시 설치 등에 관한 법률」이 제정되면서부터 본격적으로 시작되었다. 이를 시작으로 이루어진 주요 구역개편을 살펴보면 다음과 같다.

1. 경기도 남양주시 등 33개 도농복합 형태의 시 설치 등에 관한 법률(1994.8.3 법률 제4774호, 1995.1.1 시행)

1) 경기도

미금시+남양주군 → 남양주시

2) 강원도

춘천시+춘천군 → 춘천시

원주시+원주군 → 원주시

강릉시+명주군 → 강릉시

삼척시+삼척군 → 삼척시

3) 충청북도

충주시+중원군 → 충주시

제천시＋제천군→제천시

4) 충청남도

공주시＋공주군→공주시

대천시＋보령군→보령시

온양시＋아산군→아산시

서산시＋서산군→서산시

5) 전라북도

군산시＋옥구군→군산시

정주시＋정읍군→정읍시

남원시＋남원군→남원시

김제시＋김제군→김제시

6) 전라남도

승주군＋순천시→순천시

나주군＋나주시→나주시

7) 경상북도

포항시＋영일군→포항시

경주시＋경주군→경주시

안동시＋안동군→안동시

구미시＋선산군→구미시

영주시＋영풍군→영주시

김천시＋금릉군→김천시

경산시＋경산군→경산시

상주시＋상주군→상주시

영천시＋영천군→영천시

점촌시＋문경군→문경시

8) 경상남도

창원시+창원군(동・북・대산면)→창원시

마산시+창원군(내서・구산・진동・진북・진전면)→마산시

진주시+진양군→진주시

충무시+통영군→통영시

밀양시+밀양군→밀양시

장승포시+거제시→거제시

2. 전라남도 광양시 등 2개 도농복합 형태의 시 설치 등에 관한 법률(1994.12.22 법률 제4801호, 1995.1.1 시행)

1) 전라남도

동광양시+광양군→광양시

2) 경상남도

울산시+울산군→울산시

3. 경기도 평택시 등 5개 도농복합 형태의 시 설치 등에 관한 법률(1995.5.10 법률 제4948호, 1995.5.10 시행)

1) 경기도

송탄시+평택시+평택군→평택시

2) 충청남도

천안시+천안군→천안시

3) 전라북도

이리시+익산군→익산시

4) 경상남도

삼천포시+사천군→사천시

김해시+김해군→김해시

4. 경기도 파주시 등 5개 도농복합 형태의 시 설치 등에 관한 법률(1995.12.6 법률 제4994호, 1996.3.1 시행)

1) 경기도

파주군→파주시

이천군→이천시

용인군→용인시

2) 충청남도

논산군→논산시

3) 경상남도

양산군→양산시

5. 전라남도 여수시 도농복합 형태의 시 설치 등에 관한 법률(1997.12.17 법률 제5457호, 1998.4.1 시행)

여수시+여천시+여천군→여수시

6. 경기도 안성시 등 2개 도농복합 형태의 시 설치 등에 관한 법률(1997.12.17 법률 제5458호, 1998.4.1 시행)

안성군→안성시

김포군→김포시

7. 경기도 양주시 · 포천시 도농복합 형태의 시 설치 등에 관한 법률(2003.7.18 법률 제6928호, 공포 3월 경과 후 시행)

양주군→양주시

포천군→포천시

8. 충청남도 계룡시 도농복합 형태의 시 설치 등에 관한 법률 (2003.7.18 법률 제6929호, 공포 2월 경과 후 시행)

충청남도 논산시 두마면 일원→계룡시

9. 제주도 행정체제 등에 관한 특별법 (2006.1.11 법률 제7847호, 2006.7.1 시행)

제주도+북제주군→제주시(행정시)

서귀포시+남제주군→서귀포시(행정시)

10. 경상남도 창원시 설치 및 지원특례에 관한 법률 (2010.3.12 법률 제10052호, 2010.7.1 시행)

2009년 8월 27일 7개 부처 합동으로 발표한 자치단체 자율통합 지원 계획에 따라, 시·군·구 자율통합이 실시되었다. 시·군·구 자율통합은 지방자치단체의 장, 지방의회 및 지역주민의 통합 건의(2009년 9월), 주민 의견조사(2009년 11월), 지방의회 의견 청취(2009년 12월)를 거쳐 「경상남도 창원시 설치 및 지원에 관한 법률」을 제정(2010년 3월 2일)하게 되었다.

창원·마산·진해 통합에 대한 지방의회 의견 청취 이후 통합시 명칭·청사 소재지 결정 및 행정적인 준비를 위하여 출범 준비기구 설치 필요성이 제기되었다. 이에 따라 심의·의결 기구인 통합준비위원회와 자문단을 두고, 행정·재정적 실무 지원을 위하여 경상남도 출범준비단과 3개 시 실무지원단을 설치하였다. 통합준비위원회와 사무지원기구는 통합시 명칭 및 청사 소재지 결정, 청사 확보 및 사무공간 재배치, 통합시 조직·기구설계, 예산 등 재정 통합 및 자치법규 정비 등을 수행하였고, 이를 거쳐 통합 창원시는 2010년 7월 1일 출범하게 되었다(행정안전부, 2011a: 350-351).

11. 세종특별자치시 설치 등에 관한 특별법 (2010.12.27 법률 제10419호, 2012.7.1 시행)

'세종특별자치시'는 행정중심복합도시로 개발되는 예정지역을 포함하여 연기군 전체, 공주시 일부 및 청원군 일부를 편입하여 2012년 7월 1일 '세종특별자치시'로 출범한다. 법적 지위는 정부 직할의 특별자치시로 기초자치단체가 없는 광역자치단체가 된다.

12. 충청남도 당진시 도농복합 형태의 시 설치 등에 관한 법률 (2011.8.4 법률 제10993호, 2012.1.1 시행)

당진군→당진시

13. 시·군·구 통합 건의 현황(2012년 5월 현재)

지방행정체제개편추진위원회에 접수된 시·군·구 통합 건의 현황은 다음과 같다.

표 7-1 시·군·구 통합 건의 현황

구분	권역	비고
수도권	수원·오산·화성	
	안양·군포·의왕	
	김포·인천 강화, 서구(일부)·계양구(일부)	
	의정부·양주·동두천	
강원권	삼척·동해·태백·경북 울진	
	동해·삼척·태백·강릉(옥계)	
	동해·삼척·영월·정선	
	속초·고성·양양·인제	
	철원·경기 포천·연천·의정부	
충청권	괴산·증평	
	음성·진천	
	논산·계룡	

호남권	전주 · 완주
	군산 · 김제 · 부안 · 충남 서천(새만금)
	목포 · 무안 · 신안
영남권	구미 · 칠곡
	진주 · 사천
	통영 · 거제 · 고성
	김해 · 부산 강서구
	창원 · 함안

자료 : http : //www.clar.go.kr/popup.html?seq=5(2012.5.20)

14. 충북 청주시와 청원군의 통합(2014년 7월 1일 통합시로 출범)

청원군은 2012년 6월 27일 청주시 · 청원군의 통합에 대하여 찬반을 묻는 주민투표 결과, 통합이 확정되었다고 밝혔다. 이날 투표에는 전체 유권자 12만 240명(부재자 3478명 포함) 가운데 36.75%인 4만 4,191명이 참가하였으며, 투표자의 77.2%(3만 4,124표)가 찬성하였다. 개표는 오후 10시 30분 완료되었다. 주민투표법상 유권자 3분의 1 이상이 투표하여야 투표함을 열 수 있고, 유효 투표 수의 과반을 넘기면 통합이 확정된다. 이에 앞서 청주시는 21일 주민투표 없이 청주시의회의 만장일치 의결로 통합을 결정하였다. 주민투표로 기초자치단체 간 통합을 결정한 것은 이번이 처음이다. 두 지역은 1994년과 2005년, 2010년에도 통합이 추진되었으나 번번이 무산되었다. 이번에는 자율통합을 이룰 마지막 기회라는 인식이 퍼지면서 통합을 이루어냈다(중앙일보, 2012.6.28).

제 8 장

사무배분

지방자치단체의 사무에 대하여 지방자치법은 제9조에서는 지방자치단체의 사무 범위를 규정하고, 제10조에서는 지방자치단체의 종류별 사무배분을 제11조에서는 국가사무의 처리 제한을 규정하고 있다. 그 외 개별법에서 사무에 대한 특례를 규정하고 있다.

1 지방자치단체의 사무 범위

지방자치법

제9조(지방자치단체의 사무 범위)

① 지방자치단체는 관할 구역의 자치사무와 법령에 따라 지방자치단체에 속하는 사무를 처리한다.

② 제1항에 따른 지방자치단체의 사무를 예시하면 다음 각 호와 같다. 다만, 법률에 이와 다른 규정이 있으면 그러하지 아니하다.〈개정 2007.5.17, 2009.12.29, 2011.7.14〉

1. 지방자치단체의 구역, 조직, 행정관리 등에 관한 사무
2. 주민의 복지 증진에 관한 사무
3. 농림 · 상공업 등 산업 진흥에 관한 사무
4. 지역 개발과 주민의 생활환경시설의 설치 · 관리에 관한 사무

5. 교육 · 체육 · 문화 · 예술의 진흥에 관한 사무
6. 지역민방위 및 지방소방에 관한 사무

2 지방자치단체의 종류별 사무배분

지방자치법

제10조(지방자치단체의 종류별 사무배분 기준)

① 제9조에 따른 지방자치단체의 사무를 지방자치단체의 종류별로 배분하는 기준은 다음 각 호와 같다. 다만, 제9조 제2항 제1호의 사무는 각 지방자치단체에 공통된 사무로 한다.

1. 시 · 도

가. 행정처리 결과가 2개 이상의 시 · 군 및 자치구에 미치는 광역적 사무
나. 시 · 도 단위로 동일한 기준에 따라 처리되어야 할 성질의 사무
다. 지역적 특성을 살리면서 시 · 도 단위로 통일성을 유지할 필요가 있는 사무
라. 국가와 시 · 군 및 자치구 사이의 연락 · 조정 등의 사무
마. 시 · 군 및 자치구가 독자적으로 처리하기에 부적당한 사무
바. 2개 이상의 시 · 군 및 자치구가 공동으로 설치하는 것이 적당하다고 인정되는 규모의 시설을 설치하고 관리하는 사무

2. 시 · 군 및 자치구

제1호에서 시 · 도가 처리하는 것으로 되어 있는 사무를 제외한 사무. 다만, 인구 50만 이상의 시에 대하여는 도가 처리하는 사무의 일부를 직접 처리하게 할 수 있다.

② 제1항의 배분 기준에 따른 지방자치단체의 종류별 사무는 대통령령으로 정한다.

③ 시 · 도와 시 · 군 및 자치구는 사무를 처리할 때 서로 경합하지 아니하도록 하여야 하며, 사무가 서로 경합하면 시 · 군 및 자치구에서 먼저 처리한다.

3 국가사무의 처리 제한

지방자치법

제11조(국가사무의 처리 제한) 지방자치단체는 다음 각 호에 해당하는 국가사무를 처리할

수 없다. 다만, 법률에 이와 다른 규정이 있는 경우에는 국가사무를 처리할 수 있다.

1. 외교, 국방, 사법(司法), 국세 등 국가의 존립에 필요한 사무
2. 물가정책, 금융정책, 수출입정책 등 전국적으로 통일적 처리를 요하는 사무
3. 농산물·임산물·축산물·수산물 및 양곡의 수급 조절과 수출입 등 전국적 규모의 사무
4. 국가종합경제개발계획, 국가하천, 국유림, 국토종합개발계획, 지정항만, 고속국도·일반국도, 국립공원 등 전국적 규모나 이와 비슷한 규모의 사무
5. 근로 기준, 측량 단위 등 전국적으로 기준을 통일하고 조정하여야 할 필요가 있는 사무
6. 우편, 철도 등 전국적 규모나 이와 비슷한 규모의 사무
7. 고도의 기술을 요하는 검사·시험·연구, 항공관리, 기상행정, 원자력 개발 등 지방자치단체의 기술과 재정 능력으로 감당하기 어려운 사무

4 서울특별시에 대한 특례

지방자치법

제174조(특례의 인정)

① 서울특별시의 지위·조직 및 운영에 대하여는 수도로서의 특수성을 고려하여 법률로 정하는 바에 따라 특례를 둘 수 있다.

② 세종특별자치시와 제주특별자치도의 지위·조직 및 행정·재정 등의 운영에 대하여는 행정 체제의 특수성을 고려하여 법률로 정하는 바에 따라 특례를 둘 수 있다.〈개정 2011.5.30〉

서울특별시 행정특례에 관한 법률

제1조(목적) 이 법은 「지방자치법」 제174조에 따라 서울특별시의 지위·조직 및 운영에 관한 특례를 규정함을 목적으로 한다.[전문개정 2011.5.30]

제2조(지위) 서울특별시는 정부의 직할로 두되, 이 법에서 정하는 범위에서 수도로서의 특수한 지위를 가진다.[전문개정 2011.5.30]

제3조 삭제〈1994.12.20〉

제4조(일반행정 운영상의 특례 〈개정 2011.5.30〉)

① 행정안전부 장관이 「지방재정법」 제11조에 따라 서울특별시의 지방채 발행의 승인 여부를 결정하려는 경우에는 국무총리에게 보고하여야 한다.〈개정 2011.5.30〉

② 행정안전부 장관은 「지방자치법」 제171조에 따라 서울특별시의 자치사무에 관한 감사를 하려는 경우에는 국무총리의 조정을 거쳐야 한다.〈개정 2011.5.30〉

③ 삭제〈1994.12.20〉

④ 삭제〈1996.12.6〉

⑤ 서울특별시 소속 국가공무원의 임용 등에 관한 「국가공무원법」 제32조 제1항부터 제3항까지, 제78조 제1항 제4항 및 제82조에 따른 소속 장관 또는 중앙행정기관의 장의 권한 중 대통령령으로 정하는 사항은 서울특별시장이 행사하며, 이와 관련된 행정소송의 피고는 같은 법 제16조에도 불구하고 서울특별시장이 된다.〈개정 2011.5.30〉

⑥ 삭제〈1994.12.20〉

⑦ 서울특별시 소속 공무원 등에 대한 서훈(敍勳)의 추천은 「상훈법」 제5조 제1항에도 불구하고 서울특별시장이 한다.〈개정 2011.5.30〉

⑧ 삭제〈1994.12.20〉

제5조(수도권 광역행정 운영상의 특례)

① 수도권 지역에서 서울특별시와 관련된 도로·교통·환경 등에 관한 계획을 수립하고 그 집행을 할 때 관계 중앙행정기관의 장과 서울특별시장의 의견이 다른 경우에는 다른 법률에 특별한 규정이 없으면 국무총리가 이를 조정한다.

② 제1항의 조정에 필요한 사항은 대통령령으로 정한다.[전문개정 2011.5.30]

5 세종특별자치시와 제주특별자치도에 대한 특례

지방자치법

제174조(특례의 인정)

② 세종특별자치시와 제주특별자치도의 지위·조직 및 행정·재정 등의 운영에 대하여는 행정 체제의 특수성을 고려하여 법률로 정하는 바에 따라 특례를 둘 수 있다.〈개정 2011.5.30〉

1) 세종특별자치시에 대한 특례

세종특별자치시 설치 등에 관한 특별법

(2010.12.27 법률 제10419호 시행일 2012.7.1)

제1조(목적) 이 법은 세종특별자치시를 설치함으로써 수도권의 과도한 집중에 따른 부작용을 시정하고 지역 개발 및 국가 균형 발전과 국가경쟁력 강화에 이바지함을 목적으로 한다.

제2조(적용 범위) 이 법은 세종특별자치시의 관할 구역에 한하여 적용한다.
제3조(국가의 책무)
① 국가는 세종특별자치시의 지방자치 정착과 지역 발전 실현에 필요한 관련 법령의 지속적인 정비 등 입법상·행정상 조치를 하여야 한다.
② 국가는 세종특별자치시와 인접 지역이 상생 발전을 이룰 수 있는 시책과 지원 방안을 마련하여야 한다.
제4조(다른 법률과의 관계) 이 법에 규정된 세종특별자치시의 조직 운영, 특례 등은 다른 법률의 규정에 우선하여 적용한다. 다만, 다른 법률에서 세종특별자치시에 관하여 특별한 규정이 있는 경우에는 그러하지 아니하다.
제5조(설치 등)
① 정부의 직할(直轄)로 세종특별자치시를 설치한다.
② 세종특별자치시의 관할 구역에는 「지방자치법」 제2조 제1항 제2호의 지방자치단체를 두지 아니한다.
③ 「지방자치법」 제3조 제3항에도 불구하고 세종특별자치시의 관할 구역에 도시의 형태를 갖춘 지역에는 동을 두고, 그 밖의 지역에는 읍·면을 둔다.
④ 「지방자치법」의 읍·면·동에 관한 규정은 세종특별자치시에 두는 읍·면·동에 대하여도 적용한다. 〈이하 생략〉

2) 제주특별자치도에 대한 특례

제주특별자치도 설치 및 국제자유도시 조성을 위한 특별법
(2006.2.21 법률 제7849호, 2006.7.1 시행)
제1조(목적) 이 법은 종전의 제주도의 지역적·역사적·인문적 특성을 살리고 자율과 책임, 창의성과 다양성을 바탕으로 고도의 자치권이 보장되는 제주특별자치도를 설치하여 실질적인 지방분권을 보장하고, 행정규제의 폭넓은 완화 및 국제적 기준의 적용 등을 통하여 국제자유도시를 조성함으로써 국가 발전에 이바지함을 목적으로 한다.
제4조(국가의 책무)
① 국가는 제주특별자치도의 지방자치의 보장 및 국제자유도시의 실현에 필요한 관련 법령의 지속적인 정비 등 입법·행정상 조치를 하여야 한다.
② 국가는 제주특별자치도의 운영 목표 및 그 목표 달성도에 대한 평가 등을 통하여 제주특별자치도의 선진적인 지방분권의 실현과 국제자유도시의 조성을 위한 방안 및 시책을 마련하여야 한다.
③ 국가는 제주특별자치도의 자발적인 성과 제고 노력을 유발하기 위하여 국세의 세목을 이양하거나 제주특별자치도에서 징수되는 국세를 이양하는 등 행정·재정적 우대 방

안을 마련하여 조속히 시행하여야 한다.

④ 국가는 이 법의 시행으로 인하여 폐지되는 종전의 제주도가 누리던 행정 · 재정상의 이익을 제주특별자치도가 향유할 수 있도록 하여야 한다.

제12조(중앙행정기관 권한의 단계적 이양)

① 지원위원회는 제주자치도에 있어서는 외교, 국방, 사법 등 국가 존립사무를 제외한 사무에 대하여 제주자치도의 지역 여건, 역량 및 재정 능력 등을 고려하여 단계별로 제주자치도에 이양하기 위한 계획(이하 "이양계획"이라 한다)을 수립하여야 한다.〈이하 생략〉

(1) 제주특별자치도로 넘겨지는 국가사무

특별자치도 제주는 뭍과 달리 '규제 자유'로 간다. 정부의 기존 권한 가운데 무려 144개 분야 909건이 제주도지사에게 넘겨진다. 또 제주도와 중앙부처는 연내에 「행정규제기본법」이 정한 8,000여 가지 규제 가운데 제주에도 적용할 '필수 규제'를 정한다. 그러면 제주특별자치도지원위원회가 다시 내용을 삭감하여 '진짜 필수 규제'를 남겨 별도의 법으로 확정한다. 이 법에 명시된 규제를 제외하고는 모두 자유이다. 규제는 최대한 없앤다는 '네거티브 시스템'이다.

제주특별자치도는 정부의 법인세율에 불만이 많다. 기업 유치의 최대 장애물이라고 본다. 우리나라 법인세율은 25%(이익 1억 원 이상일 때)이다. 반면 동아시아 경쟁도시를 보면, 상하이(푸둥) 15%, 홍콩 17.5%, 싱가포르 20%이다. 이래서는 투자 의욕을 갖게 할 수 없다는 것이다. 그래서 제주도는 작년 정부에 13%로 낮춰달라고 요구하였다. 제주에 온 기업이 1,000억 원을 벌면 120억 원이나 세금 혜택을 볼 수 있으니 큰 메리트란 것. 그러나 정부는 난색이다. 제주가 '조세피난처'가 될 수 있고, 국가 세수(稅收)가 줄어든다는 것이다. 말이야 맞지만, 그렇다면 특별자치도는 무엇 때문에 지정하였는지 의문이란 지적이다.

규제 자유에 대한 정부의 인식도 걸림돌로 작용할 가능성이 있다. '네거티브 시스템'을 도입하기로 하였는데도, 정부가 제주도의 자치 능력을 의심하여 규제 풀기에 소극적이라는 시각이다. 실제로 중앙부처와 권한

이양 목록을 놓고 줄다리기하는 과정에서 환경영향평가 등 일부 중요 권한은 넘겨받지 못하였다. 제주도 측은 "요즘도 사무이관 협의에서 기득권을 놓지 않으려는 해당 부처들과 '신경전'을 벌이고 있다"고 하였다(조선일보, 2006.6.23).

(2) '4단계 중앙권한 이양' 제주 재정 압박

제주특별자치도 4단계 제도 개선에 따른 중앙부처의 권한 · 사무이양으로 지방재정 수요가 140억 원 증가하였지만 정부로부터 전액을 받는 게 막막한 실정이다. 정부가 제주특별법에 따라 광역 · 지역발전특별회계 내 제주계정을 통하여 지원하여야 하지만 중앙권한 · 사무이양 소요경비를 지원할 별도 항목이 제주계정 내에 설치되지 않아 순탄치 않을 전망이다. 2012년 5월 28일 도에 따르면 한국지방행정연구원이 4단계 제도 개선을 통하여 이양된 중앙부처의 권한 · 사무 2,134건을 분석한 결과 415건에서 소요 경비가 발생하였다. 또 소요경비 분석 결과 인건비 72억 원, 경상비 39억 원, 사업비 29억 원 등 140억 원으로 산출되었다.

2006년 7월 특별자치도로 이관된 정부 산하 제주지방국토관리청 등 7개 특별행정기관의 소요경비가 15억 원(10.7%)인 반면 신규 중앙권한 ·

표 2-1 4단계 권한(사무) 이양 소요경비 (단위: 억 원)

구분	계	인건비	경상비	사업비
사무이양 소요경비	140	72	39	29
특행기관 제외	125	64	35	26
특행기관	15	8	4	3

사무이양 소요 경비는 125억 원으로 89.3%를 차지하였다.

한국지방행정연구원은 중앙권한·사무이양에 따른 정부의 지방재정 보전 조치를 요구하는 한편 제주계정 내 별도 항목을 신설하는 방안을 국무총리실·제주도에 주문하였다. 「제주특별법」 제76조상 국가는 중앙행정기관의 권한 이양과 각종 국가보조사업 수행 등의 소요 비용을 제주계정에 설치·지원할 수 있도록 하였지만 중앙권한·사무이양과 관련한 항목은 제주계정에 없어 직접적 지원을 받지 못하고 있다.

지난 1~3단계 제도 개선만 해도 국무총리가 위원장인 제주특별자치도 지원위원회는 중앙권한 이양에 따른 소요 비용 106억 원을 인정하면서도 직접적 재정 지원이 아닌 관광객 부가가치세 환급액과 상계 처리토록 2009년 12월 의결하였다. 하지만 기획재정부가 제주도의 관광객 부가가치세 환급제 시행을 위한 조세특례제한법·시행령 개정의 후속 조치를 3년째 이행하지 않으면서 1~3단계 소요 비용에 대한 정부의 직·간접적 재정 지원도 전무한 실정이다.

이에 대하여도 관계자는 "한국지방행정연구원의 분석을 토대로 제주계정에 중앙권한·사무이양 소요 비용 항목을 신설하는 방안을 국무총리실 측과 협의하고 있다"고 말하였다(제민일보, 2012.5.30).

6 자치구에 대한 특례

지방자치법

제2조(지방자치단체의 종류)

② 지방자치단체인 구(이하 "자치구"라 한다)는 특별시와 광역시의 관할 구역 안의 구만을 말하며, 자치구의 자치권의 범위는 법령으로 정하는 바에 따라 시·군과 다르게 할 수 있다.

지방자치법 시행령

제9조(자치구 사무의 특례)

법 제2조 제2항에 따라 시·군과 다르게 자치구에서 처리하지 아니하고 특별시·광역시에서 처리하는 사무의 예시는 별표 2와 같다. 다만, 다른 법령에 이와 다른 규정이 있는 경우에는 그러하지 아니하다.

＊ 지방자치법 시행령 [별표 2] 〈개정 2009.8.13〉

자치구에서 처리하지 아니하고 특별시·광역시에서 처리하는 사무(제9조 관련)

1. 지방자치단체의 인사 및 교육 등에 관한 사무

가. 지방공무원임용시험 및 각종 자격시험의 실시

나. 지방공무원의 교육·훈련 실시(직장교육은 제외한다)

2. 지방재정에 관한 사무

가. 토지 등급 설정 및 수정의 승인

나. 재산세 과세시가표준액의 결정 승인

3. 매장 및 묘지 등에 관한 사무

가. 공설묘지·공설화장장 또는 공설납골당의 설치·운영

4. 청소 · 오물에 관한 사무

가. 일반폐기물(분뇨, 쓰레기 등) 처리시설의 설치 · 운영

나. 일반폐기물의 처리 수수료 요율 결정

5. 지방 토목 · 주택 건설 등에 관한 사무

가. 국민주택 건설사업의 시행

나. 국민주택사업 특별회계의 설치 · 운영

다. 아파트 지구 개발에 관한 기본계획 수립

라. 민영주택 투기과열지구 지정

6. 도시계획에 관한 사무

가. 도시기본계획의 수립

나. 도시계획지역의 입안

다. 도시계획시설의 입안

라. 도시계획 용도지구의 입안

마. 도시계획에 관한 기초조사

바. 도시계획사업의 시행

사. 도시계획사업 수익자부담금 부과 징수

아. 도시재개발사업의 기본계획 수립 및 시행(주택개량재개발사업은 제외)

7. 도로의 개설과 유지 · 관리에 관한 사무

중로(12미터 이상) 이상의 도로로서 노폭과 노선의 중요도를 고려하여 특별시 · 광역시 조례로 정한 도로의 유지 · 관리

8. 상수도사업에 관한 사무

가. 상수도의 신설 · 개축 및 수선과 이의 유지 · 관리

나. 상수도 공채 발행

다. 상수도사업 특별회계 설치 · 운영

라. 수도사업소 설치 · 운영

9. 공공하수도에 관한 사무

가. 공공하수도 정비 기본계획의 수립·시행

나. 공공하수도의 설치·개축 및 수선

다. 하수종말처리장의 설치와 유지·관리

10. 공원 등 관광·휴양시설의 설치·관리에 관한 사무

가. 도시공원 및 유원지 조성 계획의 입안

나. 도시공원·유원지의 설치 및 관리

다. 도시공원·유원지의 입장료·사용료·점용료의 징수

라. 공원·유원지·야외공연장 등 시민휴양시설의 설치·유지에 관한 사무

마. 공설운동장·체육관·박물관·도서관·미술관·시민회관 등의 설치·운영에 관한 사무(특별시·광역시 조례로 결정)

11. 지방궤도사업에 관한 사무

가. 지방궤도사업 운영계획의 수립

나. 지방궤도사업의 설치·운영

다. 지방궤도사업 특별회계의 설치

12. 대중교통행정에 관한 사무

가. 도시철도의 설치·운영과 시민 이용에 관한 행정

나. 시내버스·시외직행버스의 운행 등 대중교통행정에 관한 사무

다. 대중교통 수단의 조정·통제에 관한 사무

13. 지역경제 육성에 관한 업무

가. 지방공업단지의 조성·관리

나. 공설시장·도축장·농수산물 공판장 등에 관한 사무

다. 유통단지의 지정 신청·조성 및 운영 관리

라. 농수산물 도매시장 개설·운영

14. 교통신호기, 안전 표시 등의 설치·관리 등에 관한 사무

7 인구 50만 이상 대도시에 대한 특례

지방자치법

제175조(대도시에 대한 특례 인정)

서울특별시 · 광역시 및 특별자치시를 제외한 인구 50만 이상 대도시의 행정, 재정 운영 및 국가의 지도 · 감독에 대하여는 그 특성을 고려하여 관계 법률로 정하는 바에 따라 특례를 둘 수 있다.〈개정 2011.5.30〉

지방자치법 시행령

제10조(인구 50만 이상 시의 사무의 특례)

① 삭제〈2008.10.8〉

② 법 제10조 제1항 제2호 단서에 따른 인구 50만 이상의 시가 직접 처리할 수 있는 도의 사무의 예시는 별표 3과 같다. 다만, 다른 법령에 이와 다른 규정이 있는 경우에는 그러하지 아니하다.〈개정 2008.10.8〉

*** 지방자치법 시행령 [별표 3] 〈개정 2008.12.31〉**

인구 50만 이상의 시가 직접 처리할 수 있는 도의 사무(제10조 관련)

1. 보건의료에 관한 사무

병원급 이상 의료기관 설치 및 지도 · 감독

2. 지방공기업에 관한 사무

가. 지방공사의 설립 · 운영

나. 지방공단의 설립 · 운영

3. 주택 건설에 관한 사무

가. 시 · 도 조례로 정하는 일정 규모 이상의 주택건설사업계획의 승인(지방자치단체가 사업 시행자가 되는 경우는 제외한다)

나. 대지조성 사업계획의 승인 및 준공검사(지방자치단체가 사업 시행자가 되는 경우는 제외한다)

4. **토지구획 정리사업에 관한 사무**

가. 토지구획 정리사업에 따른 환지계획 인가
나. 부담금 및 보조금의 집행 잔액 허가

5. **도시계획에 관한 사무**

가. 행정청이 시행하는 도시계획사업 실시계획인가 및 변경 인가와 행정청이 아닌 자에 대한 도시계획사업 시행 허가 승인 및 변경 승인
나. 도시계획사업 실시계획 인가 고시
다. 경미한 도시계획의 변경 결정
라. 도시계획의 지적 승인 사무
마. 도시계획사업에 대한 준공검사

6. **도시재개발사업에 관한 사무**

가. 재개발사업 시행자 지정 신청
나. 재개발사업 시행의 지도·감독

7. **환경보전에 관한 사무**

가. 배출시설의 설치 허가 및 변경 허가
나. 환경오염물질의 제거명령
다. 산업폐기물 재생이용업자의 신고 수리 및 관리
라. 축산폐수정화시설의 설계시공업의 등록 및 지도·감독
마. 비산먼지시설의 개선명령
바. 비산먼지시설사업의 중지 및 시설 등의 사용 중지·사용 제한 명령

8. **건설기계관리에 관한 사무**

가. 건설기계 등록 및 등록 말소
나. 건설기계 등록 사항의 변경 신고 등

9. 자동차 운송사업에 관한 사무

가. 자동차 운송사업(전세버스 · 일반구역 화물자동차 및 특수여객 자동차 운송사업만 해당한다) 면허와 이에 관련되는 사무

나. 자동차 운송사업(택시만 해당한다) 계획 변경 인가

10. 지방공무원 인사 및 정원관리에 관한 사무

행정안전부령으로 정하는 기준 정원 범위에서의 6급 이하 정원 책정 사무

11. 지적에 관한 사무

가. 토지의 지번 경정 승인

나. 지적공부의 반출 승인

다. 축척 변경 승인

라. 지적측량검사

마. 지적측량 대행법인의 지도 · 감독

12. 열 사용 기자재에 관한 사무

열 사용 기자재 제조업의 허가

13. 식품제조업(유가공품제조업 및 식육제품업만 해당한다)에 관한 사무

가. 허가 · 변경 허가 및 시정명령

나. 시설의 개수명령

다. 폐기처분

라. 허가 취소

14. 묘지 · 화장장 및 납골당의 운영관리에 관한 사무

가. 묘지 · 화장장 및 납골당의 허가

나. 묘지 · 화장장 · 납골당의 구역 및 시설 변경과 폐지의 허가

다. 시체운반업의 허가

15. 사회복지시설에 관한 사무

사회복지시설 수혜자로부터의 비용 수납의 승인

16. 고압가스에 관한 사무

고압가스제조업 허가

17. 도시가스에 관한 사무

도시가스 공급시설의 설치공사계획 승인 및 변경 승인

18. 지방채 발행 승인 신청

8 인구 100만 이상 대도시에 대한 특례

지방행정체제 개편에 관한 특별법[일부개정 2011.8.4 법률 제10992호]

제33조(대도시에 대한 사무특례)

① 특별시와 광역시가 아닌 인구 50만 및 100만 이상 대도시의 행정·재정 운영 및 지도·감독에 대하여는 그 특성을 고려하여 관계 법률에서 정하는 바에 따라 특례를 둘 수 있다. 다만, 인구 30만 이상인 지방자치단체로서 면적이 1천 제곱 킬로미터 이상인 경우 이를 인구 50만 이상 대도시로 본다.

② 개편위원회는 제1항에 따른 특례를 발굴하여 제9조에 따른 기본계획에 반영하여야 한다.

제34조(인구 100만 이상 대도시의 사무특례)

특별시와 광역시가 아닌 인구 100만 이상 대도시의 장은 관련 법률의 규정에도 불구하고 다음 각 호의 사무를 처리할 수 있다.

*** 인구 100만 이상 대도시의 사무 특례(지방행정 체제 개편에 관한 특별법 제34조)**

1.「지방공기업법」 제19조 제2항에 따른 지역개발채권의 발행. 이 경우 미리 지방의회의 승인을 받아야 한다.

2. 「건축법」 제11조 제2항 제1호에 따른 건축물에 대한 허가. 다만, 다음 각 목의 어느 하나에 해당하는 건축물의 경우에는 미리 도지사의 승인을 받아야 한다.

가. 51층 이상인 건축물(연면적의 100분의 30 이상을 증축하여 층수가 51층 이상이 되는 경우를 포함한다)

나. 연면적 합계가 20만 제곱미터 이상인 건축물(연면적의 100분의 30 이상을 증축하여 연면적 합계가 20만 제곱 미터 이상이 되는 경우를 포함한다)

3. 「택지개발촉진법」 제3조 제1항에 따른 예정지구의 지정(도지사가 지정하는 경우에 한정한다). 이 경우 미리 관할 도지사와 협의하여야 한다.

4. 「도시재정비 촉진을 위한 특별법」 제4조 및 제12조에 따른 재정비촉진지구의 지정 및 재정비촉진계획의 결정

5. 「박물관 및 미술관 진흥법」 제18조에 따른 사립 박물관 및 사립 미술관 설립 계획의 승인

6. 「소방기본법」 제3조 및 제6조에 따른 화재 예방·경계·진압 및 조사와 화재, 재 난·재해, 그 밖의 위급한 상황에서의 구조·구급 등의 업무

7. 도지사를 경유하지 아니하고 「농지법」 제34조에 따른 농지전용 허가 신청서의 제출

8. 「지방자치법」 제112조에 따라 지방자치단체별 정원의 범위에서 정하는 5급 이하 직급별·기관별 정원의 책정

9. 도지사를 경유하지 아니하고 「개발제한구역의 지정 및 관리에 관한 특별조치법」 제4조에 따른 개발제한구역의 지정 및 해제에 관한 도시관리계획 변경 결정 요청. 이 경우 미리 관할 도지사와 협의하여야 한다.

제 9 장 지방자치단체 상호관계

지방자치단체 상호간의 관계는 협력과 분쟁의 두 관계로 나누어 볼 수 있다.

1 협력

1) 사무위탁

지방자치법

제151조(사무의 위탁)

① 지방자치단체나 그 장은 소관 사무의 일부를 다른 지방자치단체나 그 장에게 위탁하여 처리하게 할 수 있다. 이 경우 지방자치단체의 장은 사무 위탁의 당사자가 시·도나 그 장이면 행정안전부 장관과 관계 중앙행정기관의 장에게, 시·군 및 자치구나 그 장이면 시·도지사에게 이를 보고하여야 한다.〈개정 2008.2.29〉

② 지방자치단체나 그 장은 제1항에 따라 사무를 위탁하려면 관계 지방자치단체와의 협의에 따라 규약을 정하여 고시하여야 한다.

③ 제2항의 사무위탁에 관한 규약에는 다음 각 호의 사항이 포함되어야 한다.

1. 사무를 위탁하는 지방자치단체와 사무를 위탁받는 지방자치단체
2. 위탁사무의 내용과 범위

3. 위탁사무의 관리와 처리 방법
4. 위탁사무의 관리와 처리에 드는 경비의 부담과 지출 방법
5. 그 밖에 사무위탁에 관하여 필요한 사항
④ 지방자치단체나 그 장은 사무위탁을 변경하거나 해지하려면 관계 지방자치단체나 그 장과 협의하여 그 사실을 고시하고, 제1항의 예에 따라 행정안전부 장관과 관계 중앙행정기관의 장 또는 시·도지사에게 보고하여야 한다.〈개정 2008.2.29〉
⑤ 사무가 위탁된 경우 위탁된 사무의 관리와 처리에 관한 조례나 규칙은 규약에 다르게 정하여진 경우 외에는 사무를 위탁받은 지방자치단체에 대하여도 적용한다.

'사무위탁'은 「지방자치법」 제151조를 근거로 지방자치단체나 그 장으로 하여금 소관 사무의 일부를 다른 지방자치단체나 그 장에게 위탁하여 처리하게 할 수 있도록 하고 있다. '사무위탁'은 지방자치단체 간 협의에 따라 규약 작성, 고시, 상급기관 보고(시·도→중앙부처, 시·군·구→ 시·도)의 절차로 추진되며, 1995년~2010년까지 총 58건이 이루어졌다. 분야별로는 상하수 처리 23건, 쓰레기 처리 14건, 도로 건설 8건 등이며 위탁기관 별로는 시·도 간 14건, 광역·기초 간 9건, 기초 간 35건 등이나, 민간위탁과 달리 전반적으로 사무위탁에 따른 권한 축소 또는 재정적 부담 우려 등으로 활성화되지 못하고 있는 실정이다(행정안전부, 2011a: 342-343).

'님비 극복' 이천광역소각장 준공 - 강경기 동부 5개 시·군

경기도 이천·광주·하남시와 여주·양평군 등 경기 동부권 5개 시·군의 생활쓰레기를 처리하는 광역소각장이 착공 3년 만에 준공되었다. 이천시는 호법면 안평리 산 98번지 일대 11만 4천 644㎡ 부지에 '이천시 광역자원회수시설'을 완공, 경기도지사와 해당 5개 지역 시장·군수, 주민 등 800여 명이 참석한 가운데 20일 준공식을 열었다. 이 시설은 인접한 5개 시·군과 경기도가 힘을 모아 지역이기주의(님비, NIMBY)를 극복하고 혐오시설로 불리는 쓰레기소각장을 광역화해 건립한 첫 성공 사례로 평가받고 있다.

'님비'를 극복한 아름다운 이천광역소각장

2005년 11월 착공한 이 광역쓰레기소각장은 이천의 특산물인 '이천쌀'의 이미지를 형상화한 모습의 8층짜리 소각동과 3층짜리 관리동, 150m 높이의 굴뚝을 갖추었다. 지난 2008년 8월 5일부터 정상 가동을 시작하여 경기 동부권 5개 시 · 군에서 발생하는 생활쓰레기를 하루 최대 300톤까지 처리하고 있다. 또 소각 과정에서 발생하는 폐열을 이용해 시간당 8천 200㎾의 전력을 생산, 3천㎾는 자체 사용하고 남은 전력은 한국전력에 팔아 연간 27억 원의 수익을 기대하고 있다. 시설 사업비 928억 원은 시설을 유치한 이천시를 제외한 나머지 4개 시 · 군과 경기도, 정부가 부담하고 시설 건립에 합의한 5개 시 · 군은 2006년 정부로부터 상생협력 또는 갈등관리 특별교부금 명목으로 1억 6천만 원씩 총 8억 원을 지원받았다.

이천시는 이와 별도로 경기도로부터 600억 원의 주민지원사업비를 단계적으로 지원받아 도로 확 · 포장공사와 상수도 확충 등 주민지원사업에 사용하게 된다. 이천시는 1995년 자체 소각시설 건립을 추진하기로 하고 2002년 말 후보지를 결정하였지만 해당 지역과 인근 지역 주민의 반발로 무산 위기에 몰리자 2003년 6월 경기도 폐기물처리시설 광역화 사업에 참여하였다. 이천시는 2004년 1월 호법면 안평3리를 시설부지로 결정하고 2년 동안 주민들을 설득한 끝에 2005년 11월 공사를 시작할 수 있었다.

광역쓰레기소각장 준공에 앞서 지난 7일에는 시설 안에 주민들을 위한 편익시설로 건립된 '이천스포츠센터'가 문을 열었다. 이천시 관계자는 "혐오시설을 유치한 덕에 5개 시 · 군이 개별적으로 쓰레기소각장을 짓는 데 드는 비용 2천억 원을 아낄 수 있었다"며 "또 스포츠센터가 건립되는 등 주민들을 위한 지원사업이 다양하게 진행되고 있다"고 말하였다(연합뉴스, 2008.11.20).

2) 행정협의회

지방자치법

제152조(행정협의회의 구성)

① 지방자치단체는 2개 이상의 지방자치단체에 관련된 사무의 일부를 공동으로 처리하기 위하여 관계 지방자치단체 간의 행정협의회(이하 "협의회"라 한다)를 구성할 수 있다. 이 경우 지방자치단체의 장은 시 · 도가 구성원이면 행정안전부 장관과 관계 중앙행정기관의 장에게, 시 · 군 또는 자치구가 구성원이면 시 · 도지사에게 이를 보고하여야 한다.〈개정 2008.2.29〉

② 지방자치단체는 협의회를 구성하려면 관계 지방자치단체 간의 협의에 따라 규약을 정하여 관계 지방의회의 의결을 각각 거친 다음 고시하여야 한다.

③ 행정안전부 장관이나 시 · 도지사는 공익상 필요하면 관계 지방자치단체에 대하여 협의회를 구성하도록 권고할 수 있다.〈개정 2008.2.29〉

'행정협의회'는 지방자치법 제152조를 근거로 2개 이상의 지방자치단체에 관련된 사무의 일부를 공동으로 처리하기 위하여 관계 지방자치단체 간의 행정협의회를 구성하도록 하고 있다. 절차는 규약 작성, 지방의회 의결, 고시, 상급기관 보고(시 · 도 → 중앙부처, 시 · 군 · 구 → 시 · 도) 순으로 추진되며, 2010년까지 권역별로서 광역행정협의회는 수도권행정협의회 등 8개 권역(14개 지방자치단체 참여), 기초행정협의회는 경기 중부권행정협의회 등 56개 권역(165개 지방자치단체 참여)에서 운영중에 있다.

또한, 기능별로서 시·도지사, 시·도의회 의장, 시장·군수·자치구 구청장, 시·군·자치구의회 의장 등 지방 4대 협의체와 함께 부울경발전협의회(부산·울산·경남발전협의회), 중부내륙권 행정협의회 등 75개 협의회가 운영 중에 있다. 최근 3년간 처리 현황을 살펴보면 2007년 499건 중 344건의 협의 처리(86%), 2008년 247건 중 221건의 협의 처리(89%), 2009년 283건 중 243건의 협의 처리(85%), 2010년 234건 중 206건의 협의 처리(88%)에서 볼 수 있듯이, '행정협의회'가 지방자치단체 간 분쟁의 사전 예방과 공동 관심 사안을 해결하는 데 유용한 제도적 장치로 활용되고 있다(행정안전부, 2011a: 343).

(1) 원전 소재 지자체협의회 – 고리 1호기 안전하지 않으면 포기

원전 소재 지방자치단체 행정협의회는 2012년 5월 2일 안전성이 수반되지 않을 경우 고리원전 1호기와 월성원전 1호기를 포기한다는 내용의 공동건의문을 채택하였다. 협의회는 이날 울산 롯데호텔에서 회의를 열고 채택한 대정부 건의문에서 "고리원전 1호기에 국제원자력기구(IAEA), 프랑스 원자력안전청(ASN), 미국 원자력안전위원회(NRC)와

원전 소재 지자체 행정협의회에는 울산 울주군(군수 신장열), 경북 경주시(시장 최양식), 부산 기장군(군수 오규석), 전남 영광군(군수 정기호), 경북 울진군(군수 임광원)이 참여하고 있다(연합뉴스, 2012.5.2).

같은 국제기관의 안전 점검을 실시해 노후 원전에 대한 안정성이 수반되지 않을 경우 과감히 포기해야 한다"고 밝혔다.

협의회는 "월성원전 주변도 활성단층으로 지진 등의 천재지변이 발생할 우려가 커 안전점검 후 국민적 수용성과 안정성이 없으면 월성원전 1호기의 계속 운전에 반대한다"고 주장하였다. 협의회는 또 원전 소재 지자체에 원전 안전 전담기구 설치, 원전 주변지역 환경방사선감시기 설치, 방사능 누출 대비 비상경보 자동 시스템 구축, 국비에 의한 주민보호용 방호장비 구입 등을 제안하였다. 협의회는 이 밖에 지자체 이름을 사용하는 원전 명칭을 다른 이름으로 바꾸도록 요구하기로 하였다.

(2) 서울·경기지역 6개 기초 자치단체 – 경부선 철도를 지하로

서울 노량진역~경기도 군포 당정역 사이의 국철 1호선(경부선) 26㎞ 구간을 지하화하기 위하여 서울·경기지역 6개 기초자치단체가 공동 대응에 나섰다. 안양시는 2012년 5월 3일 안양시청에서 군포시, 서울 구로·금천·동작·영등포구와 함께 국철 1호선 수도권 구간 지하화를 위한 공동 협약식을 갖는다고 1일 밝혔다. 이들 지자체는 지하화 국책사업 전환을 위한 8억~12억 원 규모의 용역비를 공동 분담할 계획이다. 또 지하화 추진을 위한 상설 협의체도 만들기로 했다.

1호선 지하화 사업은 안양시가 처음 시작하였다. 안양시는 최대호 시장의 공약 사업으로 경부선 석수역~명학역 구간 6.3㎞의 지하화를 추진해 왔다. 하지만 사업비만 1조 2,000억 원이 들 것으로 예상되어 안양시가 감당할 수 없었다. 이에 따라 국책사업으로 진행해 줄 것을 정부에 건의해 왔다. 6개 지자체가 요구하는 26㎞ 구간 지하화 사업에는 ㎞당 1,950억 원의 사업비가 들 것으로 예상된다. 전체 예상 사업비만 5조 원 규모이다. 이들 지자체는 내년 초까지 철도지하화 기본 구상 용역을 실시한 뒤 이를 국가철도망계획에 반영하도록 정부에 공동 요청할 계획이다.

최대호 안양시장은 "경부선 철도가 도시를 동서로 양분해 도시 불균형을 초래하고 주변 지역 발전을 가로막고 있다"며 "철도를 지하화하고

상부 구간을 공원화하면 윤택함을 누릴 수 있을 것"이라고 말하였다(중앙일보, 2012.5.2).

(3) 수도권 광역경제발전위원회 – 강화 · 옹진 · 연천, 규제 풀어 달라

수도권 광역자치단체장들이 휴전선 접경 · 낙후 지역인 인천 강화 · 옹진군과 경기 연천군에 적용해 온 수도권 규제를 풀 것을 정부에 건의하였다. 이에 충청지역 등 비수도권에서는 박원순 서울시장, 송영길 인천시장, 김문수 경기지사는 8일 연천군청에서 수도권 광역경제발전위원회 6차 회의를 열어 강화 · 옹진 · 연천군을 '수도권정비계획법의 규제 대상'에서 제외할 것을 정부에 촉구하는 공동건의문을 채택하였다.

이들은 "서해 5개 섬을 낀 옹진군을 비롯한 강화 · 연천군은 국가안보를 위하여 60여 년 · 낙후 지역으로, 휴전선 최전방에 위치해 군사시설 보호구역 등으로 각종 중첩 규제를 받고 있다"며, 지역적 특성과 불편한 주민 생활을 감안해야 한다"고 주장하였다. 강화 · 옹진 · 연천군은 군 관련 규제에 더해 1982년 제정된 수도권정비계획법에 따라 4년제 대학 신설 금지, 농지 전용 때 농지보전부담금 부과 등의 규제를 받아왔다(한겨레, 2011.12.8).

* 수도권 광역경제발전위원회

1. 연혁

수도권 광역경제발전위원회는 2009년 4월 22일 개정된 국가균형발전특별법에 따라 지역산업 육성과 시 · 도 간 연계 · 협력 및 규모의 경제를 통한 글로벌 경쟁력을 강화하고자 설치되었으며 서울특별시장, 인천광역시장, 경기도지사를 공동위원장으로 하여 모두 15명의 위원으로 구성되었다.

2. 조직도

수도권광역경제발전위원회의 공식 출범에 따라 「국가균형발전특법」 제28조 및 동법시행령 제32조, 제32조의2에 근거하여 사무국이 2009년 9월 설치되었다.

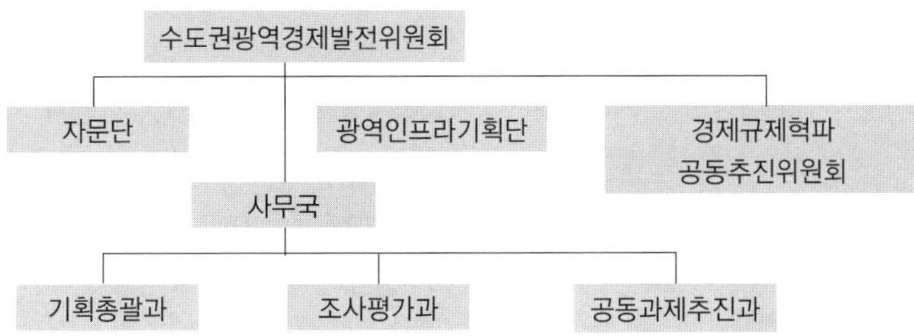

3. 사업 개요

1) 사업 목적

- 사업 추진 주요 목적은 시·도의 경계를 넘어서는 범국가적 연계
- 협력사업 발굴을 통하여 신산업 창출 및 광역경제권 활성화에 기여하기 위함임
- 수도권광역경제권의 사업으로 본 위원회의 발전 비전 및 목표에 부합하고, 수도권의 특수성을 반영한 사업, 비수도권과의 상생 및 글로벌 경쟁력을 갖춘 사업을 발굴하여 추진하고자 함

2) 20101년도 국비 지원

수도권 60억 지원(정부출연금 총 530억 원 중)

3) 지원 기간

총 사업 기간은 3년 이내, 연차별 평가 후 계속 지원 여부 결정

4) 사업 범위

- 다양한 부문의 시·도 간 연계·협력 사업
- 광역경제권 발전 비전을 구체화하기 위한 장비 구축, 기술 개발, 기업 지원 서비스, 기획 및 네트워킹 등 모든 지원 유형의 세부사업 포함(단, 소모성 사업비, SOC, 건물 신축 등 사업은 지원 대상에서 가급적 배제)

- 20개 선도산업 프로젝트 간의 연계·협력 사업 등 이미 지원 중인 사업과 중복성이 있는 경우 지원 대상에서 제외

자료: http : //www.crdc.go.kr/sub_page.jsp?depth1=intro&pname=intro_05(2012.6.4)

(4) 전국시도지사협의회 – 강영유아무상보육 국비사업 전환하여야

전국시도지사협의회는 영유아 무상보육 사업이 이대로 가면 지방재정 부담으로 6~7월이면 중단될 수밖에 없다며 전액 국비사업으로 전환하라고 촉구하였다. 이들은 중앙정부가 협의 없이 지방정부에 행정·재정적 의무를 부과하면 더 이상 협조하지 않겠다고 밝혔다. 협의회는 2012년 3월 29일 서울 중구 프레스센터에서 기자회견을 갖고 "영유아 무상보육의 중단 없는 추진을 위한 중앙정부의 대책 마련을 촉구한다"고 밝혔다.

협의회는 "영유아 무상보육 사업을 위한 재원이 오는 6~7월이면 고갈되는데 정부는 22일 발표한 보육 서비스 개선 대책에 구체적인 지방재정 부담 경감 대책을 넣지 않았다"며 "영유아 무상보육은 선택적 복지가 아니라 보편적 복지이므로 전액 국비사업으로 전환하여야 한다"고 촉구하였다. 또 국회와 중앙정부가 지방재정에 심각한 영향을 미치는 사안을 결정할 때는 지방정부와 반드시 사전에 협의하여야 한다는 점을 강조하면서 "협의 없이 지방정부에 행정 및 재정적 의무를 부과할 경우 이에 더 이상 협조하지 않겠다"고 밝혔다.

이들은 "국회에서 지난해 영유아 무상보육 확대를 위해 국비 3천 697억 원을 증액 편성하였지만 지방정부는 여전히 무상보육 재원의 40~50%를 분담해야 한다"며 "지방세입 감소, 사회복지 수요 세출 증가 등으로 지방정부는 재원 마련에 어려움을 겪고 있다"고 주장하였다. 또 "국회가 증액한 예산은 현재 보육시설 이용자를 기준으로 했기 때문에 무상보육 확대에 따른 신규 보육 수요를 고려하지 않았다"면서 "신규 수요를 고려하면 지방비 부담은 약 7천 200억 원까지 늘어나게 된다"고

덧붙였다. 협의회장을 맡은 박준영 전남도지사는 "막대한 지방예산이 투입되는 사업임에도 국회와 중앙정부가 지방재정 상황을 고려하지 않고 일방적으로 결정한 것은 유감"이라고 말하였다(연합뉴스, 2012.3.29).

*** 전국시도지사협의회**

1. 목적

시・도 상호간의 교류와 협력을 증진하고 공동의 문제를 협의함으로써 지역사회의 균형 발전과 지방자치의 건전한 육성에 기여

2. 연혁

전국시도지사협의회는 전국 광역지방자치단체장들로 구성된 협의체로서 1999년 1월 지방자치법 제165조에 근거하여 설립. 그 후, 2005년 4월 7일 지방분권의 실현과 지방정부의 공동사업을 체계적으로 추진하기 위하여 사무처를 발족시켜 운영

1999년 1월 23일: 전국시도지사간담회(제주) 시 설립 의결

2005년 4월 7일: 전국시도지사협의회 사무처 개소

2010년 1월: 한국지방자치단체국제화재단 국제협력사업 지원 기능 이관

사무처 조직개편 및 국제화지원실 신설, 지방의 국제협력사업 지원

3. 조직도(사무처)

4. 주요 기능

1) 지방정부 협력

2) 지방분권 추진

3) 정책연구

4) 지방정부 국제화 지원

자료: http://www.gaok.or.kr/h01_about/about050.jsp(2012.6.9)

3) 지방자치단체조합

지방자치법

제159조(지방자치단체조합의 설립)

① 2개 이상의 지방자치단체가 하나 또는 둘 이상의 사무를 공동으로 처리할 필요가 있을 때에는 규약을 정하여 그 지방의회의 의결을 거쳐 시·도는 행정안전부 장관의, 시·군 및 자치구는 시·도지사의 승인을 받아 지방자치단체조합을 설립할 수 있다. 다만, 지방자치단체조합의 구성원인 시·군 및 자치구가 2개 이상의 시·도에 걸치는 지방자치단체조합은 행정안전부 장관의 승인을 받아야 한다.〈개정 2008.2.29〉

② 지방자치단체조합은 법인으로 한다.

'지방자치단체조합'은 지방자치법 제159조를 근거로 2개 이상의 지방자치단체가 하나 또는 둘 이상의 사무를 공동으로 처리할 필요가 있을 때에는 규약을 정하여 지방의회 의결을 거쳐 승인(시·도는 행정안전부 장관, 시·군·구는 시·도지사)을 받아 설립할 수 있도록 하고 있다.

2003년 자치정보화조합(2008년 한국지역정보개발원으로 전환)을 시작으로 부산·거제간 연결도로건설조합, 2004년 부산·진해경제자유구역청, 광양만권경제자유구역청, 부산·김해경량전철조합, 2005년 수도권 광역교통체계의 효율적인 운영을 위하여 수도권교통조합, 2008년 황해경제자유구역청, 대구·경북경제자유구역청, 전국 최초로 지리산권 인근 7개 기초 지방자치단체들이 공동 참여한 지리산권관광개발조합, 2010년 지역상생발전기금조합 등 현재 총 9개가 설립되어 운영 중에 있다(행정안전부, 2011a: 343-344).

*** 지리산권 관광개발조합**

1. 연혁

1998. 10. 9	'지리산권 자치단체장협의회' 구성(7시 · 군) 남원시, 장수군, 곡성군, 구례군, 하동군, 산청군, 함양군
1999. 9.	'지리산권 관광진흥기본계획' 수립
2001. 1.~7.	지리산문화권 개발 → '제4차 국토종합계획' 및 '제2차 관광개발 기본계획' 반영
2006. 12. 27	'지리산권 광역관광개발계획' 확정(문화체육관광부) ※ 공동 연계사업 추진을 위한 '자치단체조합 조속히 설립' 권고
2007. 6. 28	'지방자치단체조합' 설립 추진 결정(자치단체장협의회)
2007. 11. 21~12. 3	조합 규약(안) 사전 검토(행정안전부)
2008. 8. 21	조합 설립 기구 정원 승인 신청(행정안전부)
2008. 11. 5	'지리산권 관광개발조합' 창립 행사
2008. 11. 25	제1회 지리산권관광개발조합회의(임시회) 개최

2. 설립 배경

1) 시 · 군 간의 공동 연계사업의 실현성을 높이기 위함
2) 지리산권 연계 관광상품 개발 등 16개 주요 사업들을 10년 동안 연차적으로 추진함
3) 자치단체 간의 불필요한 중복 투자나 유사시설 도입 등으로 인

한 예산 낭비 방지

4) 지리산권 관광 개발을 위한 새로운 필요 사업들도 적극적으로 발굴하여 추진

3. 조직도

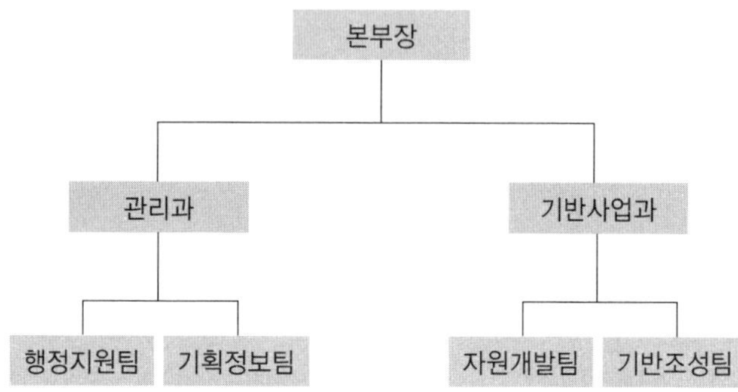

4. 조합회의

1) **위원: 8인(문화체육관광부 추천 1, 지자체 추천 7)**
   - 임기: 2년(1차에 한하여 연임 가능)
   - 자격: 지방공무원법 제32조의 규정의 결격 사유가 없는 자
     - 문화체육관광부 추천 위원: 문화체육관광부 관광자원과장(1명)
     - 7개 지방자치단체 추천 위원: 각 시·군 부단체장(7명)

2) **의장 및 부의장**
   - 구성: 의장 1, 부의장 1
   - 선출: 조합회의
   - 임기: 윤번제로 실시(임기 1년)
   - 의장의 역할: 조합회의 대표, 조합회의 관장

3) **심의·의결**
   - 조합규약의 개정안
   - 조합 운영에 필요한 규정의 제정·개정 및 폐지
   - 예산의 심의·확정과 결산의 승인
   - 결산검사를 위한 검사위원의 선임

- 지방자치단체 간 협의 조정이 필요한 중요 사항

4) 회의 개최

- 정기회의: 매년 하반기 1회 개최
- 임시회의: 의장이 필요하다고 인정하다거나, 조합장 또는 재적 위원 3분의 1 이상 요구가 있을 때

자료: http : //www.jirisantour.go.kr/(2012.6.8)

* 수도권 교통본부

1. 연혁

1998. 수도권행정협의회에서 수도권광역교통기구의 필요성 제기
1999. 6 수도권광역교통기구 설립 타당성 조사 연구(교통개발연구원)
2000. 12 수도권 종합교통 체계 조사 연구 결과 '교통연합' 설립 제의 (국토연구원)
2003. 10 수도권 3개 시 · 도지사 광역교통기구 설치 합의
2004. 8 수도권교통조합 설립 추진단 구성
2004. 11 3개 시 · 도지사 교통조합 설립계획 확정
2004. 12 수도권교통조합규약 시 · 도의회 의결
2005. 2 수도권교통조합 설립 승인(행정자치부)
2007. 9 수도권교통본부로 명칭 변경

2. 조직도

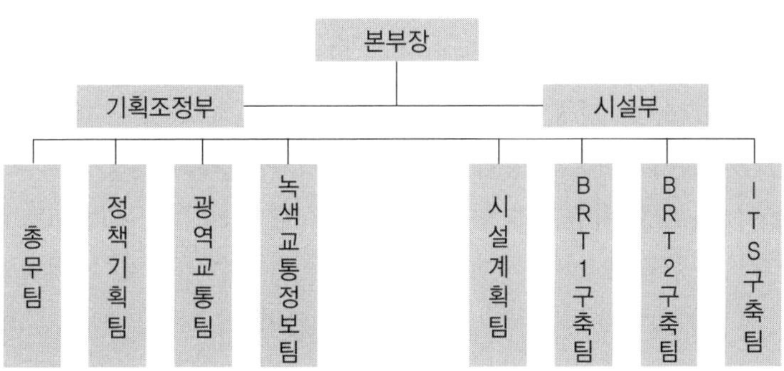

3. 조합회의

1) 기능

조합의 중요 사무 심의 · 의결

2) 위원 구성

총 15인(서울특별시 5인, 경기도 5인 인천광역시 3인, 건설교통부 2인)으로 구성됨

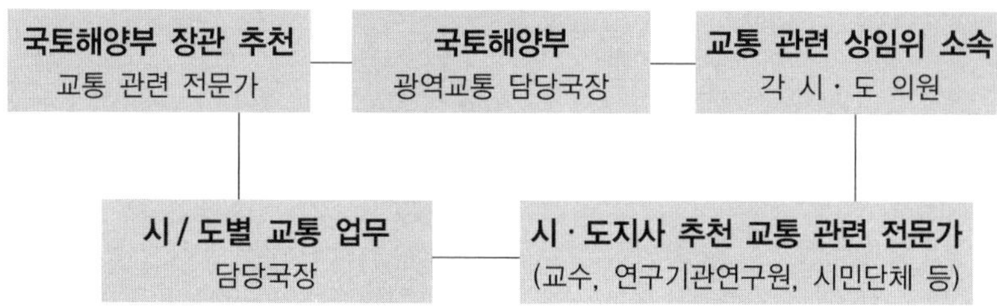

3) 의결 사항

(1) 조합규약의 개정안

(2) 조합 운영에 필요한 규정의 제정 · 개정 및 폐지

(3) 조합의 주요 사업계획의 수립 및 변경

(4) 조합이 수행하는 사업에 대한 3개 시 · 도별 사업비 분담 기준의 결정

(5) 예산의 심의 · 확정과 결산의 승인

(6) 결산검사를 위한 검사위원의 선임

(7) 조합의 중요 재산의 취득, 처분

(8) 기타 조합 운영과 관련한 주요한 사항

4) 의결정족수

(1) 의결 사항이 3개 시 · 도 모두 관계되는 경우 의사 · 의결 정족수 재적 위원 과반수 출석에 출석 위원 과반수 찬성으로 의결하되 다만, 조합규약 개정 시에는 재적 위원 과반수 출석에 자치단체별 출석 위원의 과반수 찬성을 포함한 출석 위원 과반수 찬성으로 의결

(2) 의결 사항이 3개 시·도 모두 관계되는 경우 의사 ·의결 정족수 재적 위원 과반수 출석에 출석 위원 과반수 찬성으로 의결하되 다만, 조합규약 개정 시에는 재적 위원 과반수 출석에 자치단체별 출석 위원의 과반수 찬성을 포함한 출석 위원 과반수 찬성으로 의결

5) 조합회의 운영

(1) 정기회의: 매년 하반기

(2) 임시회: 조합장 또는 시·도지사 요구 시

자료: http://www.mta.go.kr/introduction/conference/condition.jsp(2012.5.20)

2 분쟁

1) 지방 상호간, 중앙-지방 간 갈등·분쟁의 조정

지방자치법

제148조(지방자치단체 상호 간의 분쟁조정)

① 지방자치단체 상호 간이나 지방자치단체의 장 상호 간 사무를 처리할 때 의견이 달라 다툼(이하 "분쟁"이라 한다)이 생기면 다른 법률에 특별한 규정이 없으면 행정안전부 장관이나 시·도지사가 당사자의 신청에 따라 조정(調整)할 수 있다. 다만, 그 분쟁이 공익을 현저히 저해하여 조속한 조정이 필요하다고 인정되면 당사자의 신청이 없어도 직권으로 조정할 수 있다.〈개정 2008.2.29〉

③ 행정안전부 장관이나 시·도지사가 제1항의 분쟁을 조정하고자 할 때에는 관계 중앙행정기관의 장과의 협의를 거쳐 제149조에 따른 지방자치단체중앙분쟁조정위원회나 지방자치단체지방분쟁조정위원회의 의결에 따라 조정하여야 한다.〈개정 2008.2.29〉

제168조(중앙행정기관과 지방자치단체 간 협의조정)

① 중앙행정기관의 장과 지방자치단체의 장이 사무를 처리할 때 의견을 달리하는 경우 이를 협의·조정하기 위하여 국무총리 소속으로 행정협의조정위원회를 둔다.〈개정 2011.7.14〉

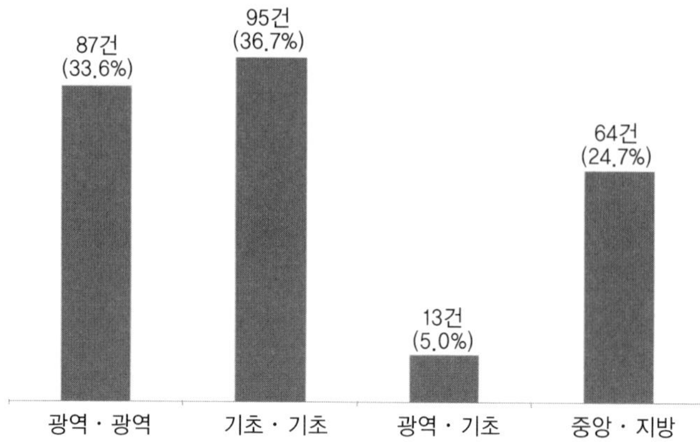

그림 9-1 주체별 발생 현황(1995년~2010년 말 기준)

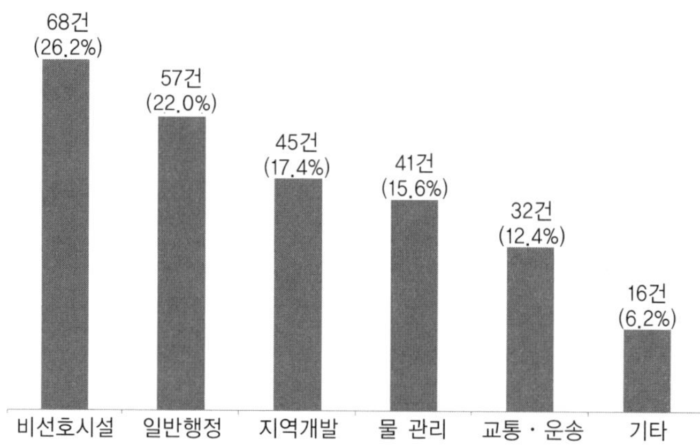

그림 9-2 유형별 발생 현황(1995년~2010년 말 기준)

주) 비선호시설: 혐오 · 위험시설 등 / 일반행정: 행정구역, 조직 · 기능 배분, 과세 · 재정 등
지역개발: 도시계획 · 공유수면 · 공단 · 택지 · 공원 · 관광단지 · 골프장 · 골재 채취 등
물관리: 상 · 하수도, 하천 · 댐 · 상수원 보호 등 / 교통 · 운송: 운송, 도로 · 지하철 · 교량 등

1995년~2010년까지 분쟁 발생 및 해소 현황을 살펴보면, [그림 9-1]과 같이 총 259건이 발생되어 이 중 195건은 지방 상호 간, 64건은 중앙-지방 간에 발생하였으며, 해소되지 않고 남아 있는 사안은 41건으로 해결 방안을 마련 중에 있다. 세부 유형별로는 [그림 9-2]와 같이 비선호시설 68건(26.2%), 일반행정 57건(22.0%), 지역개발 45건(17.4%), 물

관리 41건(15.8%), 교통·운송 32건(12.4%) 순으로 집계되었다(행정안전부, 2011a : 339-340).

2) 광역 간, 다른 광역 내 지방 상호간 분쟁조정

지방자치법

제149조(지방자치단체 중앙분쟁조정위원회 등의 설치와 구성 등)

② 중앙분쟁조정위원회는 다음 각 호의 분쟁을 심의·의결한다.

1. 시·도 간 또는 그 장 간의 분쟁
2. 시·도를 달리하는 시·군 및 자치구 간 또는 그 장 간의 분쟁
3. 시·도와 시·군 및 자치구 간 또는 그 장 간의 분쟁
4. 시·도와 지방자치단체조합 간 또는 그 장 간의 분쟁
5. 시·도를 달리하는 시·군 및 자치구와 지방자치단체조합 간 또는 그 장 간의 분쟁
6. 시·도를 달리하는 지방자치단체조합 간 또는 그 장 간의 분쟁

중앙분쟁조정위원회는 시·도 간 또는 시·도를 달리하는 시·군 간의 분쟁조정과 공유수면 매립지 및 지적공부 누락 토지 관할 지방자치단체 결정 심의·의결을 주요 기능으로 하고 있다. 조정 절차는 갈등·분쟁 조정의 경우 당사자의 신청 또는 직권에 의하여 위원회 조정 결정이 되면 불이행 시 이행명령과 대집행을 할 수 있도록 하고 있으며, 매립지 등 신규 토지 관할 지방자치단체 결정의 경우 면허 관청의 신청에 의한 안건 상정 후 위원회 의결을 거쳐 행정안전부 장관이 결정하도록 하고 있다.

2000년 4월 25일 설치된 이후 <표 9-1>과 같이 총 10건이 신청되어 조정 8건, 각하 2건을 처리하였으며, 신규 토지 관할 결정은 2009년 4월 1일 지방자치법 제4조로 제도적 장치를 마련한 이후 2010년 12월 현재까지 52건의 매립지에 대한 귀속 지방자치단체 결정이 있었다. 이 중 '새만금 방조제 일부 구간 귀속 지방자치단체 결정'건은 전북 군산시·김제시·부안군 간에 의견을 달리하여 2010년 3월 농림수산식품부의 신청 이후 7개월의 시간이 소요되고 위원회의 결정이 한 차례 보류되는

표 9-1 중앙분쟁조정위원회 갈등 · 분쟁 조정 실적

사건명	당사자	결정 내용
아산만국가공단항만 매립지 경계	평택시 → 당진군	각하(2001.1.31)
경전철 노선 변경에 따른 환승 역사 건립부담금	의정부시 → 서울시	조정(2001.1.31)
행정구역 개편에 따른 잡종재산 인계	김포시 → 인천 계양 · 서구	각하(2001.1.31)
아산만 방조제 담수호 경계	평택시 → 아산시	조정(2001.7.6)
자동차액화가스충전소 설치	인천 계양구 · 부천시 → 김포시	실무조정, 취하(2001.7.6)
자동차액화가스충전소 설치	서울 강동구 · 송파구 → 하남시	실무조정, 취하(2001.11.23)
사설납골시설 공설화	화성시 → 종로구 등 7개 구	종료(2008.7.2)
신항만1-1단계 시설관할권(1차분)	경남도→ 부산시	종료(2008.7.2)
신항만1-1단계 시설관할권(2차분)	부산시→ 경남도	종료(2008.7.2)
칠곡 재래시장 소유권	대구 북구→ 대구시	실무조정, 취하(2008.12.10)

주) 매립지 등 신규 토지 관할 결정(52건)은 제외.
자료: 행정안전부, 「2010행정안전백서」, p. 341.

등 진통을 겪기도 하였다(행정안전부, 2011a : 340-341).

3) 광역과 기초 간 분쟁

시장 · 군수들이 시 · 군 부단체장 인사에 도가 관여하는 관행을 수용하지 않기로 하였다. 도 시장 · 군수협의회는 26일 평창 허브나라에서 열린 제5차 정례회에서 광역자치단체장의 시 · 군 부단체장 임면에 대한 어떠한 법적 권한이 없음에도 불구 그 동안 당연히 권한을 가진 것처럼 관행적으로 행사해 왔다고 지적하였다.

특히 '자체 승진↔도 내정' 교체 비율도 도의 원칙 없는 인사 행태로 시 · 군별 현격한 차이를 보이는 등 도와 시 · 군 간 인사 교류 명분을 무색하게 하고 있으며, 승진 연수의 극심한 차이로 자체 승진자의 대다수가 명예 · 정년퇴직하고 있는데 반해 도 내정자는 임명 후 50%가 전출,

새로운 기회 요인으로 활용하고 있다고 강조하였다.

이에 따라 부단체장 임명은 지방자치법에서 정한 시·군 단체장의 고유 권한으로 도지사의 부단체장 임명 관여는 부당하므로 그 동안 관행적으로 이루어지던 도의 시·군 부단체장 임명 관여를 수용하지 않고 임명권자인 시장·군수가 요청할 경우에만 하도록 도에 통보하기로 하였다(강원일보, 2011.8.27).

4) 광역과 다른 광역의 기초 간 분쟁

벽제승화원 부대시설 운영권이 고양시민 품으로 넘어간다. 서울시는 경기도 고양시에 있는 서울시 소유의 기피시설(님비·NIMBY)을 현대화하고, 일부 부대시설의 운영권을 고양시민에게 이관하기로 하였다. 박원순 서울시장과 최성 고양시장은 2012년 5월 2일 고양시 덕양구 현천동 난지물재생센터에서 '서울시-고양시 상생발전 공동 합의문'을 맺었다. 고양시에는 서울시가 운영하는 난지물재생센터(하수처리장)와 벽제승화원(화장장·묘지·봉안당) 등으로 인하여 인근에 거주하는 주민의 반발이 지속되어 왔기 때문이다.

합의문에 따라 이날부터 승화원의 부대시설인 식당·매점·자판기의 운영권이 순차적으로 고양시민에게 이관된다. 고양시민이 서울시립 시설물을 이용할 때도 요금·시간 등에서 서울시민과 동등한 혜택을 받는다. 시설물에서 일하는 직원을 채용할 경우 인근 주민에게 우선권을 준다. 서울시는 중장기적으로 시설물의 현대화를 추진하기로 하였다.

서울시는 고양시가 계획 중인 고양~광탄 도로, 벽제~세원마을 도로공사 사업에 대해서도 수도권 광역교통망으로 간주해 사업비 일부를 지원할 예정이다. 서울시의 기피시설이 세워진 뒤(승화원 1970년, 난지물재생센터 1986년) 인근에 거주하는 고양시민은 수십 년 동안 시설물로 인한 피해에 대하여 보상을 요구해 왔다. 2010년 7월 최성 고양시장이 취임한 뒤 국회의원과 시민단체가 서울시에 보상을 요구하며 양 도시간 갈등이 증폭되었다(중앙일보, 2012.5.3).

5) 광역 간 분쟁

(1) 부산 · 경남 – 부산항 신항 관할권 다툼

부산 신항의 부두가 올해 속속 개장하게 되면서 물밑에 잠겨 있던 행정관할권 다툼이 또다시 수면 위로 떠오르고 있다. 2009년 2월 3일에는 2-1단계 한진해운 부두가, 5월 18일에는 부산신항만 (주)(PNC)의 1-2단계 부두가 각각 개장할 예정이나 부산시와 경남도의 행정관할권 분쟁은 아직 진행 중이기 때문이다. 항만 운영에 관한 업무를 맡은 국토해양부는 부산시와 경남도 간 대립이 계속되자 이 문제를 '유보'시켜 두는 등 일단 지켜보자는 입장이다. 지자체 관할 구역 업무를 담당하는 행정안전부도 입장은 비슷하다.

이에 따라 한진해운 부두는 예정대로 개장하더라도 주소가 없는 '무적' 항만으로 남을 가능성이 높아졌다. PNC의 1-2단계도 마찬가지이다. 이 같은 파행이 언제쯤 끝날지는 미지수이다.

헌법재판소의 판결이 나면 일단락될 것으로 예상되나 판결이 언제 날지도 불투명한 상태이다. 행정구역이 정해지지 않으면서 항만업체들은 물론 배후 부지 입주업체들까지 토지대장 등기, 건축물 등록 등 재산권 행사는 물론 도시가스 공급 문제 등 기반시설 이용에 큰 불편을 겪고 있다. 부산 신항의 행정관할권을 사이에 둔 부산시와 경남도의 다툼은 오랜 뿌리를 갖고 있다.

직접적인 분쟁은 3년 전인 2006년이지만 뿌리는 부산 신항의 명칭을 사이에 둔 양 지자체 간 분쟁에까지 이어져 있다는 것이다. 일단락된 신항 명칭 분쟁이 1회전이라면 행정관할권 다툼은 2회전인 셈이다. 2006년 부산신항만㈜의 선석 중 가장 먼저 개장한 3개 선석에 대하여 옛 해양수산부가 임시관할권을 부산시에 주자 경남도는 강력 반발하며 권한쟁의 심판을 청구했다. 부산신항만㈜이 뒤이어 문을 연 3개 선석에 대하여 해양수산부가 경남도에 임시관할권을 부여하자 이번에는 부산시가 헌재에 권한쟁의 심판을 청구하였다.

이후 양측은 지난해에 이어 올해에도 관계자들이 수차례 만나 의견 절충을 시도하였지만 입장 차이를 확인하는 데 그쳤다. 국토해양부는 "어느 쪽에 임시관할권을 주든 헌재에 권한쟁의 심판을 청구할 것이 뻔하지 않느냐"는 입장이다. 국토해양부 관계자는 "올 들어 수차례 부산시와 경남도 실무자들을 불러 협의를 해봤지만 진척이 없었다"며 "사실상 결정을 유보해 놓은 상태"라고 설명하였다. 지자체 간 경계 획정 권한을 갖고 있는 행정안전부도 일단 지켜보자는 반응이다.

이에 대하여 부산시와 경남도는 "행안부가 분쟁 초기에 해상경계를 정하기 위한 용역을 발주하려다 중단하였다"며 "당시 용역을 계속해 마무리지었으면 관할권 판정에 대한 근거가 있을 터인데 이제는 판정의 근거도 없는 상태"라고 지적하였다. 국내에는 땅에 대한 경계는 있으나 해상에 대한 경계 판정은 선례가 없고 근거도 부족하다는 것이 양 지자체의 판단이다(부산일보, 2009.1.8).

부산시와 경남도는 지난 2005년 9월부터 북 컨테이너 터미널 관할권이 서로에게 있다며 첨예하게 대립하여 왔다. 부산시는 "지난 1997년 해양수산부가 건설교통부에 통보한 '국토이용계획결정(변경) 도면'상 신항만 자리는 전적으로 부산항 관할"이라고 주장하고 있다. 부산시는 또 "부산항 북항이 포화 상태에 이르게 됨에 따라 신항 건설을 계획하게 된 것"이라면서 "세계 제5위 컨테이너 항만인 부산항의 대외적 이미지나 위상에 비추어 관할권을 나누는 것은 바람직하지 않다"고 주장하여 왔다.

반면 경상남도는 "신항만의 입지가 행정구역상 경남도 관할권에 있는 욕망산에서 채취한 돌과 자갈, 바닷모래 등으로 시공되었고 매립지가 욕망산 자락과 얽혀 있는 만큼 경남도 땅이 명백하다"고 주장하고 있다. 경남도는 또 "북 컨테이너 부두의 대부분의 수역이 진해 어촌계의 업무구역이고 북컨 부두가 부산 쪽에서는 수로로 분리되어 있지만 진해 욕망산과는 연결되어 있다며 북컨 부두 전체가 경남도 땅이다"고 주장하여 왔다(부산일보, 2010.6.24).

헌법재판소는 2010년 6월 24일 부산항 신항 관할권을 놓고 부산시와 경남도가 각각 청구한 권한쟁의심판 사건에 대하여 "1977년 국토지리정보원이 발행한 국가기본도상의 해상경계선을 기준으로 경남 진해시 구역의 관할권은 경남도에, 부산 강서구 구역의 관할권은 부산시에 있다"고 결정하였다. 재판부는 재판관 7대 2의 의견으로 "지방자치단체의 관할구역에는 육지와 함께 바다도 포함되고, 바다가 육지로 변한다 하더라도 경계는 그대로 유지된다"고 밝혔다.

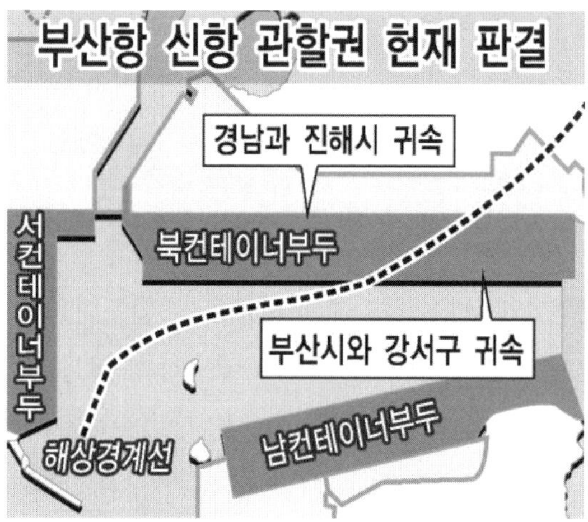

헌재의 이번 결정에 따라 부산은 신항 북컨테이너터미널 13개 선석 중 7개, 경남도는 6개(단순 부두 길이 비율)를 각각 관할하게 되었다. 하지만 현장에서는 헌재의 결정에 강한 불만을 나타내고 있다. 동북아 허브항만을 지향하는 부두 행정이 이원화됨에 따라 행정 혼선이 불가피하고 항만 경쟁력 저하로 이어질 것이라는 것이다(부산일보, 2010.6.25).

(2) 인천 · 서울 – 수도권매립지 갈등 심화

2016년까지만 사용키로 한 인천 서구 수도권매립지의 사용 기한을 놓고 서울시의회가 반대 의견을 보여 이 문제가 다시 논란이 되고 있다. 서울시의회 환경수자원위원회는 24일 상임위원회를 열고 '수도권매립지 토지보상금 재투자를 위한 조례 개정안'을 심의한 뒤 의결을 보류하였다.

이 안건은 수도권매립지의 일부 땅이 경인아라뱃길에 들어가면서 받게 된 보상금 1,025억 원을 매립지 주변인 인천 서구 일대의 주거환경 개선사업 자금으로 쓰자는 내용이다. 그런데 서울시 의원들은 인천시가 매립지 사용 기한을 연장하지 않으려는 상황에서 이 보상금의 재투자를 논의한다는 것은 맞지 않다며 의결을 보류하였다. 결국 서울시 의원들의 뜻은 인천시가 매립지 사용 기한을 연장해 주어야 한다는 것으로 정리된다. 그리고 이는 매립지 사용 기한을 우선 2044년까지 연장해 달라는 서울시의 요구와 같은 것이다.

하지만 인천시는 매립지 때문에 시민들이 큰 피해를 입고 있는 만큼 사용 기한을 연장할 수 없다는 입장이다. 수도권매립지는 서울・인천・경기 3개 시・도의 쓰레기 처리를 위하여 1989년에 만든 것이다. 당시 동아건설이 갖고 있던 땅을 서울시와 환경부(환경관리공단)가 523억 원에 사들여 만들었다. 이 때문에 지금도 이곳에 쓰레기를 매립하도록 허가하는 '매립면허권'은 이 두 곳이 갖고 있다. 회사의 주주권과 비슷한 매립면허권의 지분은 당시 낸 돈의 액수에 따라 서울시가 71.3%, 환경부가 28.7%씩 갖고 있다. 이번에 매립지 토지보상금 사용 문제를 서울시의회가 논의한 것도 그 돈을 인천시는 받지 못했지만 서울시는 지분만큼 가져갔기 때문이다.

한편 2004년 매립지 이용계획이 일부 바뀔 때 이곳에 2016년까지만 쓰레기를 매립하기로 3개 시・도가 합의하였다. 그 때 매립 기한을 2016년으로 정한 것은 매립 일정을 따져볼 때 이때 쯤이면 쓰레기가 매립장을 꽉 채워 더 이상 쓸 수 없을 것으로 계산했기 때문이다. 하지만 소각처리량이 많아지고, 종량제가 자리를 잡으면서 쓰레기 발생량이 이전에 비하여 많이 줄어들고 있다. 사정이 이렇게 바뀌자 서울시가 매립지 사용 기한을 일단 2044년까지 연장하자고 요구하고 있는 것이다. 2016년에 사용이 끝나면 서울 · 인천 · 경기 3개 시 · 도가 각자 처리장을 마련해 쓰레기를 처리하여야 하는데 서울에는 그럴 땅이 없다는 이유에서이다.

한편 인천시는 이날 서울시의회의 안건 의결 보류와 관련해 "수도권 매립지 토지보상금 사용과 사용 기한 연장은 별개의 사안이고, 인천시는 시민들이 매립지의 악취 등으로 고통받고 있는 만큼 사용 기한을 연장할 수 없다"고 밝혔다(조선일보, 2012.4.25).

제 10 장 지방자치단체와 중앙정부 간의 관계

지방자치단체는 국가와 별개로 존재하는 것이 아니고 국가의 한 부분으로 존재하는 것이기 때문에 중앙정부는 국가 전체의 균형적 발전을 위하여 지방자치단체에 대한 지원과 통제를 하게 된다. 중앙통제는 지방자치단체의 자치권 내지 독자성을 가능한 한 존중하면서 국가 전체의 균형을 확보하는 분권과 집권의 공존 및 조화를 지향하는 것이다.

1 중앙정부의 자치단체장에 대한 직무이행명령

지방자치법

제170조(지방자치단체의 장에 대한 직무이행명령)

① 지방자치단체의 장이 법령의 규정에 따라 그 의무에 속하는 국가위임사무나 시·도위임사무의 관리와 집행을 명백히 게을리하고 있다고 인정되면 시·도에 대하여는 주무부 장관이, 시·군 및 자치구에 대하여는 시·도지사가 기간을 정하여 서면으로 이행할 사항을 명령할 수 있다.

② 주무부 장관이나 시·도지사는 해당 지방자치단체의 장이 제1항의 기간에 이행명령을 이행하지 아니하면 그 지방자치단체의 비용 부담으로 대집행하거나 행정상·재정상 필요한 조치를 할 수 있다. 이 경우 행정대집행에 관하여는 「행정대집행법」을 준용한다.

③ 지방자치단체의 장은 제1항의 이행명령에 이의가 있으면 이행명령서를 접수한 날부터 15일 이내에 대법원에 소를 제기할 수 있다. 이 경우 지방자치단체의 장은 이행명령의 집행을 정지하게 하는 집행정지 결정을 신청할 수 있다.

지방교육자치에 관한 법률

제3조(「지방자치법」과의 관계) 지방자치단체의 교육·학예에 관한 사무를 관장하는 기관의 설치와 그 조직 및 운영 등에 관하여 이 법에서 규정한 사항을 제외하고는 그 성질에 반하지 않는 한 「지방자치법」의 관련 규정을 준용한다.

1) 교과부, 전북교육청에 직무 이행명령

교원능력개발평가(교원평가)를 둘러싸고 중앙정부의 요구를 거부한 김승환 전북교육감에 대하여 교육과학기술부가 2011년 6월 17일 직무이행명령을 내리면서 교과부와 진보·좌파 교육감 사이의 갈등이 또다시 불거지고 있다. 교과부는 전북교육청이 지난 2월 제출한 교육평가 시행계획에 대하여 대통령령인 '교원 등 연수에 대한 규정' 개정령을 위반하였다며 지난달과 이달 초 두 차례에 걸쳐 수정을 요구하였지만, 전북교육청은 계속 이를 거부하였다.

전북교육청은 교원평가에서 일선 학교가 세 가지 평가 방법(자유서술식, 5점 체크리스트, 자유서술+5점) 중 자율적으로 선택하도록 하고, 교장과 교감을 제외하고 평교사끼리만 동료 교원평가를 하도록 해 관련 법령을 위반하였다고 교과부는 밝혔다. 교과부는 교원평가가 자유서술식으로만 이루어질 경우 평가의 객관성이 떨어질 것으로 보고 있다. 전북교육청은 또 평가가 나쁜 교사가 연수를 받도록 한 것을 '자율적으로 실시'하도록 해 교원평가를 무력화하고 교과부 장관 지침을 위반하였다고 교과부는 밝혔다.

친(親)전교조 성향의 김승환 교육감은 지난해 취임 이후 자율고 2곳의 지정을 취소하는 등의 정책을 추진하며 중앙정부와 갈등을 빚어 왔다. 지난 3월에도 시국선언 참여 교사들에 대한 징계 결정을 미룬다는 이유로 교과부로부터 직무이행명령을 받았으며, 진보·좌파 성향의 다른 교육감 5명과 함께 '교원평가를 지역 자율에 맡겨야 한다'는 성명을 발표하기도 하였다. 교과부는 김 교육감이 이번 징계명령도 거부할 경우 행정적·재정적 제재와 함께 직무유기 혐의로 검찰에 고발하겠다는 방침이다. 이에 대하여 전북교육청은 "근거 법령도 없는 규정을 들어 교원평가를 강제적으로 하라는 것은 받아들일 수 없다"는 입장이다.

교과부는 또 시국선언 교사 14명 중 2명을 경징계하고 나머지 12명은 경고와 주의 조치를 하겠다고 밝힌 김상곤 경기교육감에 대해서도 지난 16일 "징계를 중징계로 바꾸라"는 시정명령을 내렸다(조선일보, 2011.6.17).

2) 교과부의 경기도교육청에 대한 직무이행명령과 취소소송

경기도교육청이 2차 시국선언을 주도한 전교조 소속 교사 10명에 대한 교육과학기술부의 '중징계 의결 요구 직무이행명령'을 거부하고 '직무이행명령'을 취소해 달라며 18일 대법원에 소송을 제기하였다. 도교육청은 또 교과부가 지난 2011년 7월 4일 2차 시국선언 참가 교사들에 대한 기존 도교육청의 징계의결 요구를 직권 취소해 공백인 상황에서 이날 해당 교사들에 대한 징계 시효가 만료됨에 따라 이들에 대한 징계를 당초 결정한 약정대로 2명만 경징계를 요구하고 나머지 8명에 대해서는 경고·주의로 처분하였다.

이에 따라 도교육청 소속의 시국선언 주도 교사 14명 가운데 정진후 전 전교조위원장과 박석균 전 부위원장 등 2명만 감봉, 견책 등의 경징계를 받게 되었으며 1차 시국선언 교사 4명을 포함한 나머지 12명은 징계가 아닌 행정처분(경고와 주의)을 받게 되었다. 도교육청 관계자는 "징계사무는 교육감의 재량으로 허용되는 범위로 봐야 하고 이번 처분은 위법이나 일탈·남용은 존재하지 않는다"며 "오히려 교과부의 직무이행명령이 요건을 결여한 것"이라고 말하였다.

이에 대하여 교과부 관계자는 "전국의 시국선언 참여 교사들이 법원

1·2심 재판에서 모두 유죄를 선고받았고, 특히 시국선언의 핵심 주동세력이 전교조 경기지부 소속 교사들"이라며 "경기도교육청은 오히려 타 교육청보다 징계 수위를 높이는 것이 타당하다"고 반박하였다(경인일보, 2011.7.19).

2 시·도의회 등의 의결에 대한 재의와 제소

지방교육자치에 관한 법률
제28조(시·도의회 등의 의결에 대한 재의와 제소)
④ 교육과학기술부 장관은 재의결된 사항이 법령에 위반된다고 판단됨에도 해당 교육감이 소를 제기하지 않은 때에는 해당 교육감에게 제소를 지시하거나 직접 제소할 수 있다.〈개정 2008.2.29〉
⑦ 제3항 및 제4항의 규정에 따라 재의결된 사항을 대법원에 제소한 경우 제소를 한 교육과학기술부 장관 또는 교육감은 그 의결의 집행을 정지하게 하는 집행정지 결정을 신청할 수 있다.〈개정 2008.2.29〉

1) "서울 학생인권조례"에 대한 교과부의 무효소송

서울 학생인권조례를 둘러싼 서울시교육청과 교육과학기술부의 '정면충돌'이 결국 대법원으로 가게 됐다. 교육청은 2012년 1월 26일 조례 공포를 강행하기로 하였고, 교과부는 이에 맞서 '조례 무효소송' 등을 대법원에 내기로 하였다. 이렇게 되면 대법원 판결이 나올 때까지 서울시내 초·중·고교는 학생 생활지도에 일대 혼란을 겪게 될 수밖에 없다.

서울시교육청은 "26일 배포되는 서울시보(市報)에 학생인권조례를 실어 공포한다"고 25일 발표하였다. 교육청 관계자는 "조례가 적법한 절차를 거쳐 시의회를 통과한 지 한 달이 넘은 만큼 더 이상 공포를 미룰 하등의 이유가 없다"고 설명하였다. 곽노현(58) 교육감은 후보 매수 혐의로 3,000만 원의 벌금형을 받고 복귀한 20일 학생인권조례 재의(再議)를 철회하였다. 학생인권조례안에 대한 사회적 비판이 일자 이달 초 시교육청이 시의회에 보낸 재의 요청이었다. 이에 이주호(52) 교과부 장관은 "학생인권조례는 학생 지도에서 학교별 재량권을 부여한 초중등교육법에 위배된다"며 '재의를 요청하라'고 공문을 보냈다.

하지만 곽 교육감은 재의 요구를 철회한 지 엿새 만에 조례 공포 강행에 나섰다. 시교육청은 올 3월 서울시내 모든 초·중·고에서 조례를 시행한다는 방침이다. 해설서 제작 등 준비에도 착수하였다. 그러나 교과부가 대법원에 소송을 제기하겠다고 밝힘으로써 시교육청 계획대로 조례가 시행될지는 불투명해졌다.

교과부는 "시교육청이 26일 조례 공포를 강행하면 바로 당일에 '조례 집행정지결정 가처분신청'과 '조례 무효소송'을 동시에 대법원에 내겠다"는 입장이다. 가처분신청에 대한 결론은 이르면 다음 달 초·중순께 나올 것으로 보인다. 신청이 받아들여지면 조례 무효소송의 판결이 나오기 전까지 조례 효력은 정지된다. '조례 무효소송'의 판결이 나오기까지 상당한 시일이 걸리는 만큼 그전에라도 조례를 무력화하는 것이다.

교과부 김태훈 지방교육자치과장은 "지방자치법에 근거한 교과부 장관의 정당한 '재의 요청' 요구를 곽노현 교육감이 거부한 만큼 대법원 소송과 별도로 곽 교육감에 대한 형사소송도 검토하고 있다"고 말하였다.

학생인권조례는 시교육청이 마련한 것이 아니라 전교조 등 진보단체들이 발의한 내용이다. ▶임신·출산이나 성적 지향에 따른 차별 금지, ▶간접 체벌(훈육벌) 전면 금지, ▶학생의 동의 없는 소지품 검사 금지, ▶휴대전화 사용 및 교내외 집회 일부 허용 등 민감한 내용을 담고 있다. 조례 공포 강행 소식에 일선 교사들은 적잖이 우려를 표명하고 있다. 조례가 학생 권리만을 강조하고 있어 교사들의 생활지도가 더 어려워질 것이란 걱정이다.

앞서 학생인권조례를 시행하고 있는 경기도의 노정근(54·군포 용호고) 교사는 "학생 책임에 대한 교육이 제대로 이뤄지지 않아 인권을 '내 마음대로 할 권리' 정도로 인식하는 경우가 많다"고 전하였다(중앙일보, 2012.1.26).

2) "서울교권조례"에 대한 교육과학기술부의 재의 요구

학교장으로부터 교사의 자율권 보장을 골자로 한 서울교권조례가 2012년 5월 2일 서울시의회에서 통과되었다. 곽노현 서울교육감이 공포하는 대로 발효된다. 교육과학기술부는 "교사와 교장의 역할을 규정한 국가공무원법, 초중등교육법 시행령과 충돌할 우려가 있다"며 곽 교육감에게 시의회에 재의(再議) 요구를 지시한다는 방침이다. 그러나 지난 2012년 1월 곽 교육감은 교과부의 인권조례 재의 요구를 거부한 적이 있어 유사한 갈등이 재연될 것으로 보인다.

서울시의회는 재석 의원 61명 중 찬성 49, 반대 9, 기권 3표로 '서울시 교원 보호와 교육활동 지원에 관한 조례안'을 가결하였다. 조례안에서는 교사가 교육과정의 재구성, 교재 선택 및 활용, 교수학습 및 학생평가에 대하여 자율권을 갖도록 하였다. 교사의 학생 지도와 관련해서는 '학생의 수업 방해, 교원에 대한 폭력 등에 대하여 학교장에게 징계를 요청하거나 그 밖의 교육적 방법(성찰교실 등)으로 지도할 수 있다'는 수준에 그쳤다.

이에 대하여 교과부 관계자는 "교사에 대한 교장의 지도 권한을 제한한 점, 현행법상 학교운영위원회가 가진 교재선정권을 교사에게 준 점 등이 기존 법령과 충돌되는 만큼 교권조례가 학내 갈등을 불러올 소지가 크다"고 말하였다. 시교육청 관계자는 "교과부가 재의 요구를 해올 경우 요건이 되는지를 검토하여 수용 여부를 결정할 것"이라고 밝혔다. 교육청이 재의 요구를 받아들이면 시의회가 재석 의원 3분의 2 이상의 찬성으로 재가결하지 않으면 조례는 폐기된다. 한국교총은 "학생인권조례로 교권이 무너진 상황에서 주먹구구식으로 만든 교권조례가 무슨 의미가 있느냐"며 반발하고 있다(중앙일보, 2012.5.3).

3 국가의 지도와 지원

지방자치법

第166조(지방자치단체의 사무에 대한 지도와 지원)

① 중앙행정기관의 장이나 시·도지사는 지방자치단체의 사무에 관하여 조언 또는 권고하거나 지도할 수 있으며, 이를 위하여 필요하면 지방자치단체에 자료의 제출을 요구할 수 있다.

② 국가나 시·도는 지방자치단체가 그 지방자치단체의 사무를 처리하는 데에 필요하다고 인정하면 재정 지원이나 기술 지원을 할 수 있다.

1) 물가 안정에 무심한 지자체 예산 지원 삭감 추진

정부가 물가 안정에 비협조적인 지방자치단체의 내년 예산 지원을 삭감하는 방안을 추진한다. 최근 서울시가 정부 권고를 무시하고 2012년 2월 25일부터 버스·지하철 요금을 150원 올린 것이 계기가 되었다. 2012년 2월 26일 기획재정부, 행정안전부 등에 따르면, 정부는 지난 24일 행안부가 개최한 시·도 행정부지사회의에서 이 같은 방침을 하달하며 각 지자체에 '협조'를 당부하였다. 정부 고위관계자는 "물가관리를 잘하는 지자체에 인센티브 예산(1,000억 원)을 주는 것만으로는 지방의 공공요금 인상을 억제하기가 어렵다고 판단하여 내린 결정이다. 현재 각 부처별로 어떤 지자체 사업을 예산 통제 대상으로 할지 의견을 파악 중"이라고 말하였다.

현재 우리나라 전체 예산 320조 원 중 지방교부세(용도 미지정)와 국고보조금(용도 지정) 명목으로 지자체에 지원되는 예산은 70조 원에 이른다. 정부는 앞으로 물가 안정을 소홀히 하는 지자체에 대하여 각종 보조금을 줄이거나 끊겠다는 입장이다. 현재 지자체들은 지방세와 정부 보조, 차입금 등에 의존하여 살림을 꾸리고 있는데, 경기 침체로 부동산 취득·등록세, 자동차세 등 지방세수가 급감하여 중앙 정부의 예산 지원에 대한 의존도가 커지고 있다. 지자체들의 평균 재정자립도는 2011년 기준 51.9%에 불과하다.

이와 관련, 정부는 지자체가 추진 중인 수도, 도로, 철도 등 SOC(사회간접자본) 사업 관련 국고보조를 최우선적으로 물가 안정 동참 여부와 연결시켜 예산지원액을 조절하겠다는 입장이다. 물가 안정을 위하여 정부가 직접 지자체를 압박하고 나선 것은 지자체가 직접 나서는 편이 물가 관리 실효성도 높고, 서민층의 체감 효과도 크기 때문이다. 작년 4.0%를 기록한 소비자물가는 1월 중 3.5%(전년 동월 대비)를 기록하며 상승폭이 다소 둔화되었지만, 최근 국제 유가가 배럴당 120달러(두바이유 기준)대로 치솟으면서 물가 상승 압력이 다시 높아지고 있다(조선일보, 2012.2.27).

2) 도시 · 산업 · 관광단지 개발 제한 규제

수질 개선을 제대로 하지 않은 광주광역시 · 김제시 등 전국 6개 지방자치단체가 도시 · 산업 · 관광단지 개발 제한 규제를 받게 되었다. 2004년 수질오염 총량제 시행 이후 물을 맑게 하지 못한 자치단체에 '개발제한' 철퇴가 내려진 것은 처음이다. 환경부는 2012년 3월 21일 낙동강 · 금강 · 영산강(섬진강) 등 3대 강에서 2004~2010년 실시한 1단계 수질오염 총량제에서 오염물질을 줄이지 않은 6개 지자체를 제재 대상으로 확정해 발표하였다. 광주광역시와 전북 김제 · 정읍시, 전남 나주시 · 장성군, 충북 청원군 등이다. 제재는 상한선 이하로 배출량을 줄일 때까지 무기한 계속된다.

광주광역시는 생물학적 산소요구량(BOD) 기준으로 하루 287㎏의 오염물질을 상한선보다 더 배출하였으며 청원군은 1,828.5㎏, 나주시는 1,352.9㎏을 초과하여 흘려 보낸 것으로 조사되었다. 이들 지자체는 도시, 산업단지, 관광지 · 관광단지 개발과 하루 폐수 배출량 200㎥ 이상의 공장 건설, 학교 · 공공청사 건설 등의 신규 사업 승인 · 허가 제한을 받게 된다. 다만 진행 중인 청원 오송 · 오창산업단지나 나주 혁신도시 사업 등은 예외가 적용된다. 환경부 방종식 유역총량과장은 "광주시와 청원군은 현재 하수처리장을 건설 중이어서 올해 안에 제재가 풀릴 전망이지만 다른 네 곳은 제재 해방 기간이 오래 걸릴 전망"이라고 말하였다.

1단계 오염 총량제 위반 지자체는 20곳이었으나 14곳은 제재를 하지 않아 제도가 허술하다는 지적도 나오고 있다. 충남대 서동일(환경공학과) 교수는 "환경부가 봐주기를 하면 제도 자체가 흔들릴 가능성도 있다"고 지적하였다.

◆ 수질오염 총량제 = 수질을 맑게 하기 위해 수계별 오염물질 배출량 상한선을 할당하고, 배출량을 줄이도록 2004년 도입한 제도. 지역 내에서 추가 개발을 하려면 배출량을 그만큼 더 줄여야 한다(중앙일보, 2012.3.22).

4 단체장의 위법 · 부당한 명령 · 처분의 시정 요구와 취소 · 정지

지방자치법

제169조(위법 · 부당한 명령 · 처분의 시정)

① 지방자치단체의 사무에 관한 그 장의 명령이나 처분이 법령에 위반되거나 현저히 부당하여 공익을 해친다고 인정되면 시 · 도에 대하여는 주무부 장관이, 시 · 군 및 자치구에 대하여는 시 · 도지사가 기간을 정하여 서면으로 시정할 것을 명하고, 그 기간에 이행하지 아니하면 이를 취소하거나 정지할 수 있다. 이 경우 자치사무에 관한 명령이나 처분에 대하여는 법령을 위반하는 것에 한한다.

② 지방자치단체의 장은 제1항에 따른 자치사무에 관한 명령이나 처분의 취소 또는 정지에 대하여 이의가 있으면 그 취소처분 또는 정지처분을 통보받은 날부터 15일 이내에 대법원에 소(訴)를 제기할 수 있다.

1) "안양시 인사"에 대한 시정 요구

최대호 안양시장이 행정안전부의 인사 취소 요구와 관련, "현 시점에서는 받아들일 수 없다"며 사실상 거부해 파문이 확산되고 있다. 이에 따라 행안부의 요구를 받은 경기도가 안양시에 '위법 인사' 취소 및 관련 공무원 징계를 요구하고 나섰다. 최 시장은 2010년 8월 9일 기자 간담회를 갖고 "이번 인사가 다소 절차상 하자가 있었지만, 공무원 조직의 안정과 화합을 위한 조치였다"며 "단체장에게 부여된 인사권을 전면 부정할 정도로 중대한 사안이라고 생각하지 않는다"고 주장하였다. 이어 "이번 인사를 취소하라는 행안부의 시정명령은 시장의 인사 재량권을 현격히 침해하는 것"이라며 "행안부의 시정명령 적법 여부는 사법부의 판단이 필요하다"며 법적 소송도 불사하겠다는 입장을 내비쳤다.

전국공무원노동조합의 인사 개입설과 관련해서도, "전공노의 인사 개입 주장은 의도적으로 왜곡한 것"이라며 "전적으로 내 자신의 판단과 결단에 따른 인사였다"고 반박하였다. 이에 도는 안양시에 '위법 인사' 취소 및 관련 공무원 징계를 요구하였으며, 인사를 취소하지 않을 경우 도지사가 직권으로 인사를 취소할 것이라며 강경 입장을 내비쳤다. 도 관계자는 8일 "지난 6일 행안부로부터 지난 3~4일 실시한 시의 부당 인사에 대한 조사 결과를 통보받았다"며 "이날 시에 조사 결과에 대하여 적절히 처분토록 요구하는 공문을 발송했다"고 말하였다.

도는 위법하게 전보 발령된 5명의 인사 발령을 취소한 뒤 즉시 원상회복시키고, 대기발령자 1명에 대해서는 보직을 부여하라고 요구하였다. 이어 "인사위원장인 부시장의 의견을 무시하고, 인사위원회의 심의를 거치지 않은 채 담당 국장에게 직접 지시해 위법하게 인사를 하였다"며 최 시장에게는 경고를, 행정지원국장은 경징계, 담당 과장・계장・실무자에 대해서는 훈계 조치토록 하였다. 도지사의 직권 조치에 이의가 있을 경우 시는 처분 후 15일 이내 대법원에 행정소송을 제기할 수 있다(경인일보, 2010.8.10).

2) "제주해군기지 공유수면매립공사"에 대한 정지명령과 취소

제주해군기지(민・군 복합형 관광 미항)사업 부지 안의 속칭 '구럼비

해안' 바위를 부수는 발파작업이 2012년 3월 7일 시작되었다. 우근민 제주도지사는 이날 발파 공사에 반발해 '공유수면 매립공사 정지' 사전 예고를 해군 측에 통보하여 중단을 촉구하였지만 정부는 예정대로 공사를 계속하겠다고 밝혔다.

우근민 제주지사까지 나서서 공사 진행에 반대하는 표면적 이유는 두 가지이다. 제주는 최근 정부가 해군기지 항만 내 서쪽 돌출형 부두를 고정식에서 가변식으로 조정하겠다고 밝힌 것이 문제라고 주장하고 있다. 설치 방식을 변경할 경우 기존 공유수면 매립공사 승인을 받을 당시 설계와 달라지므로 다시 검증을 받아야 한다는 것이다.

제주도는 또 정부가 당초 약속한 대로 민·군 복합항에 15만t급 민간 크루즈가 안전하게 입·출항할 수 있는지도 재확인하여야 한다는 입장이다. 15만t급 크루즈 선박 운용은 국무총리실이 검증위원회를 설치하고 국방부가 단독 시뮬레이션을 시행하여 지난달 안전성에 문제가 없다는 결론이 나온 사안이다. 하지만 제주도는 이 시뮬레이션이 제주 측 인사를 배제한 가운데 이루어졌기 때문에 다시 실시하자는 것이다. 국방부는 "시뮬레이션은 누가 참가하든 비슷한 결과가 나오게 되며, 재차 실시할 경우 2개월 이상이 소요돼서 공사가 더욱 지체된다"는 입장이다.

우근민 제주지사는 해군에 20일로 예정된 청문 출석을 요구하고 있지만 국방부는 "청문 절차에는 협조하되 공사는 계획대로 실시한다"는 입장을 밝혔다. 국방부는 또 "제주지사가 공사 정지 명령을 내릴 경우 지방자치법에 따라 국토해양부와 협조하여 이를 취소하는 방안을 추진할 것"이라고 하였다. 국방부가 공사 중지는 불가하다는 점을 명확히 한 이상 제주도와의 갈등이 커질 경우 결국 해군기지 문제가 법적 분쟁으로 이어질 가능성도 커지고 있다(조선일보, 2012.3.8).

5 중앙행정기관과 지방자치단체 간 협의 · 조정

지방자치법

제168조(중앙행정기관과 지방자치단체 간 협의 · 조정)

① 중앙행정기관의 장과 지방자치단체의 장이 사무를 처리할 때 의견을 달리하는 경우 이를 협의 · 조정하기 위하여 국무총리 소속으로 행정협의조정위원회를 둔다.〈개정 2011.7.14〉

1) 행정협의조정위원회 운영

'행정협의조정위원회'는 중앙행정기관과 지방자치단체 간 사무처리 시 의견을 달리할 경우 이를 협의 · 조정하기 위하여 국무총리 소속으로 설치할 수 있도록 하고 있다. 조정 절차는 당사자의 서면신청에 의하되, 위원회의 협의 · 조정 후 결정 사항에 대하여 당해 기관은 이를 이행할 의무가 있으나, '중앙분쟁조정위원회'의 경우처럼 불이행시 이행명령과 대집행의 제도적 장치는 마련되어 있지 않다.

2000년 5월 13일 설치된 이후 <표 10-1>과 같이 총 13건이 신청되어 조정 9건, 각하 2건 등 11건을 처리하고 계류 중인 사안은 2건으로 남아 있다. 최근 사례로는 2009년 3월 31일 서울시와 국방부 간 제2롯데월드 신축 관련 분쟁이 조정된 바 있으며, 2008년 12월 26일 신청된 국방부와 청주시간 국유재산(舊 기무부대 부지) 도시계획 결정 관련 분쟁은 관계기관 실무회의를 통하여 원만히 해결되어 국방부와 청주시 간 국유재산 매매계약서 체결이 진행 중에 있고, 2010년 6월 1일 신청된 국방부와 포항시 간 포스코 신제강공장 고도 제한 완화 관련 분쟁은 행정협의 조정 실무회의(2회)와 관계기관 회의(5회), 연구용역 실시 등을 통하여 당사자 간 원만한 협의 조정이 진행 중에 있다. 이와 함께 2010년 8월 민간위원 4명을 교체하여 조정 기능 및 전문성을 강화하였다. 향후 '행정협의조정협의회'의 기능 강화를 통한 분쟁조정의 실효성 확보를 위하여 직권

표 10-1 행정협의조정위원회 운영 실적

사건명	당사자	결정 내용
군산 개야도 어업권 손실보상	군산시 → 건교부	조정(2001.11.7)
난지도 폐가전처리시설 보상	환경부 → 서울시	실무조정수용, 취하(2001.11.7)
포항 정치어업망 손실보상금(1)	포항시 → 해수부	실무조정수용, 취하(2003.6.4)
포항 정치어업망 손실보상금(2)	포항시 → 해수부	실무조정수용, 취하(2003.6.4)
지하철 분당선 개포1·2역 사업비 분담	철도청 → 서울시, 토지공사	조정(2003.6.4)
경부고속철도 제4-1공구 역명칭 선정	아산시 → 건교부	각하(2003.8.26)
경인2복선 전철사업비 분담	철도청 → 부천시	실무조정수용, 취하(2004.10.19)
녹산국가산업단지 해안변 방재 대책	부산시 → 건교부, 산자부	조정(2005.9.14)
신항만 명칭	해수부 → 부산시, 경남도	각하(2005.9.14)
제2롯데월드 신축(1)	국방부 → 서울시	조정(2007.7.26)
국유재산(舊 기무부대부지) 도시계획 결정	국방부 → 청주시	계류(2008.12.26, 신청)
제2롯데월드 신축(2)	서울시 → 국방부	조정(2009.3.31)
포스코 신제강공장 고도 제한 완화	포항시 → 국방부	계류(2010.6.1, 신청)

자료: 행정안전부, 『2010행정안전백서』, p. 342.

상정권 및 이행강제절차 도입 등 활성화 방안이 제기되고 있다(행정안전부, 2011a: 341-342).

제 11 장

지방자치와 주민직접 참정제도

지방자치법

제12조(주민의 자격) 지방자치단체의 구역 안에 주소를 가진 자는 그 지방자치단체의 주민이 된다.

주민 직접참여는 지방자치단체의 정책에 대한 주민 의사의 적극적인 반영을 통하여 대의제 민주주의의 단점을 보완하여 지방행정의 책임성을 제고함과 동시에 지방자치단체와 주민 간의 협력 증진을 통하여 주민 중심의 행정을 실현할 수 있는 훌륭한 수단이 될 수 있다는 점에서 지방자치의 성패는 주민 참여에 달려 있다고 해도 과언이 아니다. 우리나라의 주민 직접 참정제도는 진정한 생활자치의 실현이라는 시대적 조류에 발맞추기 위하여 2000년에는 조례 제정·개폐청구제도와 주민감사청구제도가, 2004년에는 주민투표제도가, 2005년에는 주민소송제도가, 2006년에는 주민소환제도가 각각 도입되었다(행정안전부, 2011a: 383).

지방자치법 제12조에 의거 외국인도 주민이 될 수 있다. 행정안전부, 「2011년 지방자치단체 외국인 주민 현황」 조사 결과 발표에 의하면 우리나라에 거주하는 장기체류 외국인, 귀화자, 외국인 자녀(이하 "외국인 주민")는 모두 126만 5,006명으로 전체 주민등록 인구의 2.5%에 해당하는 것으로 조사되었다. 행정안전부는 2011년 1월 1일 기준으로 '2011년 지방자치단체 외국인 주민 현황'을 조사한 결과, 외국인 주민이 지난해(1,139,283명)보다 125,723명(11%) 늘어났다고 밝혔다. 이번 조사 결과, 외국인 주민은 2006년 첫 조사 이후 매년 20% 이상 증가하다가 지난해에는 글로벌 금융위기 여파 등으로 2.9% 증가하는 데 그쳤으나 올해는 경제 회복 등의 영향으로 다시 대폭 증가한 것으로 나타났다(행정안전부, 2011b).

1 조례 제정 · 개폐청구제도

지방자치법

제15조(조례의 제정과 개폐 청구)

① 19세 이상의 주민으로서 다음 각 호의 어느 하나에 해당하는 사람(「공직선거법」 제18조에 따른 선거권이 없는 자는 제외한다. 이하 이 조 및 제16조에서 "19세 이상의 주민"이라 한다)은 시 · 도와 제175조에 따른 인구 50만 이상 대도시에서는 19세 이상 주민 총수의 100분의 1 이상 70분의 1 이하, 시 · 군 및 자치구에서는 19세 이상 주민 총수의 50분의 1 이상 20분의 1 이하의 범위에서 지방자치단체의 조례로 정하는 19세 이상의 주민 수 이상의 연서(連署)로 해당 지방자치단체의 장에게 조례를 제정하거나 개정하거나 폐지할 것을 청구할 수 있다.〈개정 2009.4.1〉

1. 해당 지방자치단체의 관할 구역에 주민등록이 되어 있는 사람
2. 「재외동포의 출입국과 법적 지위에 관한 법률」 제6조 제1항에 따라 해당 지방자치단체의 국내거소신고인명부에 올라 있는 국민
3. 「출입국관리법」 제10조에 따른 영주의 체류자격 취득일 후 3년이 경과한 외국인으로서 같은 법 제34조에 따라 해당 지방자치단체의 외국인등록대장에 올라 있는 사람

조례 제정 · 개폐청구는 지방자치단체 주민이 해당 자치단체 조례로 정하는 주민 수 이상의 서명을 받아 주민생활과 밀접한 관계를 가지는 조례의 제정 및 개폐를 지방자치단체의 장에게 청구할 수 있는 제도로

표 11-1 연도별 조례 제정·개폐청구 현황 (단위: 건)

구분	연도별	'00	'01	'02	'03	'04	'05	'06	'07	'08	'09	'10
합계	189	4	12	2	48	30	47	7	11	4	9	15

주) 의결 98, 부결 24, 폐기 38, 각하·철회 25, 진행 중 4.

서 2000년 3월 제도 시행 이후 2010년까지 <표 11-1>과 같이 총 189건이 청구되었다.

지방자치단체 주민이 조례의 제정이나 개폐를 청구하는 때에는 청구인의 대표자를 선정하여 이를 청구인명부에 적어야 하며, 청구인의 대표자는 조례의 제정·개폐안을 작성하여 제출하여야 한다. 지방자치단체의 장은 청구를 접수한 날부터 5일 이내에 그 내용을 공표하여야 하며, 청구를 공표한 날부터 10일간 청구인명부 또는 그 사본을 공개된 장소에 비치하여 열람할 수 있도록 하여야 한다.

조례의 제정·개폐청구제도는 2006년 1월에 지방자치법을 개정하여 청구권자 총수의 1/20의 범위 내에서 대통령령으로 규정하던 것을 시·도 및 50만 명 이상 대도시는 1/100~1/70, 시·군·자치구는 1/50~1/20의 범위에서 지방자치단체 조례로 결정하도록 하였으며, 종전에는 청구 취지와 이유 등을 기재하던 것을 조례의 제정·개폐안도 추가로 작성하여 제출하도록 하였다. 또한 2009년 4월에는 동법 개정을 통하여 국내거소 신고 재외국민과 일정한 요건을 갖춘 외국인에게도 조례 제정·개폐 청구권을 부여하여 자치입법에 대한 주민 참여 범위를 확대하였다(행정안전부, 2011a: 383-384).

2 주민감사청구제도

지방자치법

제16조(주민의 감사청구)

① 지방자치단체의 19세 이상의 주민은 시·도는 500명, 제175조에 따른 인구 50만 이

상 대도시는 300명, 그 밖의 시·군 및 자치구는 200명을 넘지 아니하는 범위에서 그 지방자치단체의 조례로 정하는 19세 이상의 주민 수 이상의 연서(連署)로, 시·도에서는 주무부 장관에게, 시·군 및 자치구에서는 시·도지사에게 그 지방자치단체와 그 장의 권한에 속하는 사무의 처리가 법령에 위반되거나 공익을 현저히 해친다고 인정되면 감사를 청구할 수 있다. 다만, 다음 각 호의 어느 하나에 해당하는 사항은 감사청구의 대상에서 제외한다.

1. 수사나 재판에 관여하게 되는 사항
2. 개인의 사생활을 침해할 우려가 있는 사항
3. 다른 기관에서 감사하였거나 감사 중인 사항. 다만, 다른 기관에서 감사한 사항이라도 새로운 사항이 발견되거나 중요 사항이 감사에서 누락된 경우와 제17조 제1항에 따라 주민소송의 대상이 되는 경우에는 그러하지 아니하다.
4. 동일한 사항에 대하여 제17조 제2항 각 호의 어느 하나에 해당하는 소송이 진행 중이거나 그 판결이 확정된 사항

주민감사청구는 지방자치단체와 그 장의 권한에 속하는 사무 처리가 법령에 위반되거나 공익을 현저히 해한다고 인정되는 경우 지방자치단체 주민이 해당 자치단체의 조례로 정하는 주민 수 이상의 연서로 시·도에 있어서는 주무부 장관에게, 시·군·자치구에 있어서는 시·도지사에게 감사를 청구할 수 있는 제도이다. 상급기관인 주무부 장관 또는 시·도지사는 감사청구를 수리한 날부터 60일 이내에 감사를 종료하여야 하며, 감사 결과를 청구인의 대표자와 해당 자치단체의 장에게 서면으로 통지하고 이를 공표하여야 한다.

주민감사청구제도는 2005년 1월에 지방자치법을 개정하여 청구권자 총수의 1/50의 범위에서 지방자치단체 조례로 규정하던 것을 시·도는 500명, 서울특별시 및 광역시시와 도를 제외한 50만 명 이상 대도시는 300명, 시·군·자치구는 200명을 넘지 않는 범위에서 결정하도록 청구요건을 완화하였고, 2000년 3월 제도 시행 이후 <표 11-2>와 같이 2010년까지 총 214건이 청구되었다(행정안전부, 2011a: 384-385).

표 11-2 연도별 주민감사청구 현황 (단위 : 건)

구분	연도별	'00	'01	'02	'03	'04	'05	'06	'07	'08	'09	'10
합계	214	5	12	20	9	7	12	30	24	29	36	30

주) 완료 118, 각하 89, 진행 중 7.

1) "안산 추모공원 후보지 잘못 선정" 주민감사 청구

경기도 안산시의 추모공원 후보지 선정과 관련한 논란이 9개월째 이어지는 가운데 후보지 주민들이 도에 감사를 청구하였다. 안산시는 지난해 2010년 12월 영동고속도로 안산나들목 인근의 서락골(상록구 양상동)을 추모공원 최종 후보지로 결정하였다. 그러나 시의회와 해당 지역 주민들이 전면 재검토를 요구하며 반발해 사업 추진이 지지부진한 상태이다.

도는 2011년 9월 14일 안산 추모공원 후보지 선정에 반대하는 주민 175명이 주민감사를 청구하여 이날부터 23일까지 열흘 동안 서명부 열람에 들어간다고 밝혔다. 안산시 주민감사청구 관련 조례는 주민 100명 이상이 연대 서명하면 주민감사를 청구할 수 있도록 규정하고 있다. 주민들은 감사청구서에서 "평가서류에 오류가 있고 평가 배점에 맞지 않게 평가하여 후보지를 잘못 선정했다"고 주장하였다.

안산시 화장터반대투쟁위원회 강희구(58) 위원장은 "기술 현황 조사 19개 항목 가운데 절차의 신속성 등 3~4개 항목과 관련하여 후보지들마다 토씨 하나 다르지 않게 용역보고서가 나왔는데 서락골만 최고 점수가 매겨졌다"며 "게다가 일부 평가 항목은 3점 만점인데 서락골만 4점으로 평가한 위원도 있었다"고 설명하였다. 강 위원장은 "주민수용도 평가를 하면서도 서락골은 나머지 후보지보다 하루 앞서 여론조사를 한데다 상대적으로 적은 비율로 조사하는 등 주민수용도 평가도 왜곡되었다"고 덧붙였다.

안산시는 교수와 시민단체 관계자 등으로 추모공원건립추진위원회를 꾸려 18개 후보지를 대상으로 기술 현황 조사와 주민수용도 평가, 전문가 토론을 거치는 등 공정하고 객관적으로 서락골을 최종 후보지로 선정해 아무런 문제가 없다는 입장이다. 도는 열람 기간 이의신청을 받은 뒤 주민감사청구심의위원회를 개최하여 감사 시행 여부를 결정할 계획이다(동아일보, 2011.9.14).

2) "서초구의 '사랑의 교회' 신축 공사 인허가"에 대한 주민감사청구

서울 서초구가 '사랑의 교회' 신축 공사 인허가 과정에서 문제가 있다며 공사 중단을 요구한 서울시의 도로점용 허가 취소 요청을 받아들이지 않기로 하였다. 서초구는 2012년 6월 4일 "사랑의 교회에서 도로폭을 8m에서 12m로 확장해 660㎡를 서초구에 기부채납하는 등 도로의 고유 기능인 통행에 전혀 지장이 없고 도로 표면으로부터 지하 부분 2m를 확보하여 상·하수도관 등 지하매설물 유지관리에 지장이 없도록 했다"며 "종합적으로 검토해 적법하게 도로점용 허가를 처리하였다"고 밝혔다.

사랑의 교회는 서초동 대법원 맞은편에 위치한 교회로, 2009년부터 지하철 2호선 서초역 3·4번 출구 옆 6,782㎡ 터에 건물 두 동을 신축 공사하고 있다. 이번 사건은 2010년 6월 서초구가 사랑의 교회에 지하 1~8층 깊이, 길이 154m에 달하는 도로 지하공간 사용을 허가해 주면서 시작되었다. 서초구는 사랑의 교회가 요구한 공간이 도로법상 지하실에 해당한다며 허가를 내줬다.

하지만 서울시 시민감사옴부즈만은 교회 예배당과 주차장 공간을 도로법상 지하실로 보기 어렵다고 밝혔다. 또 서초구가 도로를 내주는 대신 교회 신축건물 내 부지를 기부채납받기로 한 것에 대해서도 "조건이 수반된 기부는 위법"이라고 해석하였다. 이는 지난해 12월 서초구민 293명이 신청한 '사랑의 교회 건축 특혜에 관한 주민감사청구'를 시민감사옴부즈만이 심의한 결과를 발표한 것이다. 이에 따라 서초구가 서울시의 요구를 받아들이지 않으면 감사를 청구한 주민들이 소송을 제기할 수 있어 결국 법원에서 판가름이 날 것으로 보인다(경향신문, 2012.6.4).

3 주민투표제도

지방자치법
제14조(주민투표)
① 지방자치단체의 장은 주민에게 과도한 부담을 주거나 중대한 영향을 미치는 지방자치단체의 주요 결정 사항 등에 대하여 주민투표에 부칠 수 있다.
② 주민투표의 대상·발의자·발의 요건, 그 밖에 투표 절차 등에 관한 사항은 따로 법률로 정한다.

주민투표는 주민에게 과도한 부담을 주거나 중대한 영향을 미치는 지방자치단체의 주요 정책결정 사항을 주민이 투표를 통하여 직접 결정함으로써 지방자치의 민주성과 책임성을 제고하기 위한 제도이다. 또한 국가가 국가정책을 수립하는 과정에서 이해관계가 있는 지역주민의 의견을 들을 수 있는 제도적 장치이기도 하다.

표 11-3 주민투표 실시 현황

주민투표명	실시 지역	투표율		개표 결과(%)	확정
제주도 행정구조 개편 (2005. 7. 27)	제주도 전지역	36.7%		단일광역자치안 57% 현행유지안 43%	단일 광역자치안
청주시·청원군 통합 (2005. 9. 29)	충청북도 청주시·청원군	청주시	35.5%	찬성 91.3% 반대 8.7%	통합 무산 (청원군 반대)
		청원군	42.2%	찬성 46.5% 반대 53.5%	
중·저준위방사성 폐기물 처분시설 유치 (2005. 11. 2)	전라북도 군산시	군산시	70.2%	찬성 84.4% 반대 15.6%	경주시 선정
	경상북도 포항시	포항시	47.7%	찬성 67.5% 반대 32.5%	
	경상북도 경주시	경주시	70.8%	찬성 89.5% 반대 10.5%	
	경상북도 영덕군	영덕군	80.2%	찬성 79.3% 반대 20.7%	

이러한 주민투표제도는 1994년 3월 개정된 지방자치법 제13조의2에 도입 근거 규정이 마련된 이후 10여 년간의 입법 노력 끝에 2004년 1월 29일 「주민투표법」이 제정・공포되었다. 2004년 7월 제도가 시행된 이후 <표 11-3>과 같이 총 3건의 주민투표가 실시된 가운데 제주도 행정구조 개편, 청주・청원 통합 주민투표 등 국가와 지역 현안을 합리적으로 결정하는 데 기여하였으며, 특히 방사능폐기물처리장 부지 선정 주민투표는 사회적 갈등으로 장기간 지연되었던 국책 현안을 민주적으로 해결하는 성과를 거두기도 하였다.

그러나 제도 시행 초기에 따른 지방자치단체, 주민단체, 선거관리위원회, 정부 등 관련 당사자의 제도 운영 경험 부족, 투표 분위기 과열, 공무원 투표 개입 시비, 낮은 투표율 등 일부 문제점도 노출되었다.

이에 2006년 9월 27일 주민투표 과정에서 나타난 미비점 등을 보완하는 주민투표법 개정안을 국회에 제출하였으나 제17대 국회의 임기 종료와 함께 폐기되었다. 한편 2007년 6월 28일에 헌법재판소가 그 동안 "주민등록만을 투표권 행사 요건으로 하여 주민등록을 할 수 없는 국내 거주 재외국민의 참정권을 침해"하였다고 결정함에 따라 국내거소 신고 재외국민에게 주민투표권을 부여할 필요가 생겼다.

이에 따라 국내거소 신고 재외국민에 대한 투표권 부여, 투표 연령 하향 조정(20세→19세), 투표 마감 시각 명확화(20 : 00), 투표운동 허용대상 조정 등을 주요 내용으로 하는 새로운 개정안을 마련하여 2008년 10월 15일에 국회에 제출하였으며, 이 중 국내거소 신고 재외국민에 대한 투표권 부여, 투표 연령 하향 조정(20세 → 19세) 등은 정치개혁특별위원회 대안에 포함되어 2009년 2월 12일 개정되었다(행정안전부, 2011a: 385-386).

4 주민소송제도

지방자치법

제17조(주민소송)

① 제16조 제1항에 따라 공금의 지출에 관한 사항, 재산의 취득·관리·처분에 관한 사항, 해당 지방자치단체를 당사자로 하는 매매·임차·도급 계약이나 그 밖의 계약의 체결·이행에 관한 사항 또는 지방세·사용료·수수료·과태료 등 공금의 부과·징수를 게을리한 사항을 감사청구한 주민은 다음 각 호의 어느 하나에 해당하는 경우에 그 감사청구한 사항과 관련이 있는 위법한 행위나 업무를 게을리한 사실에 대하여 해당 지방자치단체의 장(해당 사항의 사무처리에 관한 권한을 소속 기관의 장에게 위임한 경우에는 그 소속 기관의 장을 말한다. 이하 이 조에서 같다)을 상대방으로 하여 소송을 제기할 수 있다.

1. 주무부 장관이나 시·도지사가 감사청구를 수리한 날부터 60일(제16조 제3항 단서에 따라 감사 기간이 연장된 경우에는 연장 기간이 끝난 날을 말한다)이 지나도 감사를 끝내지 아니한 경우
2. 제16조 제3항 및 제4항에 따른 감사 결과 또는 제16조 제6항에 따른 조치 요구에 불복하는 경우
3. 제16조 제6항에 따른 주무부 장관이나 시·도지사의 조치 요구를 지방자치단체의 장이 이행하지 아니한 경우
4. 제16조 제6항에 따른 지방자치단체의 장의 이행 조치에 불복하는 경우

주민소송이란 지방자치단체의 위법한 재무회계 행위에 대하여 지역주민이 자기의 권리·이익에 관계없이 그 시정을 법원에 청구하는 제도로서 2006년 1월 제도 시행 이후 <표 11-4>와 같이 26건의 주민소송이 제기되어 그 중 10건이 종결되었다.

표 11-4 연별 주민소송 제기 현황 (단위 : 건)

구분	연도별	'06	'07	'08	'09	'10
합계	26	6	3	5	5	7

주) 종결 10, 1심 계류 2, 2심 계류 12, 3심 계류 2.

주민소송제도는 주민감사 청구 전치주의를 채택하고 있으며, 소송의 대상은 공금의 지출에 관한 사항, 재산의 취득·관리·처분에 관한 사항, 해당 지방자치단체를 당사자로 하는 계약의 체결·이행에 관한 사항, 지방세·사용료·수수료 등 공금의 부과·징수의 해태에 관한 사항으로서 위법한 재무회계 행위에 한정하고 있다.

주민의 감사청구에 따른 감사의 결과 주무부 장관 또는 시·도지사의 조치 요구에 불복하거나, 지방자치단체장의 감사 결과에 따른 이행 조치에 불복하는 경우 등에 주민은 위법한 재무회계 행위에 대한 손해배상 청구 등을 요구하는 소송을 제기할 수 있다. 손해배상 등을 청구하는 소송의 경우 지방자치단체의 장은 당사자에게 손해배상금 등의 지불을 청구하거나 변상 명령을 하여야 한다(행정안전부, 2011a: 386-387).

5 주민소환제도

지방자치법

제20조(주민소환)

① 주민은 그 지방자치단체의 장 및 지방의회의원(비례대표 지방의회의원은 제외한다)을 소환할 권리를 가진다.

② 주민소환의 투표 청구권자·청구 요건·절차 및 효력 등에 관하여는 따로 법률로 정한다.

지방교육자치에 관한 법률

제10조의2(교육의원의 소환)

① 주민은 교육의원을 소환할 권리를 가진다.

② 교육의원에 대한 주민소환투표사무는 제52조에 따른 선거관리위원회가 관리한다.

③ 교육의원의 주민소환에 관하여는 이 법에서 규정한 사항을 제외하고는 그 성질에 반하지 아니하는 범위에서 「주민소환에 관한 법률」의 지역선거구시·도의회의원에 관한 규정을 준용한다. 다만, 이 법에서 「공직선거법」을 준용할 때 「주민소환에 관한 법률」에서 준용하는 「공직선거법」의 해당 규정과 다르게 정하고 있는 경우에는 이 법에서 준용하는 「공직선거법」의 해당 규정을 인용한 것으로 본다.

[본조신설 2010.2.26]

제24조의2(교육감의 소환)

① 주민은 교육감을 소환할 권리를 가진다.

② 교육감에 대한 주민소환투표사무는 제44조에 따른 선거관리위원회가 관리한다.

③ 교육감의 주민소환에 관하여는 이 법에서 규정한 사항을 제외하고는 그 성질에 반하지 아니하는 범위에서 「주민소환에 관한 법률」의 시·도지사에 관한 규정을 준용한다. 다만, 이 법에서 「공직선거법」을 준용할 때 「주민소환에 관한 법률」에서 준용하는 「공직선거법」의 해당 규정과 다르게 정하고 있는 경우에는 이 법에서 준용하는 「공직선거법」의 해당 규정을 인용한 것으로 본다.

[본조신설 2010.2.26]

주민소환은 주민들이 지방의 선출직 공직자를 임기 종료 전에 투표를 통하여 해직시킬 수 있는 제도로서, 선출직 공직자에 대한 주민의 통제를 강화하고 책임성을 실현하기 위한 수단이다. 이러한 주민소환제도를 도입하기 위하여 2006년 5월 24일 「지방자치법」을 개정하고 「주민소환에 관한 법률」을 제정하였으며, 2007년 5월 23일에는 「주민소환에 관한 법률 시행령」과 「주민소환관리규칙」(중앙선거관리위원회규칙)을 제정하였다.

주민소환의 대상은 지방자치단체장 및 지역구 지방의회의원(비례대표 지방의원 제외)이며, 소환투표 청구를 위해서는 광역자치단체장은 청구권자의 10/100 이상, 기초자치단체장은 15/100 이상, 광역·기초지방의원은 20/100 이상의 서명이 필요하다. 청구권자는 19세 이상의 주민과 영주권을 취득한 지 3년이 경과한 외국인이다. 소환 대상자의 임기 개시일로부터 1년이 경과하지 않았거나, 임기 만료일로부터 1년 미만이 남은 경우와 해당 공직자에 대한 소환투표가 실시된 지 1년 이내인 경우에는 청구할 수 없다.

소환투표가 발의되면 투표가 끝날 때까지 해당 공직자의 권한 행사가 정지되고, 소환 대상자의 선거구에서 투표가 실시된다. 투표 결과 투표권자의 1/3 이상이 투표하여 유효투표 총수의 과반수가 찬성할 경우에는 소환이 확정된다. 2007년 5월 25일부터 2010년 말까지 총 26건의 주

표 11-5 주민소환투표 청구 현황

지역	청구일	소환 대상	청구 사유	결과
제주 특별자치도	2009.6.29	도지사	제주해군기지 건설 관련 주민 의견 수렴 부족 등	투표 실시(2009.8.26) -도지사 불소환 (투표율: 11.0%)
경기 시흥	2008.9.23	시장	구속에 따른 장기간 직무 정지로 시정 공백 발생	각하(2008.10.13) ※서명인 수 요건 미충족
경기 하남	2007.10.10	시장 시의원3	광역화장장 유치 관련 갈등	투표 실시(2007.12.12) - 시의원 2명 소환 - 시장, 시의원 1명 불소환

민소환청구인대표자증명서가 교부된 가운데 <표 11-5>와 같이 세 차례에 걸쳐 주민소환투표가 청구되었으며, 실제 소환투표가 이루어진 것은 두 차례이다(행정안전부, 2011a: 386-387).

「지방교육자치에 관한 법률」 제10조의2에서는 교육의원의 소환을, 같은 법 제24조의2에서는 교육감의 소환에 대하여 규정하고 있다. 또한 그 성질에 반하지 않는 범위에서 주민소환에 관한 법률의 지역선거구 시·도의회의원에 관한 규정과 시·도지사에 관한 규정을 준용한다고 규정하고 있다.

1) '과천시장' 주민소환투표

2011년 11월 16일 실시된 여인국 경기 과천시장 주민소환투표가 투표율이 33.3%를 밑돌아 투표함도 열지 못하고 끝났다. 이에 따라 여인국 과천시장은 직무정지 20일 만에 정상적으로 시장직을 수행할 수 있게 되었다. 민선 3~5기 과천시장을 역임하고 있는 여인국 과천시장은 남은 임기 동안 공약하였던 지식정보타운·복합문화관광단지 조성, 화훼종합센터 건립 등 굵직굵직한 사업들을 계속 추진해 나갈 수 있게 되었다.

주민들이 선출직 단체장과 지방의원을 소환해서 해임시키는 주민소환제에 대한 제도 보완이 필요하다는 것이 정치권과 학계 등에서 활발히 논의되고 있다. 주민소환제가 정치적으로 악용되고 세금 낭비 등 많은 부작용이 나타나고 있기 때문이다.

과천시장 주민소환투표는 주민소환운동본부 측이 여인국 과천시장이 시민의 의사를 무시한 채 보금자리지구 지정을 수용하고 정부과천청사 이전계획을 소홀히 한 책임을 묻겠다며 추진하여 이루어졌다. 여인국 과천시장은 "정책적 사유로 주민소환투표가 이루어진다면 어떤 단체장이 소신 있게 일을 할 수 있겠느냐"며 "주민소환제에 대한 개정은 반드시 필요하다"고 말하였다. 하남 광역화장장과 과천시장 주민소환투표도 정치적 이해관계에 따라 시장의 반대 세력에 의하여 주도된 것으로 알려지고 있다. 선거비용도 주민들이 낸 세금으로 충당된다. 하남 2억 7,000만 원, 제주 11억 6,000만 원, 과천 3억 4,000만 원이 각각 선거비용으로 쓰였다(머니 투데이, 2011.11.16).

2) '구례군수' 주민소환 운동

전남 구례군 일부 주민들이 뇌물 수수 혐의로 구속된 서기동 군수에 대한 주민소환 운동을 본격화하고 있다. 구례군선관위는 구례군수 주민소환추진본부(이하 본부)가 군수 소환을 위하여 주민 5,490명에게 받은 서명부를 제출하였다고 2012년 1월 3일 밝혔다. 구례지역은 전체 유권자(청구권자)가 2만 2,918명으로 8개 읍면 중 3개 지역 이상에서 유권자 15%인 3,438명이 서명하면 주민소환 절차를 시작할 수 있다. 본부는 서 군수가 2010년 12월 구속되어 장기간 행정 공백으로 지역경제에 어려움을 주고 있다며 군수 자진 사퇴를 촉구하기 위하여 주민소환 운동에 들어갔다. 선관위는 서명부 확인, 주민소환 투표 발의, 투표인명부 작성 등의 절차를 거쳐 2월 29일경 투표를 진행할 예정이다.

지역에서는 주민소환 투표가 서 군수와 잠재적 군수 후보들 간의 힘겨루기가 될 것이라는 분석을 하고 있다. 일단 주민소환 투표가 발의될 가능성이 크지만 주민소환 성사 여부를 놓고 지역 정치인 사이에 갈등이 표출될 것으로 보인다. 서 군수는 사무관 승진 인사와 요양원 신·증축 과정에서 각각 수천만 원대의 뇌물을 받은 혐의(특정범죄가중처벌법상 뇌물 수수)로 구속되었다(동아일보, 2012.1.4).

광주지법 행정부(윤성원 부장판사)는 13일 서 군수가 구례군 선거관리위원회를 상대로 낸 주민소환투표 청구 관련 행정절차 효력 집행정지 가처분을 받아들였다. 재판부는 본안 소송인 주민소환투표청구 수리처분 취소소송 결과가 나올 때까지 투표와 관련한 모든 절차를 중단하도록 하였다. 재판부는 그 동안 투표 절차가 진행될 경우 서 군수에 돌이킬 수 없는 권리 침해가 생길 수 있다고 판단한 것으로 알려졌다.

서 군수는 수뢰 혐의로 1심에서 유죄 판결을 받았다가 최근 항소심에서 무죄를 선고받았으며 소환투표가 명분이 없다며 행정소송을 냈다. 주민소환추진본부는 서 군수의 구속에 따른 행정 공백을 이유로 구례군 선관위에 주민소환 투표를 청구하였다. 그러나 서 군수의 석방으로 소환투표의 명분이 사라지면서 추진본부 대표가 사퇴하는 등 무산 분위기도 감지되었다. 주민소환에 필요한 서명인 수도 채우지 못해 선관위는 10일의 보정 기간을 주고 보완을 통보하기도 하였다. 소환투표 청구에 필요한 서명인 수는 구례군 전체 투표권자 2만 2,918명의 15%인 3,438명이다(전남매일, 2012.2.14).

3) '서울 노원구 의원' 주민소환 청구

최근 방사성 폐아스콘과 관련 서울 공릉동 주민들이 2선의 서울 노원구의회 김영순 의원에 대하여 주민 소환제 추진을 선언하였다. 핵 폐기물 반입 반대 공릉동 추진위(위원장 황규돈, 이하 공릉동 추진위)는 2011년 12월 24일 15시 50분 카페 공지 사항을 통하여 "서울 노원구의회 김영순 의원에 대하여 오는 26일 노원선거관리위원회에 주민소환제 청구서를 접수하겠다"고 밝혔다.

공릉동 추진위 황규돈 위원장은 공지 사항을 통하여 "우리 공릉동 주민 여러분들은 왜 김영순 구의원에 대한 주민소환제 청구가 되는 것을 이해할 것"이라면서 "구의원들은 주민들의 발과 입이 되어야 하는데 김영순 의원은 이번 월계동 방사능 폐아스콘 사태 때 왜 주민들을 기만하고 속였는지 화가 난다"며 그 배경을 설명하였다.

공릉동 추진위 황규돈 위원장은 또 "김영순 의원이 의정 활동을 함에 있어서 어떠한 행동을 하든지 그것은 의원으로서 자유겠지만 지금의 김영순 의원이 보여준 행보는 분명 주민의 뜻과는 역행하는 것이라면서 주민들의 권한인 주민소환제를 청구하여 주민들이 무엇을 원하는지 반드시 보여 주겠다"고 설명하였다.

황 위원장은 특히 공릉동 주민들은 주민들의 의사를 반영하고자 오는 12월 26일(월) 노원선관위를 찾아 김영순 의원에 대한 주민소환제 청구서를 접수할 예정이라면서 공릉동 주민들의 참여와 관심을 당부하였다.
한편 서울 노원구의회 A 모의원과 B 모 의원은 "김영순 의원에 대한 주민들의 소환제는 어찌 보면 자업자득이라면서 동료 구의원에 대한 주민소환제 추진 소식은 가슴 아프고 서글프다"고 말하였다(뉴스타운, 2011. 12.24).

4) '미국 캘리포니아 주지사' 소환투표

미국 캘리포니아에서 2003년 10월 7일 실시된 주지사 소환투표에서 아널드 슈워제네거(Arnold Schwarzenegger · 56)의 승리는 캘리포니아 유권자들의 변화에 대한 열망이 반영된 '선거혁명'으로 해석되고 있다. 유권자들이 불과 11개월 전에 재선된 그레이 데이비스(Gray Davis) 주지사를 끌어내리고 정치에 갓 입문한 인기 영화배우를 그 자리에 등극시킨 것은 '캘리포니아의 참을 수 없이 망가진 경제' 때문이다.

데이비스 전 주지사에 대한 캘리포니아 주민들이 불만은 2년 전의 '에너지 위기'에서 시작되었다. 에너지 가격이 급상승하고, 주 재정적자가 380억 달러를 기록하는 상황에서도 당파싸움에만 매달리는 정치인들에게 염증을 느낀 캘리포니아 유권자들은 결국 데이비스를 버렸다. 7일 출구조사에서 많은 유권자가 "데이비스 재선 이후 경제 사정은 더 악화되었다"고 응답하였다. 해결의 기미가 보이지 않는 캘리포니아 경제의 장래에 대한 유권자들의 좌절이 결국 '슈워제네거'라는 선택으로 이어진 것이다.

주민소환 투표는 현 주지사의 신임 여부를 묻는 투표와 신임이 부결된 경우의 보궐 후보에 대한 투표가 동시에 실시된다. 소환투표에서 과반수가 소환을 지지하지 않으면 주지사는 유임되며, 보궐선거는 무효가 된다. 투표 결과 주지사는 54.6%의 찬성으로 소환되었고, 슈와제네거는 48%의 지지를 얻어 38대 주지사로 당선되었다. 1921년 노스 다코다주의 린 프레지어(Lynn Frazier) 주지사 이래 미국 역사상 두 번째로 소환된 주지사로 기록된 데이비스는 소환투표가 처음 거론되기 시작하였을 때만 해도 이를 '농담거리'로 받아넘겼다.

캘리포니아 주는 워낙 민주당이 우세한 지역이므로, 주민소환으로 민주당 지도자가 쫓겨날 것이라고는 생각하지 않았던 것이다. 그러나 민주당의 주축 세력으로 공식적으로 데이비스 지지를 선언하였던 노조원들의 상당수가 데이비스에게 등을 돌렸다고 「워싱턴포스트」는 8일 보도하였다. 캘리포니아 선거법에 따라 슈워제네거는 오는 11월 16일 이전에 주지사에 취임하여 데이비스의 잔여 임기 3년 동안 주지사로 활동하게 된다(조선일보, 2003.10.9).

5) '미국 위스콘신 주지사' 소환투표

미국에서 주(州)정부 재정 적자를 줄이기 위하여 공무원 노조의 권리를 대폭 축소시켰던 주지사가 노동계와 좌파가 주도한 주민소환선거에서 이겨 극적으로 생환하였다. AP통신은 5일 치러진 위스콘신 주 주지사 주민소환선거 결과, 공화당 소속 스콧 워커(Scott Walker · 44) 현 주지사가 민주당 후보인 톰 배럿(Tom Barrett · 58) 밀워키 시장을 상대로 득표율 53% 대 46%로 승리하여 주지사 자리를 지켰다고 6일 보도하였다.

워커 주지사는 지난해 재정적자 타개를 위하여 공무원의 건강보험료와 연금납부액을 인상하고 임금 인상 폭을 제한하며, 노조비 납부를 노조원 자율에 맡기고 노조가 이를 매년 재승인받도록 하는 내용의 입법안을 통과시켰다. 민주당과 노동계는 이에 반발하여 지난해 11월 100만 명으로부터 주지사 소환청원 서명을 받아 그를 심판대에 세웠다.

2010년 보수주의 시민운동인 티파티의 지원으로 당선된 워커는 당시 민주당 소속의 전임 주지사로부터 물려받은 30억 달러 규모의 정부 부채를 해결하겠다고 공약하고, 첫 조치로 공무원 노조에 철퇴를 내렸다. 피해를 보는 이들이 워낙 격렬하게 저항하는 데다 미국의 역대 주지사 소환투표에서 살아남은 이가 없었기 때문에 워커의 몰락이 예상되었다. 그러나 이 때문에 오히려 선거가 전국적 조명을 받았고 투표율 역시 2년 전 주지사 선거보다도 높았던 것으로 집계되었다(조선일보, 2012.6.7).

제 12 장 지방자치와 정당

1991년 지방자치가 부활되면서 지방자치에 정당 참여를 허용할 것인가에 대한 논란이 다양하게 전개되었다. 이러한 논란은 정당배제론이 우세하였으나 기초의원선거에서만 정당을 배제하는 지방의원선거법이 제정되었다. 1995년 전국 동시 지방선거를 앞두고 개정된 법률에서도 기초의회 의원선거를 제외하고 정당은 선거구별로 소속 당원을 후보자로 추천할 수 있게 하였다(공직선거 및 선거부정방지법 제47조 ①).

그 후 '전국 시장 · 군수 · 구청장협의회'에서는 지속적으로 기초단체장에 대한 정당 공천 폐지를 요구하였다. 그러나 2005년 8월 4일에는 기초의원에 대해서까지 정당 추천이 가능하도록 공직선거법이 개정되었다. 지방자치에 정치적 측면이 있으므로 정당 참여는 당연하다고 할 수 있으나, 정당정치의 발전 정도가 낮은 것이 문제라 할 수 있다.

공직선거법

제47조(정당의 후보자 추천)

① 정당은 선거에 있어 선거구별로 선거할 정수 범위 안에서 그 소속 당원을 후보자(이하 "정당추천후보자"라 한다)로 추천할 수 있다. 다만, 비례대표자치구 · 시 · 군의원의 경우에는 그 정수 범위를 초과하여 추천할 수 있다.〈개정 1995.4.1, 2000.2.16, 2005.8.4〉

1 '전국 시장 · 군수협' 기초단체장 정당 공천 폐지 요구

전국시장·군수·구청장협의회(대표회장 성무용 천안시장)는 2012년 1월 16일 대전시 유성구에서 시도지역회장 15명이 참석한 가운데 새해 첫 공동회장단 회의를 개최하고 당면 지방 현안 과제 및 중앙정부 정책 건의 사항에 대하여 중점 논의하였다. 특히, 회의는 지방행정이 중앙정치의 관여와 예속으로부터 벗어나 주민과 지역 중심의 실질적 지방자치로 뿌리내리기 위해서는 민의에 역행하는 기초단체장 '정당공천제'를 반드시 폐지하여야 한다며, 앞으로 전국의 시장·군수·구청장의 의지와 역량을 모아 나갈 것을 다짐하였다.

전국협의회 배덕광 공천폐지 특위위원장(해운대구청장)은 "최근 지방자치학회가 전문가를 대상으로 한 설문조사 결과에 따르면 응답자의 86.8%가 정당공천제를 폐지하여야 한다고 하고 있다"며 "기초단체장의 정당공천제는 긍정적 효과보다 공천에 따른 잡음, 각종 비리와 부정부패, 편가르기식 선거 양상 등 부작용을 더 많이 초래하고 있음을 보여주고 있는 것이다"고 주장하였다. 배 위원장은 또 "금년은 총선과 대선이 함께 치러지는 만큼 공천제 폐지를 관철시킬 수 있는 적기로서 국회의원 대상 공개 질의와 총선 후보자에 대한 공약, 공천제를 보완할 대안 제시 등 공천제 폐지에 전력을 쏟아 나갈 것"이라고 밝혔다(뉴시스, 2012.1.17).

2 지방의원의 총선 유세 지원

경남 창원시의회 이옥선(49·무소속) 의원이 지난 4·11 총선 기간 중 유세 지원 때문에 의정 활동을 제대로 못했다며 의정활동비 일부를 반납키로 하였다. 2012년 5월 1일 시의회에 따르면 이 의원은 지난달 30

일 열린 본회의에서 5분 발언을 통하여 “총선 시기에 선거 활동에 전력해 민생을 돌보지 못한 점을 진심으로 사죄하는 입장에서 선거 기간 동안의 보수에 해당하는 150만 원을 반납하자고 제안하며 나부터 실천하겠다”고 밝혔다. 이 의원은 또 이날 발언에서 “광역・기초의원의 공천권이 국회의원에게 주어져 있는 현 지방자치제도 하에서는 한계가 있다는 것을 지난 6년간 뼈저리게 느꼈다”며 “기초・광역의원의 정당공천제를 폐지하여야 한다”고 주장하였다. 이 의원은 총선 기간 마산과 창원지역에서 민주통합당과 진보신당 후보의 유세를 도왔다.

그는 발언 뒤 한 달치로 받은 의정활동비 310만 원 중 150만 원을 의장실에 반납하였다. 하지만 김이수(53) 창원시의회 의장은 “처리할 방법이 없다”며 돌려줬고 이 의원은 “동료 의원들의 동참을 촉구해 보고 안되면 공동모금회에 기부하겠다”고 밝혔다. 하지만 창원시의회 의원(55명)들이 의정비 반납에 동참할지는 미지수이다. “총선 기간에 현장에서 주민을 만나 민원을 많이 처리하였다”며 반납에 반대하는 의원이 많기 때문이다. 약사 출신인 이 의원은 2006년 민주노동당 비례대표로 옛 마산시의회에 진출한 뒤 2010년 진보신당 후보로 창원시 ‘자’ 선거구(현동・가포・월영・반월・중앙동)에서 재선에 성공하였다. 하지만 진보신당이 이번 총선 뒤 해산되는 바람에 무소속이 되었다(중앙일보, 2012.5.2).

3 지방자치단체장과 국회의원의 갈등

전남 강진의 황주홍(무소속) 군수는 지난 2009년 3월 이후 세 차례의 감사원 감사와 두 차례의 경찰 수사를 받았다. 황 군수는 최근 장학재단과 관련하여 “민주당을 비롯한 지역 정치 세력이 나를 겨냥해 당국에 압력을 넣었다”고 주장하였다. 황 군수는 지난해 6・2지방선거를 앞두고 “정치 부패의 가장 큰 원인은 단체장 공천제”라고 주장하며 민주당을 탈당하였다. 무소속으로 출마하여 3선에 성공한 황 군수는 지역 정가에서 국회의원 후보, 또는 전남지사 후보로 거명된다. 민주당으로선 버거운 존재일 수밖에 없다. 이에 대하여 민주당 측은 '민주당 강진군 위원회'라는 이름으로 자료를 내고, "강진 민주당은 유선호 의원을 비롯하여 누구도 감사원에 압력을 넣은 사실이 없음을 밝힌다"고 해명하였다.

경북 경산의 최병국 시장과 최경환 한나라당 의원(경산·청도)은 서로 등 돌린 지 오래이다.

지난 2006년 지방선거에서 한나라당 공천으로 당선된 최시장은 지난해 6·2 지방선거에선 공천에 탈락하였으나, 최 시장이 무소속으로 나서 3선에 성공하면서 두 사람은 갈라섰다. 2009년 행정안전부가 5억~10억 원씩 지원하는 '전국 자전거길 연결 시범사업'에 경산과 청도가 모두 신청하였지만 경산은 탈락하였다. 당시 경산에서는 '최 의원이 일부러 관련 예산을 청도로 넘겨줬다'는 소문이 돌았다. 국회의원과 자치단체장 간의 불화와 갈등으로 주민들만 멍들고 있다. 서로 정치적 라이벌로 여기는 데다 선거 등에서 얽힌 감정이나 악연이 곁들여지면서 예산 확보나 정책 추진에 제동이 걸리기 때문이다.

4·27 국회의원 보궐선거를 실시하는 전남 순천은 서갑원(49·민주당·1월 의원직 상실) 전 의원과 무소속 노관규(51) 순천시장의 갈등이 심하다. 두 사람은 2004년 총선에서 맞붙었다. 서 의원이 의원직을 상실한 이후에도 서 전 의원이 공천한 민주당 시의원들은 노 시장에 대한 압박을 늦추지 않고 있다. 지난달 23일 순천시의회는 민주당 의원들의 주도로 '순천만 국제 정원박람회' 조직위 관련 조례를 개정하면서 홍보 예산을 전액 삭감하였다. 이 때문에 노 시장은 "박람회 준비를 하라는 것인지 의심이 든다"며 고개를 흔들고 있다.

세계 군인 올림픽 유치에 나선 경북 문경시는 2010년 11월 홍보 팸플릿에 국방부 장관, 도지사 등의 격려사를 실었지만 지역 국회의원은 빠졌다. 이한성(54·한나라당) 의원과 신현국(59·무소속) 시장이 틀어져 있기 때문이다. 이 의원 측은 "유치에 함께 노력했지만 신 시장 혼자만 뛴 것처럼 홍보한다"고 비난하였다. 신 시장이 지난해 지방선거에서 무소속으로 당선되자 두 사람은 앙숙이 되었다. 문경시 직원들은 예산 확보를 위하여 중앙부처를 찾지만 국회의원 사무실은 발걸음을 꺼린다고 한다.

류화선(63) 전 파주시장은 작년 지방선거에서 3선에 도전하였다 낙선한 뒤 경찰에 3번, 검찰에 1번 불려 갔다. 지방선거를 앞두고 지역구 황진하(65·파주·한나라당) 국회의원이 기자회견을 열어 비리 의혹을 제기하였기 때문이다. 류 시장은 2010년 11월 초까지 결국 무혐의 처분을 받았지만 자신이 행정안전부 장관 물망에 오른 것이 오히려 독약이 된 셈이라고 하였다. 류 전 시장은 "잇따른 의혹 제기에 아무리 사실무근이라고 해명해도 소용이 없었다"고 말하였다(조선일보, 2011.4.15).

표 12-1 국회의원과 전·현직 단체장의 갈등

지역	국회의원(주요 경력)	단체장(주요 경력)	주요 갈등 요인
전남 강진	유선호(58·민주당) 목포고·서울대, 변호사, 15·17·18대 의원, 국회법제사법위원장	황주홍(59·무소속) 광주일고·연세대, 정치학박사, 건국대 교수, 강진군수(2004~)	2006년 지방선거 무소속 당선
경북 경산	최경환(56·한나라당) 대구고·연세대, 지식경제부 장관, 17·18대 의원(2004~)	최병국(55·무소속) 대구상고 중퇴, 검정고시·영남대, 경찰청 기획담당관, 경산시장(2005~)	2006년 지방선거 공천
경북 문경	이한성(54·한나라당) 계성고·서울대, 창원지검장, 18대 의원(2008~)	신현국(59·무소속) 대구고·영남대, 환경부 공보관·문경시장(2006~)	2010년 지방선거 공천
전남 순천	서갑원(49·민주당·전직) 매산고·국민대, 청와대 비서관, 17·18대 의원(2004~2010)	노관규(51·무소속) 매산고, 수원지검 검사, 순천시장(2006~)	17대 총선 대결
경기 파주	황진하(65·한나라당) 육사, 키프로스 UN평화유지군 사령관, 17·18대 의원(2004~)	류화선(63·한나라당 전직) 서울대, 한국경제TV 시장, 파주시장(2004~2010)	2010년 지방선거 공천

자료: 조선일보, 2011.4.15.

4 총선과 지방자치단체

1) 대형마트 강제휴무 조례안 개정

전국의 지자체들이 대형마트와 SSM(기업형 수퍼마켓)에 대한 강제 휴무제와 심야 영업 금지 도입을 서두르고 있다. 전주를 시작으로 서울·광주·창원·부산·대구 등이 줄줄이 관련 조례안 개정 작업에 본격적으로 뛰어들고 있다. 대형마트 영업 규제를 담은 유통산업발전법 개정안이 지난달 공포된 게 신호탄이었다. 그러자 전주 시의회가 2012년 2월 7일 지자체 중 처음으로 이를 반영한 조례 개정안을 통과시켰다. 매일 자정부터 오전 8시까지 영업을 못하게 하고, 매달 1~2회의 의무 휴업일을 지정하는 내용이다.

서울시도 발 빠른 움직임을 보이고 있다. 이달 말 25개 자치구 회의를 열어 조례 개정 표준안을 마련한다는 계획이다. 또 각 구청에 실태 파악도 요청해 놓았다. 서울시 관계자는 "각 구별로 저마다 휴일이 다를 경우 소비자들의 혼란이 염려된다"며 "가급적 매달 평일과 일요일 한 차례씩 쉬는 방향으로 기준을 마련할 계획"이라고 말하였다.

부산과 대구, 광주광역시, 인천도 상대적으로 조례 개정 작업이 빠른 편이다. 부산시는 2월 13일 16개 구·군 관계자 회의를 개최한 뒤 다음 달까지 조례 개정을 마무리한다는 계획이다. 정부는 이 같은 빠른 움직임에 다소 의외라는 반응이다. 정부 관계자는 "아직 시행령도 공포가 안 됐는데 조례부터 의결하는 곳이 나와 놀랐다"며 "4월 총선을 의식하는 것 아닌가 싶다"고 해석하였다. 그러나 자세히 들여다보면 광역이나 기초자치단체별로 온도 차가 적지 않다. 보호해야 할 재래시장 수가 적거나 대형마트 규제에 따른 젊은 층 반발 우려 등 요인은 여러 가지이다. 서울의 경우 지난 2일 홈플러스 합정점에 대하여 입점 철회를 권고한 마포구는 가급적 이른 시일 내에 엄격한 내용의 조례를 만들겠다는 입장이다. 반면 관내에 소규모 전통시장 2곳만 있는 서초구는 다르다. 이미행 서초구 기업환경과장은 "소비자 불편 등을 지적하는 의견이 구의회에서 많이 나올 것"이라며 "조례 개정이 빨리 안 될 수도 있다"고 예상하였다.

전남도청 관계자는 "노년층이 많은 전남은 아직도 전통시장의 이용도가 높지만 대형마트는 젊은 층들이 주로 찾는다"며 "영업 규제를 강하게 하다 보면 젊은 층들의 불편만 늘릴 수 있다"고 말하였다. 대형마트 규제에 대한 반응은 엇갈린다. 소상공인이나 자영업자들은 환영하지만 대형마트와 대형마트 입주 상인들은 강하게 반발하고 있다. 대형마트 업계를 대변하는 한국체인스토어협회는 일요일 휴무는 수용할 수 없다며 헌법소원도 불사한다는 방침이다. 전문가들은 강제휴무제가 단기적으로는 효과가 있겠지만 중소 상인들이 스스로 경쟁력을 갖추지 못하면 큰 효과는 없을 것이라고 지적한다(중앙일보, 2012.2.10).

표 12-2 대형마트 · SSM 영업 제한 추진 현황

지역 (대형마트/SSM 수)	추진 상황	추진 내용
서울 (64/267)	-2월 말 표준안 마련 -일부 구, 3월 중 조례 개정	-평일 1회 휴일 1회 휴업 -야간(자정-익일 오전 8시) 영업 금지
경기 (86/295)	-3월 지경부 시행령 공포 후 조례 개정	-월 2회 휴업 -야간 영업 금지
인천 (22/47)	-2월 중 조례 개정안 마련	-10개 구 · 군 월2회 동시 휴업 -야간 영업 금지
경남 (28/72)	-진주, 5월 중 조례 개정 -창원, 3월 중 조례 개정 -김해 · 거제 개정 검토	-월 2회 휴업 -야간 영업 금지
대구 (20/34)	-8개 구 · 군 상반기 중 시행	-월 2회 휴업 -야간 영업 금지
강원 (13/9)	-춘천조례개정안 이달 말 상정 -원주 · 강릉 2월 중 조례 개정	-둘째, 넷째 월요일 휴업 -지역상권 보호 위하여 춘천에 본점 둔 대규모 점포는 예외

광주 (13/14)	–5개 구, 3월 중 조례 개정	–월 2회 자율 휴업 –야간 영업 금지
부산 (36/88)	–3월 중 조례 개정	–월 2회 휴업 –야간 영업 금지
전북 (16/29)	–전주, 개정조례안 의결 –군산 · 익산 3월 조례 개정	–매월 둘째 · 넷째 일요일 휴업 –야간 영업 금지
대전 (15/37)	–5개 구, 조례 개정 준비	–월 2회 휴업 –야간 영업 금지
충남 (19/23)	–16개 시 · 군 조례 개정 준비	–월 2회 휴업 –야간 영업 금지
충북 (11/27)	–12개 시 · 군, 조례 개정 준비	–월 2회 휴업 –야간 영업 금지

자료: 중앙일보, 2012.2.10.

제 13 장 지방재정

지방재정법

제2조

1 "지방재정"이란 지방자치단체의 수입 · 지출 활동과 지방자치단체의 자산 및 부채를 관리 · 처분하는 모든 활동을 말한다.

1 중앙정부 예산과의 비교(2011년도)

1) 국가예산(중앙정부)과 지방예산 및 지방교육예산

국가예산: 235조 5,574억 원(2010년 225조 9,413억 원 대비 4.3% 증가)

지방예산: 141조 393억 원(2010년 139조 8,565억 원 대비 8.46% 증가)

지방교육예산: 43조 9,214억 원(2010년 41조 954억 원 대비 6.9% 증가)

표 13-1 국가예산(중앙정부) 대 지방예산 및 지방교육예산 비율 (단위: 억 원, %)

구분	2006년 예산	2007년 예산	2008년 예산	2009년 예산	2010년 예산	2011년 예산
중앙정부예산 (비중)	1,753,882 (57.0)	1,767,561 (54.8)	1,951,003 (54.5)	2,174,723 (55.1)	2,259,413 (55.5)	2,355,574 (56.0)
지방예산 (비중)	1,013,522 (32.9)	1,119,864 (34.8)	1,249,666 (34.9)	1,375,349 (34.8)	1,398,565 (34.4)	1,410,393 (33.5)
지방교육예산 (비중)	311,484 (10.1)	336,309 (10.4)	378,524 (10.6)	400,030 (10.1)	410,954 (10.1)	439,214 (10.5)

자료: 행정안전부, 「2011년도 지방자치단체 예산개요(상)」, p. 4.

2) 국가예산(중앙정부) 대 지방예산(지방교육예산 제외)

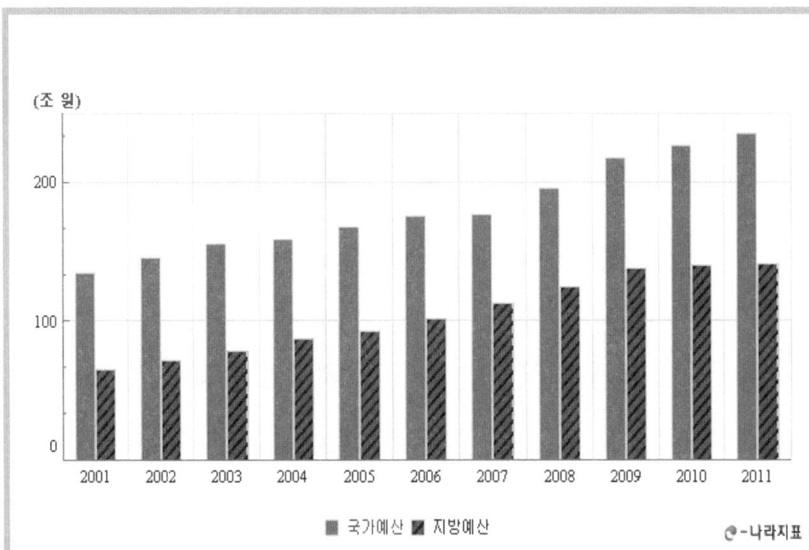

그림 13-1 국가예산(중앙정부) 대 지방예산(지방교육예산 제외)

자료 : http : //www.index.go.kr/egams/stts/jsp/potal/stts/PO_STTS_IdxMain.jsp?idx_cd=-1045&bbs=INDX_001&clas_div=A(2012.5.27).

3) 총재정사용액 기준(2011년 예산)

표 13-2 총재정사용액(중앙정부: 지방자치단체: 지방교육) (단위: 억 원, %)

구분	2006년 예산	2007년 예산	2008년 예산	2009년 예산	2010년 예산	2011년 예산
중앙정부예산 (비중)	1,111,272 (46.1)	1,048,450 (42.3)	1,105,467 (40.3)	1,327,124 (42.9)	1,362,357 (43.7)	1,373,856 (42.8)
자치단체 (비중)	976,066 (40.5)	1,080,497 (43.6)	1,235,229 (45.1)	1,339,061 (43.3)	1,335,584 (42.8)	1,364,800 (42.5)
지방교육예산 (비중)	324,699 (13.4)	350,831 (14.1)	399,919 (14.6)	427,326 (13.8)	421,205 (13.5)	473,857 (14.7)

자료: 행정안전부, 「2011년도 지방자치단체 예산개요(상)」, p. 4.

2 일본 재정과의 비교

1) 중앙정부와 지방자치단체의 일반회계 재정 규모

표 13-3 중앙정부와 지방자치단체의 일반회계 순계 재정 규모 비교

(단위: 억 원, 억 엔)

구분	한국			일본		
	중앙정부	지방 자치단체	지방예산 구성비	중앙정부	지방 자치단체	지방예산 구성비
2006	1,448,076	997,542	40.8%	796,860	831,508	51.9%
2007	1,565,177	1,105,636	41.4%	829,088	831,261	50.1%
2008	1,795,537	1,260,500	41.2%	830,613	834,014	50.1%
2009	1,968,713	1,406,077	41.7%	885,480	825,557	48.2%
2010	2,012,835	1,466,618	42.2%	922,992	821,200	47.1%
2011	2,099,303	1,495,965	41.6%	924,116	825,054	47.2%

주) 한국은 일반회계 당초예산총계, 일본은 지방재정계획상의 보통회계 총계를 기준.
자료: 행정안전부, 「2011년도 지방자치단체 예산개요(상)」, p. 103.

2) 지방자치단체 일반회계 세입재원별 비교

표 13-4 지방자치단체 일반회계 세입 재원별 비교 (단위: 억 원, 억 엔)

구분	한국				일본	
	2011년도	구성비	2010년도	구성비	2011년도	구성비
계	**1,495,965**	**100%**	**1,466,618**	**100%**	**825,050**	**100%**
지방세	497,434	33.3%	478,785	32.6%	334,037	40.5%
세외수입	129,727	8.7%	143,228	9.8%	55,140	6.7%
지방교부세	274,105	18.3%	255,478	17.4%	173,734	21.1%
조정교부금 등	59,161	4.0%	59,464	4.1%	–	–
지방양여금	–	–	–	–	25,622	3.1%
보조금	518,964	34.7%	500,079	34.1%	121,745	14.8%
지방채	16,572	1.1%	29,584	2.0%	114,772	13.9%

주) 총계 기준.
자료: 행정안전부, 『2011년도 지방자치단체 예산개요(상)』, p. 103.

3) 국세와 지방세의 비교

표 13-5 국세와 지방세의 비교 (단위: 억 원, 억 엔)

연도별	한국				일본			
	계	국세	지방세	지방세 구성 비율	계	국세	지방세	지방세 구성 비율
1995	**720,905**	567,745	153,160	21.2%	**886,380**	549,630	336,750	38.0%
2000	**1,135,353**	929,347	206,006	18.1%	**837,158**	486,590	350,568	41.9%
2003	**1,477,971**	1,146,642	331,329	22.4%	**739,585**	417,860	321,725	43.5%
2004	**1,519,974**	1,177,957	342,017	22.5%	**775,798**	440,410	335,388	43.2%
2005	**1,634,431**	1,274,657	359,774	22.0%	**818,464**	470,420	348,044	42.5%
2006	**1,793,380**	1,380,443	412,937	23.0%	**869,742**	504,680	365,062	42.0%
2007	**2,049,834**	1,614,591	435,243	21.2%	**928,178**	525,510	402,668	43.4%
2008	**2,127,857**	1,673,060	454,797	21.4%	**956,102**	551,399	404,703	42.3%

주) 결산 기준.
자료: 행정안전부, 『2011년도 지방자치단체 예산개요(상)』, p. 104.

3 지방재정력

지방재정력은 "지방자치단체가 관할 구역의 공공 서비스를 공급하는 데 필요한 재정 수요를 충족시키는 데 필요한 재원을 자주적으로 조달할 수 있는 능력을 의미한다."

지방재정력을 나타내는 지표로는 '재정자립도'가 가장 많이 사용되고, 자주재원을 포함하여 '재정자주도'라는 개념도 사용되고 있다.

그런데 재정자립도의 개념상의 문제점을 고려하여 기준재정수입액이 기준재정수요액에서 차지하는 비중을 나타내는 재정력지수가 사용되기도 한다.

1) 재정자립도

적용 회계: 일반회계

- 전국 평균 및 시·도별 평균: 순계예산 규모로 산출
- 자치단체별 평균: 총계예산 규모로 산출

산정 공식

$$\frac{\text{지방세}+\text{세외수입}}{\text{자치단체 예산 규모}} \times 100$$

- 지방세: 보통세 + 목적세(지방교육세 제외)
- 세외수입: 경상적 세외수입 + 임시적 세외수입
- 자치단체 예산 규모: 지방세(지방교육세 제외) + 세외수입 + 지방교부세 + 조정교부금 및 재정보전금 + 보조금 +지방채 및 예치금 회수

표 13-6 재정자립도 단체별 최고 · 최저(전국 평균: 51.9%) (단위: %)

구분		특별시	광역시	도	특별자치도	시	군	자치구
평균		**88.8**	**53.8**	**33.5**	**24.9**	**38.0**	**17.0**	**36.6**
최고		88.8	65.8	60.1	24.9	69.4	47.5	82.8
		서울 본청	인천 본청	경기 본청	제주 본청	경기 용인시	울산 울주군	서울 강남
최저		-	42.0	13.5	-	9.6	7.6	14.0
		-	광주 본청	전남 본청	-	전북 남원시	전남 완도군	부산 서구

주) 총계예산 규모 기준.
자료: 행정안전부, 「2011년도 지방자치단체 예산개요(상)」, p. 118.

표 13-7 재정자립도 시·도별 현황(2011) (단위 : %)

시 · 도 · 별	평균 (순계 규모)	특별시 광역시 (총계 규모)	도 특별자치도 (총계 규모)	시 (총계 규모)	군 (총계 규모)	자치구 (총계 규모)
단체별 평균	**51.9**	**68.6**	**33.0**	**38.0**	**17.0**	**36.6**
서울	90.3	88.8	-	-	-	47.7
부산	56.4	52.1	-	-	32.4	24.5
대구	53.5	48.6	-	-	37.2	24.7
인천	69.3	65.8	-	-	15.9	37.3
광주	47.5	42.0	-	-	-	20.2
대전	57.2	51.9	-	-	-	23.9
울산	69.1	62.5	-	-	47.5	39.6
경기	72.5	-	60.1	54.0	30.9	-
강원	27.5	-	21.4	25.3	14.5	-
충북	32.7	-	24.1	28.5	21.1	-
충남	35.4	-	28.3	31.6	20.7	-
전북	24.5	-	18.6	20.9	14.3	-
전남	20.7	-	13.5	26.3	11.7	-
경북	28.1	-	21.4	25.8	13.4	-
경남	42.6	-	35.2	36.4	14.7	-
제주	25.1	-	24.9	-	-	-

주) 시·도별 전국 평균 재정자립도는 순계 규모로 산출됨에 따라 단체별보다 다소 높게 나타남 (의존재원인 국고보조금 등 중복계상분을 공제).
자료: 행정안전부, 「2011년도 지방자치단체 예산개요(상)」, p. 119.

* 재정자립도 최하위 지자체 실태

전남 신안군이 2011년 공무원 655명의 월급・수당 등으로 지급한 돈은 345억 9,200만 원이다. 자체 수입으로 인건비조차 해결하지 못하고 21.3%인 73억 7,900만 원은 정부 지원금 등으로 충당하였다. 신안군의 지난해 예산 일반회계 규모는 3,560억 4,800만 원. 전남 22개 시・군 중 여섯째로 많다. 그러나 자체 조달한 금액은 지방세(취득세・등록세・담배소비세 등) 87억 원과 세외수입 185억 1,300만 원을 합쳐 272억 1,300만 원에 그쳤다. 재정자립도가 7.6%로 전국에서 꼴찌이다.

전남 신안군은 유인도 72개와 무인도 932개 등 1,004개 섬으로 이루어졌다. 그 때문에 14개 읍・면사무소뿐만 아니라 9개 출장소를 운영하고 있다. 행정구역이 655.27㎢로 서울시(605.41㎢)보다 넓다. 지난해 말 기준 인구 4만 4,355명 중 29.2%인 1만 2,979명이 노인이다. 또 주민 4명당 1명이 국민기초생활보장 수급자와 장애인, 혼자 사는 노인 등 구호 대상이다. 박우량 신안군수는 "섬으로만 이뤄진 지역 특성 때문에 재정 수요가 큰 반면 돈이 나올 곳은 적다"며 "2006년 753명이던 공무원 수를 100명 가까이 줄이는 등 자구 노력을 계속하고 있으나 한계가 있다"고 말하였다.

지난해 재정자립도는 전남도와 22개 시・군 전체적으로 20.7%. 목포・여수・순천・나주・광양 등 5개 시의 평균은 26.3%, 17개 군은 평균 11.7%에 머물렀다. 자체 수입으로 인건비를 해결할 수 있는 시・군이 11개로 전체의 절반에 불과하였다.

부산 영도구는 지난해 예산 1,827억 원 가운데 45%인 826억 원이 사회복지 몫이었다. 1,827억 원 중 영도구 자체 수입은 지방세 117억 8,900만 원, 세외수입 141억 2,700만 원 등 259억 1,600만 원뿐이다. 자립도가 14.2%에 불과하다. 나머지는 중앙정부와 부산시에서 주는 조정교부금과 보조금으로 충당한다. 영도는 한국전쟁 이후 피란민 판자촌을 토대로 형성된 곳이다. 구 자체 수입은 거의 없는데도 어려운 이들이 몰리면서 사회복지 예산 수요는 계속 늘어난다(중앙일보, 2012.4.6).

2) 재정자주도

재정자주도는 지방자치단체예산 중 자체수입과 자주재원이 차지하는 비중을 의미한다. 즉, 전체 예산 중 자주적 판단에 따라 사용할 수 있는 재원의 비중을 나타내는 것이다.

적용 회계: 일반회계

- 전국 평균 및 시·도별 평균: 순계예산 규모로 산출
- 자치단체별 평균: 총계예산 규모로 산출

산정 공식

$$\frac{\text{자체수입} + \text{자주재원}}{\text{자치단체 예산 규모}} \times 100$$

- 자체수입: 지방세(보통세+목적세(지방교육세 제외) + 과년도 수입) + 세외수입 (경상적 세외수입+ 임시적 세외 수입)
- 자주재원: 지방교부세+조정교부금+재정보전금
- 자치단체 예산 규모: 자체수입(지방세 중 지방교육세 제외) + 자주재원+보조금 + 지방채 및 예치금 회수

표 13-8 재정자주도 단체별 최고·최저(전국 평균: 76.79%) (단위 : %)

구분		특별시	광역시	도	특별자치도	시	군	자치구
평균		**89.7**	**70.3**	**46.5**	**63.4**	**68.7**	**62.7**	**56.2**
최고		89.7	73.6	62.4	63.4	91.8	74.4	84.8
		서울 본청	울산 본청	경기 본청	제주 본청	경기 과천	강원 홍천	서울 강남
최저		-	65.4	32.0	-	55.7	46.7	33.0
		-	광주 본청	전남 본청	-	전북 김제	전남 신안	부산 북구

주) 총계예산 규모 기준.
자료: 행정안전부, 「2011년도 지방자치단체 예산개요(상)」, p. 133.

표 13-9 재정자주도 시·도별 현황(2011) (단위 : %)

시·도·별	평균 (순계 규모)	특별시 광역시 (총계 규모)	도 특별자치도 (총계 규모)	시 (총계 규모)	군 (총계 규모)	자치구 (총계 규모)
평균	**76.7**	**78.5**	**47.5**	**68.7**	**62.7**	**56.2**
서울	91.7	89.7	-	-	-	70.6
부산	74.3	69.9	-	-	66.3	42.5
대구	74.1	69.1	-	-	68.7	41.8
인천	79.4	73.4	-	-	53.4	53.4
광주	69.9	65.4	-	-	-	38.9
대전	74.9	70.6	-	-	-	38.7
울산	81.0	73.6	-	-	66.4	56.3
경기	81.8	-	62.4	73.3	69.0	-
강원	73.3	-	41.6	70.4	67.2	-
충북	71.5	-	42.5	64.4	65.3	-
충남	71.1	-	43.5	66.4	62.8	-
전북	67.8	-	38.1	60.9	60.9	-
전남	65.2	-	32.0	61.9	57.8	-
경북	73.6	-	41.5	67.0	64.9	-
경남	74.2	-	45.0	68.0	62.2	-
제주	63.9	-	63.4	-	-	-

주) 시·도별 전국 평균 재정자주도는 순계 규모로 산출함에 따라 단체별보다 다소 높게 나타남. 의존재원인 국고보조금 등 중복 계상분을 공제.

자료: 행정안전부, 「2011년도 지방자치단체 예산개요(상)」, p. 134.

3) 재정력지수

재정력지수는 지자체의 기준재정수요액 대비 기준재정수입액으로, 1 미만은 자체수입으로 복지수요나 인건비 등 행정 수요를 충당하지 못한다는 것으로 2012년도 재정력지수는 평균 0.379로 작년 0.394에 비하여 0.015 하락하였다. 이는 부동산 거래 침체나 경기 부진 등으로 세입 기반이 약해지면 재정력지수가 하락하고, 중앙정부에 대한 의존이 심해졌음을 의미한다. 재정력지수는 지방교부세, 지자체 재정보전금과 자치구 재원조정교부금 등을 산정하는 주요 지표로 활용된다.

산정 공식

$$\frac{\text{기준재정수입액}}{\text{기준재정수요액}}$$

– 기준재정수요액: 기초수요액(16개 세항목)+보정수요액±수요 자체 노력

기초수요액 = 자치단체별 기본 행정 수행을 위한 기본 경비로서 측정 단위 수치에 단위 비용 및 보정계수를 곱하여 산출

– 기준재정수입액: 기초수입액(보통세 추계액의 80%) + 보정수입액 ± 수입 자체 노력

보정수입액 = 목적세 수입액의 80%, 경상세외수입액의 80%, 일반재정 보전금 및 정산분, 시 · 도세 징수교부금 및 정산분 지방세 · 경상세외 수입결산액 정산분의 80%, 부동산교부세 수입 및 결산액 정산분의 80%

표 13-10 재정력지수 시·도별 현황(2011)

자치단체	2010년도	2011년도	2012년도
서울	1.011	1.02	1.011
부산	0.697	0.688	0.658
대구	0.697	0.651	0.584
인천	0.921	0.919	0.903
광주	0.594	0.569	0.562
대전	0.72	0.688	0.622
울산	0.875	0.873	0.868
경기	0.984	0.981	0.979
강원	0.454	0.444	0.457
충북	0.51	0.49	0.444
충남	0.56	0.571	0.533
전북	0.393	0.398	0.371
전남	0.312	0.324	0.312
경북	0.397	0.425	0.367
경남	0.795	0.801	0.783

자료: 행정안전부, 재정고 재정자료실(http : //lofin.mopas.go.kr/,2012.3.22).

4 지방채

지방재정법

제11조(지방채의 발행)

① 지방자치단체의 장은 그 지방자치단체에 항구적 이익이 되거나 긴급한 재난복구 등의 필요가 있을 때에는 지방채를 발행할 수 있다.

② 지방자치단체의 장은 제1항에 따라 지방채를 발행하려면 재정 상황 및 채무 규모 등을 고려하여 대통령령으로 정하는 지방채 발행 한도액의 범위에서 지방의회의 의결을 얻어야 한다. 다만, 지방채 발행 한도액 범위더라도 외채를 발행하는 경우에는 지방의회의 의결을 거치기 전에 행정안전부 장관의 승인을 받아야 한다.

③ 지방자치단체의 장은 제2항에도 불구하고 해당 지방자치단체의 발전과 관계 있는 사업을 위한 경우 등 대통령령으로 정하는 사유가 발생하는 경우에는 행정안전부 장관의 승인을 받은 범위에서 지방의회의 의결을 얻어 제2항에 따른 지방채 발행 한도액의 범위를 초과하여 지방채를 발행할 수 있다.

④ 「지방자치법」 제159조에 따른 지방자치단체조합(이하 "조합"이라 한다)의 장은 그 조합에 항구적 이익이 되거나 긴급한 재난복구 등의 필요가 있을 때 또는 지방자치단체에 대부할 필요가 있을 때에는 지방채를 발행할 수 있다. 이 경우 행정안전부 장관의 승인을 받은 범위에서 조합의 구성원인 각 지방자치단체 지방의회의 의결을 얻어야 한다.

⑤ 제4항에 따라 발행한 지방채에 대하여는 조합과 그 구성원인 지방자치단체가 그 상환과 이자의 지급에 관하여 연대책임을 진다.[전문개정 2011.8.4]

1) 의의

「지방재정법」 제11조의 규정에 의한 재정수입의 부족을 보충하기 위하여 자금을 차입하면서 부담하는 채무로서, 그 채무의 이행이 한 회계연도를 넘어서 이루어지며, 지방채증권, 차입금 형식을 취한다.

2) 지방채를 발행할 수 있는 사업

(1) 공용·공공용 시설의 설치

(2) 당해 사업의 수익금으로 원리금 상환이 가능한 사업

(3) 천재·지변으로 인한 재해 등 예측할 수 없는 세입 결함의 보전

(4) 재해 예방 및 복구사업

(5) 기발행한 지방채의 차환

(6) 지방 중소기업 육성을 위한 자본투자사업

(7) 장기미집행 도시계획시설 해소를 위한 보상사업

(8) 그 밖에 주민의 복지 증진 등을 위하여 특히 필요하다고 인정되는 사업

※ 지방채 발행이 허용되는 경우라도 다음과 같은 소규모 사업은 불가

- 투・융자심사 대상 규모 이하의 사업은 지방채 발행 불가 (광역시・도 40억 미만 시・군・구 20억 미만)
- 청사정비기금으로부터 차입하는 소규모 지방청사 관련 사업은 가능

※ 지방채 발행은 자본적 지출 사업에 대하여 발행한도액 범위 내 및 초과 등 모든 경우에 적용

- 소모성의 경상적 지출(경상사업), 인건비에는 지방채 발행 불가(행정안전부, 2011c : 71)

3) 연도별 지방채 규모(세입예산 순계 기준)

표 13-11 연도별 지방채 규모(세입예산 순계 기준) (단위 : 억 원)

연도별	총규모		일반회계		특별회계	
	총규모	지방채(%)	규모	지방채(%)	규모	지방채(%)
2006	1,154,722	38,091(3.3)	899,232	9,176(1.0)	255,490	28,915(11.3)
2007	1,280,366	35,347(2.8)	998,147	7,414(0.7)	282,219	27,933 (9.9)
2008	1,444,536	37,382(2.6)	1,153,125	7,901(0.7)	291,410	29,481(10.1)
2009	1,567,029	97,817(6.2)	1,257,759	57,468(4.6)	309,270	40,349(13.0)
2010	1,497,797	56,270(3.8)	1,218,960	20,432(1.7)	278,837	35,838(12.9)
2011	1,410,393	37,362(2.6)	1,151,767	5,946(0.5)	258,626	31,415(12.1)

주) 2010까지는 최종예산액 2011은 당초예산액.
자료: 행정안전부, 「2011년도 지방자치단체 예산개요(상)」, p. 72.

4) 2009년 12월 말 기준 지방채 현황(회계별)

표 13-12 2009년 12월 말 기준 지방채 현황(회계별) (단위 : 억 원)

시·도별 \ 구분	계	일반회계	기타 특별회계	공기업특별회계
합계	(100.0%) 255,531	(68.5%) 175,124	(20.7%) 52,782	(10.8%) 27,625
서울	30,963	10,768	20,018	177
부산	27,217	13,431	10,533	3,233
대구	20,531	10,890	7,642	1,999
인천	24,774	17,673	3,393	3,708
광주	8,098	7,192	503	403
대전	6,057	5,099	–	958
울산	6,201	4,377	462	1,362
경기	38,917	32,295	2,801	3,821
강원	13,127	11,329	466	1,332
충북	6,719	5,739	571	409
충남	12,644	7,067	2,292	3,285
전북	10,175	8,345	561	1,269
전남	12,262	9,408	1,741	1,113
경북	14,054	10,908	624	2,522
경남	16,360	14,339	805	1,216
제주	7,432	6,264	350	818

주) 시·도별 현황 = 시·도 본청+시군구.
자료: 행정안전부, 「2011년도 지방자치단체 예산개요(상)」, p. 72.

5 재정위기 단체 지정제도

지방재정법

제55조의2(재정위기 단체의 지정)

① 행정안전부 장관은 제55조 제1항 및 제2항에 따른 재정분석 및 재정진단 결과 등을 토대로 재정 위험 수준이 심각하다고 판단되는 지방자치단체를 재정위기 단체로 지정할 수 있다. ② 재정위기 단체의 지정을 위한 기준 및 절차 등은 대통령령으로 정한다.

[본조신설 2011.3.8]

第56조(지방재정위기관리위원회 설치 및 운영)

① 행정안전부 장관은 제54조, 제55조 및 제55조의2부터 제55조의5까지의 규정에 따른 지방재정 위기관리 등에 관한 사항을 심의하기 위하여 지방재정에 관한 전문가 등으로 구성되는 지방재정위기관리위원회를 설치·운영할 수 있다.

② 제1항에 따른 지방재정위기관리위원회의 구성 및 운영 등에 필요한 사항은 대통령령으로 정한다.[전문개정 2011.8.4]

지방재정법 시행령

제65조의2(재정위기 단체의 지정 기준 및 절차 등)

① 행정안전부 장관은 법 제55조의2에 따라 다음 각 호의 어느 하나에 해당하는 지방자치단체로서 재정 위험의 수준이 심각하다고 판단되는 지방자치단체를 재정위기 단체로 지정할 수 있다.

1. 통합재정수지 적자 비율이 100분의 30을 초과하는 경우
2. 법 제11조에 따른 지방채 발행액과 법 제13조에 따른 보증채무부담행위액 중 지방자치단체가 채무 이행의 책임을 지게 된 금액 및 법 제44조에 따른 채무부담행위액의 총 합계액이 해당 연도 최종 예산의 100분의 40을 초과하는 경우
3. 해당 연도 기준으로 과거 4년과 미래 4년간 순지방비 채무 상환액의 평균이 같은 기간 일반재원(지방교육세를 제외한 지방세, 세외수입, 지방교부세, 조정교부금, 재정보전금의 총 합계액을 말한다) 평균 수입액의 100분의 17을 초과하는 경우. 이 경우 미래 4년간의 일반재원 수입액은 직전 연도의 일반재원 규모에 과거 4년간의 일반재원 평균 증가율을 적용하여 산정한다.
4. 분기별 지방세 누적 징수액(과오납환급금을 제외한 실제 누적 징수액을 말한다)이 음의 값인 경우
5. 해당 연도 분기별 금고의 총 잔액이 최근 3년 해당 분기별 평균 금고 총 잔액의 100분의 10 미만인 경우
6. 「지방공기업법」 제49조에 따라 설립된 지방공사의 부채가 순자산의 6배를 초과하는 경우

재정 위기에 대한 사전경보 시스템 구축, 자치단체의 홍보관 건립에 대한 투융자 심사 강화, 예산 낭비에 대한 주민감시 강화 등을 주요 내용으로 하는 지방재정법시행령 개정안이 2011년 8월 30일(화) 국무회의

를 통과하였다. 이번 시행령 개정은 지난 2011년 3월 9일 개정 공포된 「지방재정법」(2011.9.9 시행)에서 위임된 사항과 기타 지방 건전성 강화를 위한 제도 보완 사항을 규정한 것이다.

자치단체별 재정 상황의 상시 모니터링을 통하여 통합재정수지 적자 비율이 30%를 초과하는 등 재정 위험이 우려되는 단체는 지방재정위기 관리위원회의 심의를 거쳐 재정위기 단체로 지정할 수 있고, 재정위기 단체는 지방채 발행·신규사업 등의 제한을 받으며 재정건전화계획을 의무적으로 수립하도록 하였다. 구체적인 지방재정 위기 사전경보 시스템 운영 규정은 다음과 같다.

지방재정 위기 사전경보 시스템 운영 규정(제정 2011. 10. 12 행정안전부훈령 제198호)

제3조(모니터링 기준)

① 행정안전부 장관은 지방재정법시행령 제65조의2 제1항 각 호의 지표에 대하여 다음과 같은 기준에 따라 모니터링을 실시한다.

시행령	지표	「주의」 기준	「심각」 기준
제65조의2 제1항 제1호	통합재정수지 적자 비율	25% 초과	30% 초과
제65조의2 제1항 제2호	예산 대비 채무 비율	25% 초과	40% 초과
제65조의2 제1항 제3호	채무상환비 비율	12% 초과	17% 초과
제65조의2 제1항 제4호	지방세 징수액 현황	50% 미만	0% 미만
제65조의2 제1항 제5호	금고 잔액 현황	20% 미만	10% 미만
제65조의2 제1항 제6호	공기업 부채 비율	400% 초과	600% 초과

② 행정안전부 장관은 제1항의 기준에 따라 분기별로 재정지표를 모니터링한다. 다만, 필요한 경우 수시로 모니터링을 실시할 수 있다.

제7조(주의등급 단체의 지정) 행정안전부 장관은 제3조 제1항의 기준 중 어느 하나에 해당하는 경우에는 위기관리위원회 심의를 거쳐 주의등급 단체를 지정할 수 있다.

제8조(재정건전화계획 수립)

① 행정안전부 장관은 제7조에 따라 주의등급 단체로 지정된 지방자치단체의 장(이하 "주의등급 단체의 장"이라 한다)에 대하여 지방재정건전화계획 수립에 관한 사항을 지도·권고할 수 있다.

② 행정안전부 장관은 주의등급 단체의 장에게 재정건전화계획 수립을 위해 공무원과 전문가 등으로 구성된 재정건전화계획 수립단을 구성하도록 지도·권고할 수 있다.
③ 주의등급 단체의 장은 재정건전화계획을 수립하는 경우 행정안전부 장관에게 보고하여야 한다. 이 경우 시장·군수 및 자치구의 구청장은 시·도지사를 경유하여야 한다.

6 지방자치단체의 재정 위기

1) '대구, 인천, 부산' - 지방재정 위기 단체에 근접

대구광역시와 인천광역시, 부산광역시 등이 예산 대비 채무 비율(총예산 대비 지방채무 잔액)이 40% 수준에 근접한 것으로 나타났다. 예산 대비 채무 비율이 40%를 넘으면 지방재정 위기 사전경보 시스템에 따라 지방채 발행과 신규투융자사업 추진이 제한되기 때문에 이들 지자체의 신규 사업 추진이 위축될 것으로 보인다.

2011년 9월 20일 국회 행정안전위원회 유정복 한나라당 의원이 전국 244개 지방자치단체의 재정건전성 여부를 진단하여 분석해 이런 결과를 얻었다고 밝혔다. 행정안전부의 지방재정 위기 사전경보 시스템 기준에 따르면 채무 비율이 25%를 넘게 되면 '주의'를 받게 되고, 세입 전망과 채무 상환 능력, 복지 부담 등을 정부에 분기별로 보고하여야 하고 재정건전화계획을 수립하여야 한다.

유 의원의 분석에 따르면 대구시의 예산 대비 채무 비율은 37.3%였고, 인천시는 36.44%. 부산시가 32.77%로 나타나 이미 재정위기 '주의' 단체 기준을 넘어선 상태이다. 이들 지자체는 위기 경보 기준인 부채 비율 40%에도 근접해 있어 각종 지역 사업 추진이 제한될 것으로 보인다. 40%가 넘어서면 신규 사업 추진이 사실상 막히기 때문이다. 경기도 시흥시는 이 비율이 43.24%로 이미 위기 기준을 넘어섰다.

행안부 관계자는 "사전경보 시스템에 따라 재정 위험이 우려되는 지자체는 재정위기관리심의위원회 심의를 통하여 재정위기 단체로 지정된다"면서 "일정 기간 유예 기간을 둘 예정이기 때문에 지금 당장 기준을 초과했다고 해서 위기 단체로 바로 지정되는 것은 아니지만 지자체 스스로 재정 건전화 노력을 해야 할 것"이라고 말하였다.

지방재정 위기 사전경보 시스템에는 예산 대비 채무 비율과 함께 통합재정수지 적자 비율이나 채무상환비 비율, 금고 잔액 현황 등도 있어 신규 사업 추진에 제한이 있을 수 있는 지자체는 더 늘어날 가능성도 있다. 실제로 경기도 성남시의 경우 통합재정수지 적자 비율은 -21.45%로 '주의' 기준인 -25% 기준에 근접해 있는 상태이다. 16개 광역지자체 가운데 절반 이상이 최근 3년간 예산 대비 채무 비율이 늘어난 것도 이를 뒷받침한다. 유 의원에 따르면 서울과 인천, 경기, 충북, 전북, 전남, 경북, 경남 등 8개 광역지자체의 2009년보다 지난해 예산 대비 채무 비율이 악화되었다. 유 의원은 "중앙정부가 지방재정 건전성을 수시로 점검해 위기 경보를 발령하는 등 재정건전성에 대한 경각심을 불러일으켜야 한다"면서 "장기적으로는 국세 중심의 세제구조를 지방의 자율성과 책임성을 강화하는 방향으로 지방재정구조를 개편하는 것도 검토해야 한다"고 말하였다(cnews, 2011.9.20).

대구시가 2008년 말 495억 3,300만 원을 들여 지은 사격장은 매년 2억~4억 원씩 적자를 내고 있다. 관람객도 지난 2010년 6만 4,000명에서 작년 4만 8,000여 명으로 줄었다. 하루 평균 130여 명에 불과하다. 재정자립도가 낮고 부채 비율이 높은 대구가 만든 이 사격장은 대표적인 예산 낭비 사례로 꼽힌다. 대구시의 재정자립도는 2003년 74.4%에서 지난해 말 48.6%로 떨어졌다. 그만큼 국비 등 지원에 의존하고 있다는 것으로, 쓰는 돈(지출)을 자체적으로 조달하지 못하고 있다는 의미이다. 대구시는 부채 비율도 전국 1, 2위를 다툴 만큼 높다. 대구시의 부채 비율은 최근 30% 중반으로 낮아져 68%에 달하였던 2000년대 중반보다는 나아졌지만, 여전히 위험 수준을 벗어나지 못하고 있다. 대구는 도시철도 1-2호선과 현재 공사 중인 도시철도 3호선 등에만 9,700억 원을 투입하였다. 시 형편이 넉넉지 않은 데도 사격장 건설 등의 과시성 지출을 줄이지 않은 것이 문제라는 지적이다.

부산시 채무도 여전히 3조 원대에 육박한다. 부산도 해안도로 등 도로 건설(1조 7,000억 원), 지하철 건설(9,000억 원) 비용이 부담이 되었다. 부산은 이 때문에 지난해 말 채무관리 특별대책을 발표하기도 하였다. 부산의 재정자립도도 2003년 71.6%에서 지난해 52.1%로 떨어졌다. 부산 역시 자체적인 수입보다는 중앙정부 지원에 의존하여 사업을 벌이는 경우가 많았다는 의미로 해석된다(조선일보, 2012.4.5).

2) '인천광역시'의 지방재정 위기

정부가 재정난을 겪고 있는 일부 지방자치단체를 '재정위기 단체'로 지정하는 방안을 추진함에 따라 인천시가 속을 태우고 있다. 시의 예산 대비 채무 비율이 40%에 가까워 심사 대상에 포함될 확률이 높기 때문이다. 재정위기 단체가 되면 지방채 발행과 신규 투자 사업이 제한되는 등 사실상 예산 편성 자율권을 잃게 된다.

2011년 10월 24일 시에 따르면 최근 정부는 민간전문가가 포함된 지방재정위기관리위원회를 소집하여 재정위기 단체 지정에 나섰다. 이에 앞서 정부는 3월 지방재정법을 개정하여 재정 위기 발생 가능성을 모니터링하고, 위험 수준을 판단하기 위하여 '재정위기 사전경보 시스템'을 시행하고 있다. 정부는 위원회를 소집한 뒤 한 달여간 지자체의 재정 상황을 진단할 예정이다. 위원회는 심사를 거쳐 다음달 재정위기 지자체를 확정한 뒤 내년 1월 해당 지자체를 공개할 방침이다.

지방재정법 시행령에 따르면 심사 대상은 통합재정수지 적자 비율이 30%를 넘거나 예산 대비 채무 비율이 40%를 넘는 지자체, 지방세 누적 징수액이 감소하거나 지방공사 부채가 순자산의 6배를 넘는 지자체 등이다. 심사 결과 스스로 재정위기를 해결할 가능성이 없는 재정위기 단체로 지정되면 정부는 해당 지자체에 대해 구조조정 프로그램을 가동하게 된다. 재정위기 단체는 채무 상환과 세입 증대 노력 등 지방재정 건전화 계획을 60일 안에 세워 실행하여야 한다.

이 기준에 따르면 현재 재정난을 겪고 있는 인천시와 강원 태백시, 경기 시흥시가 심사 대상에 포함될 가능성이 높은 것으로 알려졌다. 특히 인천시는 올해 예산 6조 9,780억 원(기금 포함) 대비 채무액(2조 7,045억 원)의 비율이 38.7%로 전국 광역시 중 가장 높다. 정부가 재정위기 단체의 지표로 정한 40%에 가까운 것이다.

게다가 시와 산하 지방공기업의 지난해 기준 부채 총액은 7조 7,697억 원으로 올해 이자만 3,700억 원이 필요한 상황이다. 내년에는 부채가 모두 10조 원을 넘어설 것으로 전망된다. 다만 시는 올해 지방세 수입이 5,000억 원가량 늘어나 예산 규모가 커지면서 12월까지 채무 비율이 40%는 넘지 않을 것으로 예상하고 있다. 그러나 2014년 열리는 아시아경기대회 준비와 도시철도(인천지하철) 2호선 건설을 위하여 2012, 2013년 각각 5,000억 원대의 지방채를 추가로 발행하면 채무 비율이 40%를 넘어설 것으로 전망한다.

이에 따라 시는 정부에 지역적 특수성을 고려해 재정 상황을 평가하여야 한다는 주장을 펴고 있다. 인천지하철 2호선의 경우 정부가 2018년까지 나눠 지원하는 국비에 해당하는 지방채를 발행하여 우선 투입한 만큼 재정위기와 직접 관련이 없다는 것이다. 아시아경기대회와 관련된 지방채 발행도 이미 유치한 국제대회를 치르기 위하여 반드시 필요한 점을 감안해 평가에서 제외되어야 한다는 견해이다. 시 관계자는 "채무 비율이 40%를 초과한다고 바로 재정위기 단체로 지정되는 것은 아니며 채무의 성질과 상환 능력 등을 종합적으로 검토해 위원회가 결정한다"며 "지방채 발행을 억제하고, 새로운 세수 발굴과 사업 구조조정을 통해 채무 비율이 마지노선을 넘지 않도록 관리할 방침"이라고 밝혔다(동아일보, 2011.10.25).

3) '태백시'의 지방재정 위기

영욕의 옛 탄광도시 강원도 태백시를 누가 제2의 일본 홋카이도(北海

道) 유바리(夕張)시처럼 만들었나. 왜 빚더미 수렁에 빠져 기어이 재정위기 지방자치단체로 지정될 지경에까지 이르게 되었나. 결론부터 말하면 뼈를 깎는 국민 세금을 쌈짓돈처럼 여기고 펑펑 써댄 자치단체의 예산 낭비 탓이다. 여기다 이를 견제 감시하여야 할 지방의회는 무엇을 하였는가.

태백은 1995년 12월 영월·정선·삼척과 함께 폐광지특별법 제정으로 10년간 2조 7,700억 원의 정부 지원을 받았다. 특히 태백은 1999년 12월 시민현안 궐기집회 후 정부와 앞으로 10년간 1조 원 지원과 3,000명 고용창출 산업을 육성키로 한 합의를 이끌어내 숨통이 트이는 듯하였다. 그러나 태백시는 돌이킬 수 없는 잘못을 저지르고 말았다. 정부 지원금 1조 원에 포함된 관내 장성광업소 등 3개 가행탄광 운영비를 제외한 약 3,000억 원을 거의 손쉬운 도로개설사업 등에 써 버렸다.

3,000명 고용창출 산업은 오투 리조트에 2,000명, 안전테마파크에 1,000명의 일자리를 각각 만든다는 계획 아래 2005년 착수하였다. 오투 리조트는 당초 사업비로 1,700억 원이 책정되었으나 어찌 된 셈인지 단체장이 두 번 바뀌면서 무려 2,450억 원이 늘어난 4,150억 원이 되었다. 여러 번의 설계 변경을 할 때마다 수백억 원의 공사비가 부풀려져 재정 파탄 위기를 부른 것이다. 1조 6,000억 원 총사업비 중 빚이 9,921억 원으로 이번 국정감사에서 도마에 오른 강원도의 알펜시아 리조트를 빼닮은 세금 낭비의 극치였다.

안전테마파크는 2,000억 원을 들였으나 아직 준공도 하지 못한 채 그 중 하나인 소방학교만 간신히 문을 열었다. 태백시는 1980년 중반까지 국내 최대 석탄 주산지의 탄광도시로 호황을 누렸던 한때 검은 노다지의 땅이었다. 1981년 시 승격 때 13만 명의 인구는 1989년부터 정부의 석탄산업합리화 조치로 탄광들이 문을 닫으면서 이제 겨우 5만 명에 불과하다. 그러나 시 승격 당시 174명이던 공무원은 현재 620명으로 3배 이상 늘어났다.

이럼에도 이 엄청난 세금 낭비의 재정 파탄 위기에 대하여 누구 하나 책임지지 않는 먼 나라 얘기 같은 우리 지방자치제가 언제까지 어디까지 치달을지 한스럽다. 브레이크 없이 달려온 민선 5기 중반 18년 동안 뼈를 깎은 세금이 이렇듯 내버려진 것이 얼마나 될까. 가히 천문학적 액수일 것 같다. 많은 태백 시민들은 몸부림치며 힘들게 사는 데 반해 이 파탄을 부른 단체장 등 선출직 공직자들은 그런대로 잘 지낸다. "오투리조트와 안전테마파크의 일자리 3,000명 창출과 10년간 1조 원이 지원된 경제 효과 등에 재기의 기대에 부풀었던 태백 시민들은 태백시가 워크아웃을 당하면 어쩝니까?" (탁경명 강원방송 고문, 전 태백생활도서관 건립관장, 중앙일보, 2011.10.7).

4) 지방자치단체의 채무 비율과 지방채 현황

지방채 현황 총계 28조 5,491억 원

서울	3조 7,831억 원
부산	2조 9,158억 원
대구	2조 875억 원
인천	2조 8,261억 원
광주	7,676억 원
대전	6,490억 원
울산	6,022억 원
경기도	4조 5,712억 원
강원도	1조 2,710억 원
충북	7,667억 원
충남	1조 3,000억 원
전북	1조 1,225억 원
전남	1조 4,048억 원
경북	1조 5,561억 원
경남	2조 1,784억 원
제주도	7,471억 원

자료: 행안부 · 2011년 발표

'예산 대비 채무 비율'은 행안부가 '재정위기 단체'를 지정하는 데 쓰는 주요 지표 중 하나로, 25%를 넘으면 '주의' 수준, 40%를 초과하면 '심각' 수준

그림 13-2 지방자치단체의 채무 비율과 지방채 현황

자료: 조선일보, 2012.4.5.

5) 미 · 일의 파탄 사례

우리보다 지방자치의 역사가 긴 선진국에는 위태로운 지방 재정을 방치하다가 파국을 맞은 사례가 적지 않다. 당장 눈에 보이지 않는다고 무책임한 선심 행정과 방만한 예산 집행을 펼치다가 결국 파산해 학교는 물론 공중화장실, 교도소까지 폐쇄하는 극단적인 경우도 나오고 있다.

일본 홋카이도 유바리(夕張)시 혼초(本町)에 있는 유바리초등학교는 텅 비어 있다. 어린이 400여 명으로 북적이던 곳이지만, 작년 3월 폐쇄되었다. 유바리 시청 관계자는 "재정 악화로 초 · 중학교 다섯 곳을 폐쇄, 현재 매각을 추진 중"이라고 밝혔다. 유바리시는 리조트, 박물관 등 무분별한 지역 개발 사업으로 부채가 353억 엔(약 4,850억 원)으로 늘어나 2007년 파산하였다. 유바리시는 일종의 법정관리를 받으면서 재정 지출을 줄이기 위하여 유일한 병원이었던 시립병원도 2007년 진료소로 축소하였다. 돈을 아끼기 위하여 시립양로원, 시립도서관은 물론 공중변소까지 폐쇄하였다. 유바리시는 시청 직원을 269명에서 103명, 시의원 의원 수는 18명에서 9명으로 줄였다. 직원 월급도 20~50% 삭감되었다. 세금도 대폭 올랐다. 시민세가 6%에서 6.5%, 고정자산세는 1.4%에서 1.45%로 올랐다. 하수도 사용료는 2배, 경자동차 세금은 1.5배까지 오르는 등 각종 공공요금이 줄줄이 인상되었다.

미국에서는 1981년 이후 방만한 재정 운용으로 파산을 신청한 지방자치단체가 40여 곳에 이른다. 대표적인 곳이 미국 캘리포니아주(州)이다. 캘리포니아는 지난 2009년 재정 파탄 위기에 몰렸다. 재산세 인하, 상속세 폐지 같은 감세 조치로 세수 기반이 약해진 상황에서 공공 지출을 크게 늘렸기 때문이다.

캘리포니아 주정부는 재정 적자를 줄이기 위하여 1만 5,000개에 이르는 주정부 공무원 일자리를 없앴고 위원회 · 태스크포스팀 · 사무국 등 20개 부서도 폐지하였다. 주정부는 연간 재정 적자 규모를 2010년 200억 달러(약 22조 원)에서 지난해 50억 달러(약 5조 6,000억 원)로 줄이는 데 성공하였지만 긴축 정책은 계속 시행하고 있다. 제리 브라운 주지사는 지난 1월 주 의회에 제출한 2012~2013년도 예산안에서 "경제 상황에 따라 수입과 지출에 변동이 있을 수 있고, 65세 이상 고령 인구가 계속 늘면서 세수 부족과 함께 복지 요구가 늘어날 것으로 보여 재정 위기는 여전하다"고 밝혔다. 캘리포니아는 공무원의 휴대폰을 회수하고, 일부 스쿨 버스의 운행을 중단하며 교도소의 재소자까지 내보내는 극단적인 긴축 처방을 지속하고 있지만, 아직 재정 위기에서 벗어나지 못하고 있는 것이다(조선일보, 2012.4.5).

7 행정안전부와 지방재정

1) 행정안전부의 재정건전화 방안 요구

(1) '용인시'의 자구 노력

재정난에 빠진 용인시가 시장을 비롯한 공무원의 올 봉급 인상분을 반납하고, 업무추진비를 줄이는 등 자구책을 마련하였다. 이는 지난 2월 시에서 용인경전철 배상금 지급을 위하여 행정안전부에 4,420억 원 규모의 지방채 발행을 요구하자, 행안부가 "재정건전화 방안을 먼저 마련하라"고 지시한 데 따른 것이다.

용인시는 5급 이상 소속 공무원 122명의 올해 기본급 인상분(3.8%)을 반납하고, 시책 업무추진비(8억 4,000만 원)와 기관운영 업무추진비(4억 8,000만 원)도 10% 줄이는 자구책을 보고하였다. 이에 행안부는 지방채 초과 발행을 승인한 것으로 15일 확인되었다. 용인시는 1조 32억 원을 들여 2년 전 완공한 경전철 '에버라인' 개통 지연을 놓고 벌어진 소송에서 시행사인 용인경전철㈜에 패소한 뒤 배상금(5,159억 원)을 마련하기 위하여 지방채 초과 발행을 신청하였다.

용인시는 이번 자구책에 따라 지난달부터 김학규 용인시장(민주통합당)이 29만 5,000원, 다른 공무원은 평균 13만 원씩 반납하고 있으며, 2016년까지 5년간 봉급을 인상할 수 없다. 행안부는 또 교향악단과 국악단 창단 등 현 시장 공약 사업도 재검토하도록 하였다. 올 교육환경 개선사업비(73억 2,000만 원)와 민간사업보조비(239억 원)도 당초보다 줄여야 한다.

시의회도 의장(3,110만 원)과 부의장(1,490만 원), 상임위원장 4명(4,800만 원)의 연간 업무추진비를 30%씩 줄일 계획이다(조선일보, 2012.4.16).

(2) '용인시'의 공유 재산 매각

재정난 때문에 간부 122명의 급여를 반납하기로 한 경기도 용인시는 2012년 4월 16일 '재정위기 관리 태스크포스(TF)' 첫 회의를 열었다. 시 재산 가운데 내다 팔 만한 대상을 급히 선정하기 위해서이다. 한 달에 29만 5,000원의 월급을 반납하는 김학규 시장 주재로 열린 이날 회의에는 실·국·팀장급 간부 10여 명이 참석하였다.

2시간여에 걸친 회의 끝에 이들은 부동산 70여 건을 추려냈다. 매수자만 나서면 모두 즉각 팔 용인시 공유재산이다. 김 시장은 "급여 삭감만으로는 근본적인 재정난 해결이 어렵다"며 "경전철 건설로 진 빚을 갚기 위한 어쩔 수 없는 결정이었다"고 말하였다. 이에 따라 용인시는 시

표 13-13 재정난 용인시 부동산 매각 추진

매각 대상	규모(㎡)	공시지가
도시개발사업지구 내 시유지 3곳 (감량 8·7구역 역삼지구)	3만 3,500	800억 원
시립공동묘지 25곳(읍·면·동 소재)	73만 8,818	138억 원
상·하수도시설 관련 용지 11곳 (배수지와 가압지 포함)	4만 5,228	75억 원
축산폐수처리장 2곳	3,582	7억 원
자투리땅 60여 필지(시내 주차장 부지 주변과 도로 개설 후 주변 땅)	1만	80억 원

자료: 용인시.

청 홈페이지에 공유재산 정보를 공개하기로 하였다. 용인시는 경전철 시행사인 ㈜용인경전철에 5,159억 원을 물어 주기 위하여 4,420억 원 규모의 지방채를 발행하였다. 시는 2016년까지 지방채를 모두 갚아야 한다.

용인시의 공유재산은 지난해 기준 공시지가로 3조 9,000억 원에 달한다. 하지만 이 가운데 당장 팔기 어려운 시·구청사와 읍·면·주민센터 건물을 제외하면 즉시 시장에서 매각할 수 있는 공유재산은 2조 5,000억 원 규모로 나타났다. 대부분 땅 덩어리로 2만 6,166필지에 걸쳐 6,500만㎡ 크기의 면적이다.

시는 이 가운데 읍·면·동에 산재한 시립공동묘지 25곳을 우선적으로 매각하기로 하였다. 올 하반기 처인구 이동면 어비리에 시립장례문화센터가 완공되기 때문에 처분해도 문제가 없기 때문이다. 이들 공동묘지 땅의 공시지가는 138억 원이지만 시중에 내놓으면 최소 200억 원 이상 받을 수 있을 것으로 추정된다.

조만간 모현면 일대 축산폐수장 2곳과 각 읍·면·동 상하수도 관련 시설 용지 11곳에 대한 매각 작업도 착수한다. 축산폐수장은 이 일대 축사가 모두 없어지면서 가동이 멈췄다. 상하수도 시설용지도 용인시 전역에 팔당원수가 공급되면서 쓸모없어졌다. 시내 주요 도로변 공용주차장과 도로 개설 잔여지 등 자투리 땅도 모두 처분키로 하였다.

시가 매각에 공을 들이는 것은 재개발사업지구인 김량지구 8·9구역과 도시사업개발지구인 역삼지구 내 시유지이다. 면적은 모두 3만 3,500여㎡에 불과하지만 공시지가가 800억 원대에 달한다. 시가로는 1,500억 원을 웃돌 것으로 예상된다.

호화 청사 논란을 빚었던 시·구청사 등의 유지·관리비도 대폭 절감하기로 하였다. 2005년 건립 당시 전국 지자체 중 최대 규모인 시청사(지하 2층, 지상 16층)의 연간 관리비는 40억 원이다. 시 산하기관인 수지구청을 비롯하여 3개 구청과 31개 읍·면·동의 관리비 36억 원을 합하면 연간 76억 원이다. 시는 청사 일부 공간 임대 등 수익사업을 확대하고 난방비와 전기세 등을 아껴 청사 유지·관리비를 연간 50억 원대로 낮출 예정이다(중앙일보, 2012.4.17).

(3) '인천시' 의 재정 위기 해소 대책

인천시가 재정난 해결 방안의 하나로 공무원들의 각종 수당을 줄이기로 한 방침이 다음달부터 본격적으로 시행된다. 인천시는 27일 이런 내용의 성과급 연봉과 파견수당을 줄이는 것 등을 주요 내용으로 하는 '재정 위기 해소를 위한 공무원 수당 등 조정계획'을 발표하였다.

이에 따르면 행정부시장과 기획관리실장 등의 고위공무원과 4급 이상 공무원에게 기본 연봉 외에 주는 성과급 연봉의 경우 현재 한 해 185만 7,000~1,207만 8,000원씩 주는 것을 앞으로는 123만 8,000~724만 7,000원씩 주기로 하였다. 또 '2014 아시안게임 조직위원회' 파견 근무자에게 기본 연봉 외에 한 달에 90만 원(8급 공무원)~150만 원(2급)씩 주고 있는 파견근무 수당은 80만~90만 원으로 줄이기로 하였다. 9급 공무원은 현재 80만 원씩 더 받고 있는 것이 그대로 유지된다.

또 인천대학교에 파견 나간 공무원들에게도 기본 연봉 외에 한 달에 63만 3,000원(7급)~144만 1,000원(3급)씩 주고 있는 행정관리수당을 앞으로는 60만~80만 원씩 더 주기로 했다. 8~9급 직원은 월 43만 5,000~54만 7,000원씩 받고 있는 이 수당을 그대로 받게 된다. 경제자유구역청에 근무하는 직원들에게 월 45만 원씩, 영종·용유사무소에 근무하는 직원들에게 월 65만 원씩 주고 있는 업무수당은 각각 35만 원, 55만 원으로 줄이기로 하였다.

시는 이 중 성과 연봉을 줄이는 것은 일단 2013년까지 시행하고 그 뒤 시 재정 형편에 따라 다시 정하기로 하였다. 시간외 근무수당이나 연가보상비도 2년 뒤 다시 따져 방침을 정하기로 하였다(조선일보, 2012.3.28).

2) 지방재정에 대한 행정안전부의 통제

(1) 지자체 사업, 실명제 추진

앞으로 대규모 투자사업을 벌이는 지방자치단체는 타당성 조사부터 사업이 끝날 때까지 모든 담당자를 실명으로 기록하여 남겨야 한다. 맹형규 행정안전부 장관은 취임 2주년(15일)을 맞아 본지와 가진 인터뷰에서 이같이 밝혔다. 맹 장관은 "지자체에서 문제가 불거진 각종 선심성 사업에 대하여 책임을 물으려 해도 누가 이를 주도하였는지가 기록으로 남아 있지 않아 애를 먹었다"며 "이 같은 폐단을 뿌리뽑기 위하여 각 사업 추진 단계마다 담당자를 실명으로 남기도록 하자는 것"이라고 말하였다.

최근 인천광역시가 직원들 수당을 제때 못 줄 정도로 지자체 재정난이 심각해졌다는 지적에 대하여 "아직 전반적으로 걱정할 상황은 아니지만, 국제 경기 변화에 따라 언제든 타격을 받을 수 있다"며 "투·융자 심사 범위를 넓히고 지방채를 멋대로 발행하면 교부세를 깎는 등 사전 경보 시스템을 강화하겠다"고 말하였다(조선일보, 2012.4.16).

(2) 지자체 사업, 용역부터 사업 구상·판단까지 다 기록할 것

맹형규 행정안전부 장관은 최근 인천광역시 공무원 수당 체불 사태로 지방재정 위기 문제가 다시 불거진 것에 대하여 "자구 노력이 한창이다. 2015년부터는 바로잡힐 것"이라고 말하였다.

— 현 상황은 어느 정도인가?

"2010년 결산 기준으로 우리나라 지자체 예산 대비 채무 비율은 13.7%이다. 이는 일본의 채무 비율 154.0%(2009년 기준), 미국 129.9%(2009년 기준) 등에 비하면 낮은 편이다. 부산·대구는 지하철 건설 등으로 부채가 늘었지만 작년부터 떨어지기 시작하였다. 인천도 현재 예산 대비 채무 비율이 39.8%로, 재정 위기 수준인 '채무 비율 40%'에 근접하였지만, 바로잡힐 것으로 본다."

— 지방재정 문제의 근본 원인은?

"우리나라는 교부세 제도가 있기 때문에 지자체가 파산하려야 할 수가 없다. 그래서 '교부세 제도를 없애자'는 주장도 있지만, 없앨 수는 없다. 우리나라 상황에서 지자체 자체 세금으로만 살림을 꾸려나가면 수도권은 점점 부자가 되고, 지방은 점점 어려워질 것이다."

—정부가 교부세 등으로 계속 도와 주니 지자체가 계속 방만하게 재정을 운용하는 것 아닌가?

"정부에서는 호화 청사를 짓지 못하도록 하는 등 강력하게 조치하고 있다. 지방에서 사업을 벌일 때 예비타당성 조사가 문제인데 앞으로는 누가 예비타당성 조사를 하였고, 공사를 했는지 실명제를 도입할 것이다. '유령 공항'으로 변한 일부 지방 공항처럼, 이런 사업을 벌이자고 한 사람이 누군지, 예비타당성 조사는 누가 하였는지 등을 정확하게 기록해 '역사의 심판'을 받도록 하겠다."

—별도 입법이 필요한 조치 아닌가?

"지자체에 매뉴얼을 내려 보내고 규칙 정도로 만들면 된다. 연구 용역과 사업 구상 단계부터 누가 어떤 판단을 하였는지 명확하게 기록으로 남기겠다. 국민 세금이 무서운 줄을 알도록 하겠다."

—정치인들이 선심·과시성 사업을 주장하는 경우도 많다.

"언론 보도에 (정치인들 주장이) 다 나오지 않나. (기록에) 남겨야 한다. 동남권 신공항만 하더라도 누가 어떤 주장을 했는지 다 남아 있다. 만약 실패로 돌아간다면 수치스럽게 생각하여야 할 것이다"(조선일보, 2012.4.16).

3) 제1차 지방재정위기관리위원회-부산·대구·인천 재정위기단체 지정 모면

행정안전부는 2002년 6월 28일 '제1차 지방재정위기관리위원회'에서 지방자치단체의 재정건전성을 진단하고 재정 위험의 심각성 여부를 심의한 결과를 발표하였다. 아시안게임 유치와 도시철도 건설로 극심한 재정난을 겪고 있는 인천이 가까스로 재정위기 단체로 지정되는 사태를 면하였다. 강원도 태백은 공기업 부채 비율이 기준을 초과하였지만 연말에 재심의를 거쳐 재정위기 단체 지정 여부가 결정된다.

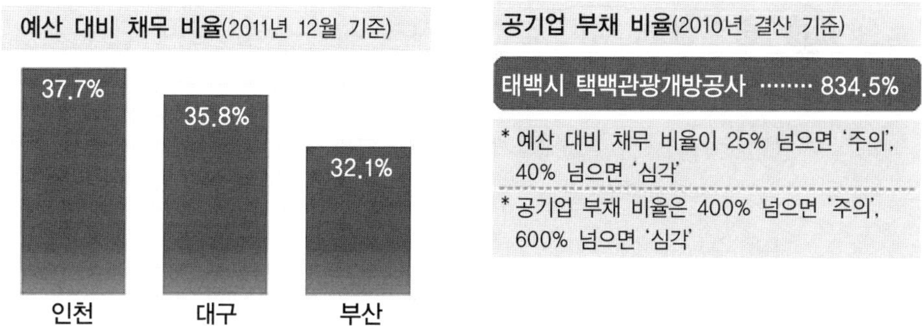

그림 13-3 재정지표 모니터링 결과

자료: 행정안전부

재정 위기를 가늠하는 7개 지표 분석에서 기준을 초과한 곳은 인천, 대구, 부산, 태백 등 4곳이다. 인천과 대구, 부산은 7개 지표 가운데 예산 대비 채무 비율(2011년 12월 기준)이 각각 37.7%, 35.8%, 32.1%로 집계되었다. 태백은 공기업 부채 비율(2010년 결산 기준)이 834.5%로 나타났다. 심각 단계로 분류되면 위원회의 심의를 거쳐 재정위기 단체로 지정되며 지방채 발행이나 교부세 감액 등 불이익을 받게 된다. 그러나 위원회는 오투 리조트 관련 지급 보증 채무가 확정되지 않은 점을 감안하여 태백을 위기단체로 지정하지 않기로 했다. 위원회는 태백시의 지급보증액이 정해지면 연말쯤 재심의를 거쳐 위기단체 지정 여부를 결정한다는 계획이다.

인천도 향후 채무액이 늘어날 것으로 전망되는 만큼 연말에 시의 재정건전화대책 이행 상황을 다시 점검하기로 하였다. 인천의 채무액은 2010년과 2011년에 2조 7,000억 원대였지만 아시안게임 기반시설 조성과 도시철도 건설 등으로 올해와 내년에는 3조 원대로 증가할 것으로 예상된다. 부산과 대구는 '주의' 기준을 초과했지만 채무액이 감소세에 접어들고 있고 자구 노력에 따라 향후 채무가 더욱 줄어들 것으로 위원회는 전망하였다(세계일보, 2012.6.28).

8 중앙정부, 국비 없는 지자체 자체 사업 통제 한계

"말려도 안 듣는 걸 어떻게 합니까. 지방자치는 법이 보장하는 원칙이어서 자체 사업은 강제로 막을 수도 없습니다." 인천광역시가 재정난으로 직원 수당을 일시 지급하지 못했다는 소식이 전해진 2012년 4월 4일, 기획재정부 이석준 예산실장은 이렇게 푸념하였다. 그는 "5,000억 원이 들어가는 아시안게임 주경기장 신축은 안 된다고 담당 부처인 행정안전부를 통하여 누차 경고하였는데도 듣지 않았다"며 "국비가 들어가지 않는 사업은 중앙정부의 손이 미치기 어렵다"고 말하였다.

기획재정부는 지자체 재정이 심각하다는 판단에 따라, 작년 말부터 해결 방안에 대한 검토에 착수하였다. 그러나 현행법상 직접 지자체 재정에 개입하기가 어려워 고심하고 있다. 또 지자체 주무부처인 행정안전부와 일부 이견도 있다. 행안부는 지자체 재정 보강을 위하여 부가가치세 가운데 일부를 지방에 넘겨 주는 지방소비세를 5%에서 10%로 올리자고 주장하지만, 기재부는 중앙정부의 재정 건전성을 지켜야 한다는 이유로 난색을 표하고 있다.

기재부 고위관계자는 "무리하게 개발사업을 벌인 지자체에 향후 보조금이나 교부금을 줄 때 벌칙을 매기는 방안을 검토하였지만, 법 개정이 필요하고 행안부와 지자체 반발도 커 실현 가능성은 극히 불투명하다"고 말하였다. 기재부 관계자는 "무분별한 개발사업 때문이 아니라, 지역민 복지를 위한 국고사업을 실행하는 부분은 재정 자립도가 낮은 지자체에 정부가 보조금을 더 주는 방안 등을 마련하겠다"고 말하였다(조선일보, 2012.4.5).

9 낮은 재정자립도에도 부채 없는 지방자치단체

1) 대구광역시 남구

대구 남구 녹색환경과 윤경숙 주무관(44 · 여 · 7급)은 최근 빗자루와 쓰레받기, 면장갑 등 가로 청소용품 5,200여 개를 50여만 원 싸게 구입하였다. 원가계산 매뉴얼에 따라 조달청과 인터넷 쇼핑몰, 제조사, 판매처 등 여러 곳을 조사하여 가장 싼 시장가격인 687만 5,000원을 알아낸 후 업체와는 또 10%가량 저렴한 639만 원에 계약하였다. 윤씨는 "무조건 싸다고 계약하지 않는다"며 "내 집에 쓸 물건을 구입하는 것처럼 상태도 세밀히 살핀다"고 말하였다.

일부 지방자치단체의 재정 부실이 문제가 되고 있는 가운데 대구 남구가 전국 최하위권 재정자립도(15.9%, 전국 평균 52.2%)에도 탄탄한 재정상태를 보여 관심을 모으고 있다. 비결은 간단하다. 구청 직원 500여 명이 한마음으로 에너지 절약을 실천하고 깐깐한 살림살이를 하기 때문이다.

남구는 최근 5급 이하 직원 20여 명이 참여한 정책개발팀(TF) 회의를 열고 부족한 재원을 확보하기 위하여 머리를 맞댔다. 전체 17개 부서가 올해 예산 가운데 줄일 수 있는 사업이나 경비가 없는지 꼼꼼히 다시 들여다봤다. 공무원 배낭 연수 3,300만 원과 축제 · 공연 1억 4,000여 만 원의 예산을 줄이기로 하는 등 모두 30억 원을 절약하게 되었다.

자체 세입이 많지 않은 남구청 직원들은 절약 습관이 몸에 배었다. 보고서는 전자결재 시스템을 활용한다. 부득이한 경우 A4용지 1장에 쓴다. 부서마다 냉난방 적정 온도 지키기, 점심 시간 컴퓨터 끄기, 계단 사용 등 녹색생활 실천 7가지 수칙을 사무실에 붙여 놓고 어길 때 사유서를 제출하도록 하였다. 두 차례 이상 적발되면 따로 교육을 했다. 지금은 위반행위를 좀처럼 찾기 힘들다. 남구는 지난해 전기료만 1,250여만 원(10만 2,000㎾)을 아꼈다. 최근 발품을 팔아 체납 고지서 인쇄비용 40여만 원을 아낀 세무과 류경화 씨(41 · 여 · 7급)는 "일부 지자체가 수당을 못 주는 일이 생기자 동료들이 더 알뜰해졌다"고 전하였다.

재정자립도가 낮아 신규 사업을 엄두도 못 낼 것이라는 생각은 남구에는 통하지 않는다. 최근 한국메니페스토실천본부 주관 민선5기 공약사항 중간점검에서 최고 등급(SA) 성적표를 받을 정도로 활발하게 움직이고 있다. 전국 228개 지자체 중 27개만 이 등급을 받아 의미가 남달랐다. 남구는 7개 분야 23개 사업을 순조롭게 이행 중이다. 예산이 많지 않은 남구가 이런 결과를 얻은 것은 톡톡 튀는 아이디어로 매년 정부 공모 사업을 따와 국비로 사업을 추진해서이다. 올해만 '앞산 맛둘레 길'과 '문화예술거리 생각대로', '카페마을 녹색길' 등 독창적인 아이템으로 사업 10여 건에 특별교부금 220억여 원을 확보하였다.

남구는 빚이 없는 지자체이다. 지방채를 발행하는 대규모 공사나 차입금을 써야 할 사업 역시 국비로 추진한다. 남구청사와 보건소를 특별교부세 124억 원을 받아 리모델링한 것은 대표적인 사례이다. 올해도 7월 국비 6억 원을 들여 낡은 대덕문화전당 공연장을 새롭게 꾸민다. 국비를 타내는 비결은 정부가 가장 우선시하는 주민이 주도하는 사업을 계획하기 때문이다. '앞산 맛둘레 길'의 경우 상가번영회와 함께 사업을 제안하여 공모 심사에서 높은 점수를 받았다. 2008년부터 공모 전담 부서(도시경관과)를 운영하면서 정부 부처 인적 네트워크를 활용하고 꾸준히 경험을 쌓은 덕분이다. 임병헌 대구 남구청장은 "심사위원의 성향까지 파악하여 공모를 준비한다"며 "남구가 하면 '참신하다'라는 인식을 심어준 것이 큰 장점"이라고 설명하였다(동아일보, 2012.4.14).

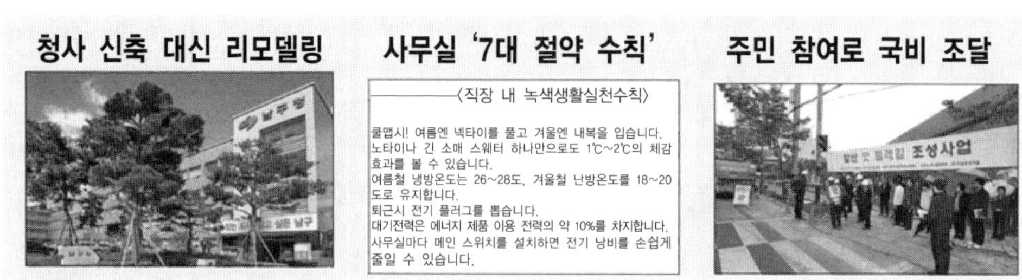

자료: 동아일보, 2012.4.14.

2) 경남 함양군

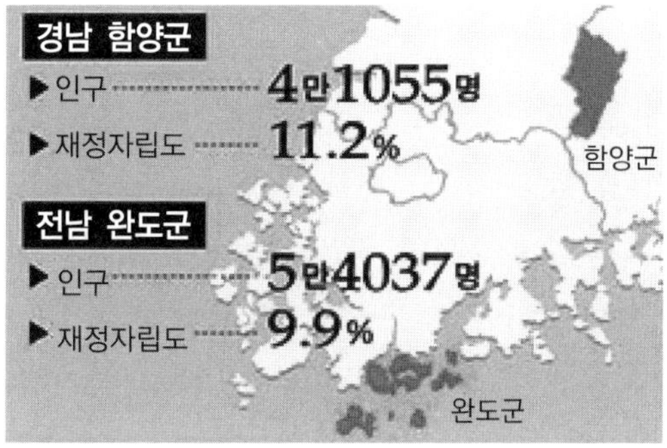

2012년 4월 10일 오전 부지 조성 공사 중인 함양산업단지(수동면 원평리)에서는 굴착기가 암반을 깨느라 굉음을 내고 있었다. 주변을 둘러보자 여기저기에서 공장 건물이 솟아오르는 모습이 한눈에 들어왔다. 경남 함양군은 이 산단을 조성하기 위하여 2005~2007년 주민 땅 57억 원어치를 사들였다. 동시에 수십 차례 협의 끝에 인근에서 유리섬유 생산공장을 운영하던 한국화이바㈜를 유치하였다. 민간업체에 부지 매입을 맡기는 다른 자치단체와 달리 책임지고 부지 매입을 해주고 한국화이바가 2,037억 원을 들여 부지 조성과 분양을 책임지는 조건이었다. 부지는 수수료·지가상승분을 감안한 67억 원을 받고 한국화이바에 되팔았다. 산업단지여서 진입로·폐수종말처리장도 국비로 건설된다. 함양군은 한 푼도 쓰지 않고 산업단지를 개발하게 된 것이다.

전국의 많은 자치단체가 심각한 재정 위기에 몰리고 있는 가운데 경남 함양군이 '부채 제로(0) 경영'을 하고 있어 주목된다. 함양은 2008년 8,000만 원이던 부채를 모두 갚아 5년째 빚이 없다. 전남 완도군도 마찬가지이다. 지난 2월 마지막으로 2억 5,000만 원을 갚아 '무차입 경영'을 하고 있다. 두 자치단체는 인구·기업 등 세금 수입원이 적어 재정 사정이 열악하다. 그렇다고 지역 개발·주민 숙원 사업을 게을리하지는 않는다. 의외로 비결은 간단하였다. 반짝이는 사업 아이디어가 있다는 것뿐이었다.

첫째 아이디어는 적극적인 민자 유치였다. 함양군은 휴천일반산업단지를 함양제강의 민자 4,000억 원을 유치하여 다음 달 착공한다. 54홀 골프장·수영장 등을 갖출 다곡리조트, 18홀 골프장과 골프텔이 들어설 함양리조트도 민자로 건설한다. 정부 공모사업 등을 통한 국비 확보도 비결이다. 함양군은 지난해 이후 농촌종합개발사업·숲 조성 같은 정부 공모사업만으로 174억 원을 확보하였다. 이는 경남의 10개 군 지역 가운데 최대 액수이다. 완도군도 국비 확보에 적극적이다. 농촌종합개발사업에 응모하여 2007년부터 5년 연속 선정되면서 372억 원(국비 70%)을 확보하였다. 두 군이 중앙부처 인맥을 활용하여 사전에 정보를 입수하고 철저히 준비하는 등 공모사업에 노력한 결과이다. 정부에 아이디어를 제시하고 예산을 따오기도 한다. 완도군은 2006년 '해양바이오산업 클러스터 조성계획'을 제시하여 150억 원의 국비를 지원받았다. 이 돈으로 해양생물연구교육센터 ·해조류연구센터를 완공한 데 이어 전복연구센터와 해조류 스파랜드를 건립 중이다.

세수 확보와 경비 절감은 기본이다. 함양군은 자동차세를 늘리기 위하여 7개 리스 차량회사의 지점을 유치하였다. 낭비를 줄여 올해 비용 15억 원을 줄인다. 완도군은 30여 년 된 청사가 낡고 비좁지만 층수를 높이고 리모델링해 그대로 사용하고 있다.

두 지역은 이처럼 선심성·치적 쌓기 사업 등은 자제하고 꼭 필요한 사업만 벌인 결과 부채 제로 자치단체가 되었다. 최완식 함양군수는 "지역 개발, 주민 숙원에 소홀하였다면 주민들이 가만있겠느냐"고 말하였다. 김종식 완도군수는 "빚을 내 원금·이자를 갚다 보면 가용재원이 더 적어지기 때문에 빚을 내야 할 사업은 아예 하지 말아야 한다"고 강조하였다(중앙일보, 2012.4.16).

3) 전남 완도군

국내 수산업 1번지로 꼽히는 전남 완도군이 최근 또 다른 이유로 주목받고 있다. 군청이 지고 있던 빚 2억 5,000만 원을 모두 갚음으로써 부채 0(제로)의 지방자치단체가 되었기 때문이다. 완도군은 2002년 7월 김종식(61) 군수 취임 때 빚이 137억 원에 달하였다. 당시 연간 예산의 5%에 이르는 규모였다. 김 군수는 10년간 세 차례 연임하면서 기존 부채를 꾸준히 갚고 새로운 빚은 내지 않았다. 그는 "표를 얻으려면 주민들에게 뭔가 보여 줘야 하기 때문에 언제나 빚을 내서라도 사업을 하고 싶은 충동을 느낄 수밖에 없다"며 "그런 유혹을 양심으로 물리쳐 왔다"고 말하였다. 그에게서 '부채 제로 살림'의 소신과 비결을 들어봤다.

– 많은 지방자치단체가 재정 위기에 몰리고 있다.

"국비 지원에 눈멀어 지방비 의무 부담 비율이 큰 사업을 덜컥덜컥 가져오고, 사업 우선순위를 잘못 정해 일을 벌이고, 빚의 원금과 이자까지 갚아야 한다. 결국 재정 압박이 심해져 꼭 해야 할 사업은 못 하고 만다. 농어촌 자치단체는 빚을 내는 데 더 신중하여야 한다."

–선거를 세 번이나 치르면서 공약도 많이 했는데.

"다른 사람 이야기만 듣고 재원은 생각하지 않은 채 공약을 남발하는 경우가 많은데, 나는 사업비를 어떻게 조달할 것인가부터 생각한다. 군 예산으로 할 것인가, 정부의 지원을 받을 것인가, 빚을 낼 수밖에 없는 것인지를 따진 다음 결정한다. 빚을 내야 할 사업은 아예 제외하였다."

–군 살림을 너무 소극적으로 꾸린 것은 아닌가?

"다른 지자체가 한 것은 거의 다 하고 있다. 기존 부채까지 이자 부담을 없애기 위하여 서둘러 상환하면서도 꼭 필요한 지역개발 사업과 주민숙원 사업은 거의 모두 하였다. 뒷짐만 지고 일을 하지 않았다면 선거 때 주민들에게 표로 심판당하게 되므로 이 자리에 없을 것이다."

–국비·도비를 많이 가져다 쓴다는데.

"예산 확보 활동과 업무 협의를 위하여 서울에 한 해 40~50회 간다. 중앙부처에 가려면 자동차·비행기·자동차를 갈아타고 6시간을 가야 한다. 전화로도 일을 많이 해결한다. 부처의 누구를 만나고 통화하느냐가 중요한데, 고시(행시 24회) 동기와 선후배들 덕분에 일을 부드럽게 할 수 있다.”

–발 빠른 대처로도 유명한데.

“중앙부처 사람들을 자주 만나고 통화하다 보면 그들의 계획이나 구상 등을 빨리 알 수 있다. 남들보다 미리 준비해 알찬 계획서를 만들 수 있어서 자연스럽게 공모사업에도 유리하다.”

김 군수는 “빚을 내서라도 할까 하고 수년 전부터 유혹을 엄청 느껴온 사업이 딱 하나 있었다”고 토로하였다. 누수에 따른 손실을 없애기 위한 상수도 관로 교체사업인데 예산 때문에 미뤄 왔더니 내년부터 한국수자원공사 예산사업이 되었다. 그는 “유혹을 참은 결과 군 예산을 아꼈다”며 웃었다(중앙일보, 2012.4.23).

10 지방재정과 복지예산

1) 복지예산 급증

서울 중랑구는 저소득층 가정 고교 3년생 1,000여 명에게 저녁값을 대주던 사업을 올해부터 없앴다. 영・유아 보육료 등 새로운 복지비를 감당할 수 없어 예산을 삭감한 것이다. 경로당 보수 비용도 1억 원에서 5,000만 원으로 줄이고, 노인복지관 운영비도 1억 원 줄였다. 중랑구 관계자는 “경기 불황 등으로 세수(稅收)가 줄어든 데다 중앙정부에서 새로 시행하는 복지 정책 비용을 대느라 재정이 큰 압박을 받고 있다”고 말하였다.

2012년 총선과 대선을 앞두고 직접 현금으로 지원하는 복지 정책이 늘면서 지방자치단체의 재정 부담이 커지고 있다. 재정 자립도가 낮은 일부 지자체는 급격히 늘어나는 복지비 부담을 견디지 못하는 위기를 맞을 것이란 우려가 나오고 있다. 현재 영・유아 보육료 지원 등 중앙정부가 시행하는 복지 예산이 늘면 평균 6 대 4 비율로 중앙정부와 지방정부가 분담한다. 중앙정부의 복지 정책이 많아질수록 지방정부 부담이 그만큼 커지는 구조이다. 지자체 재정을 압박하는 현금 지원식 복지 정책으로는 기초노령연금, 기초생활보장, 장애인연금 등이 있다.

부산시는 올해 복지 예산 증가율(5.7%)이 총예산 증가율(3.1%)을 훨씬 앞질렀다. 이 때문에 복지비용 마련을 위하여 환경·도로·지역 개발 예산 등을 20% 안팎 줄였다. 복지 예산 중 가장 크게 늘어난 것은 보육료이다. 정부가 올해부터 소득 하위 70%에게만 주던 만 0~2세 보육료(28만 6,000~39만 4,000원)를 소득에 관계 없이 모두 주기로 하면서 부산시가 올해 더 부담하여야 할 돈이 212억 원에 이른다. 부산시 관계자는 "중앙정부 지침에 따라 운영하는 복지 예산은 무조건 반영하여야 하므로 늘어난 예산만큼 다른 예산을 깎을 수밖에 없다"고 말하였다.

재정 형편이 나은 편인 서울 강남구도 불어나는 복지비를 대느라 허덕이고 있다. 강남구 예산은 서울시 공동 과세제 도입 등으로 2009년 6,410억 원에서 올해 5,044억 원으로 1,366억 원 줄었다. 반면 복지 예산은 2008년 1,166억 원에서 2010년 1,518억 원, 2011년 1,567억 원, 올해 1,615억 원으로 계속 증가하고 있다. 이에 따라 강남구는 2009년 164억 원이었던 도로 유지 관리 비용을 올해는 60억 원으로 줄였다. 이면 도로 등에는 깔끔하게 정비하지 못하고 누더기 상태인 곳이 적지 않다. 구립 어린이집, 도서관을 더 지어달라는 민원이 많지만 여력이 없다. 이처럼 복지 예산이 늘어나고 다른 예산은 깎이면서 전체 예산 중 복지 예산 비중이 50% 이상인 시·군·구가 24곳으로 늘어났다. 복지비를 감당하느라 다른 예산을 쓸 여력이 없는 지역이다.

부산 북구청은 올 복지 예산이 1,405억 원으로 올해 총예산의 62.4%를 차지한다. 인건비를 빼고 계산하면 복지 예산 비중이 77.3%로 치솟는다. 복지 예산 비중이 커졌는데도 북구청은 아직 영·유아 보육료 55억 원을 예산에 반영하지도 못하였다. 북구청 관계자는 "추경에서 예산을 세울 계획이지만 사정이 여의치 않다"고 하였다.

광주(光州) 광산구청은 복지 예산이 작년 1,499억 원에서 올해 1,744

억 원으로 245억 원이나 늘어 심각한 재정난을 겪고 있다. 이 때문에 영·유아 보육료는 8월분까지, 지역 청소 비용은 7월분까지만 겨우 확보하였다.

내년부터는 양육수당 지급 대상 확대로 지자체들은 총 3,000여억 원

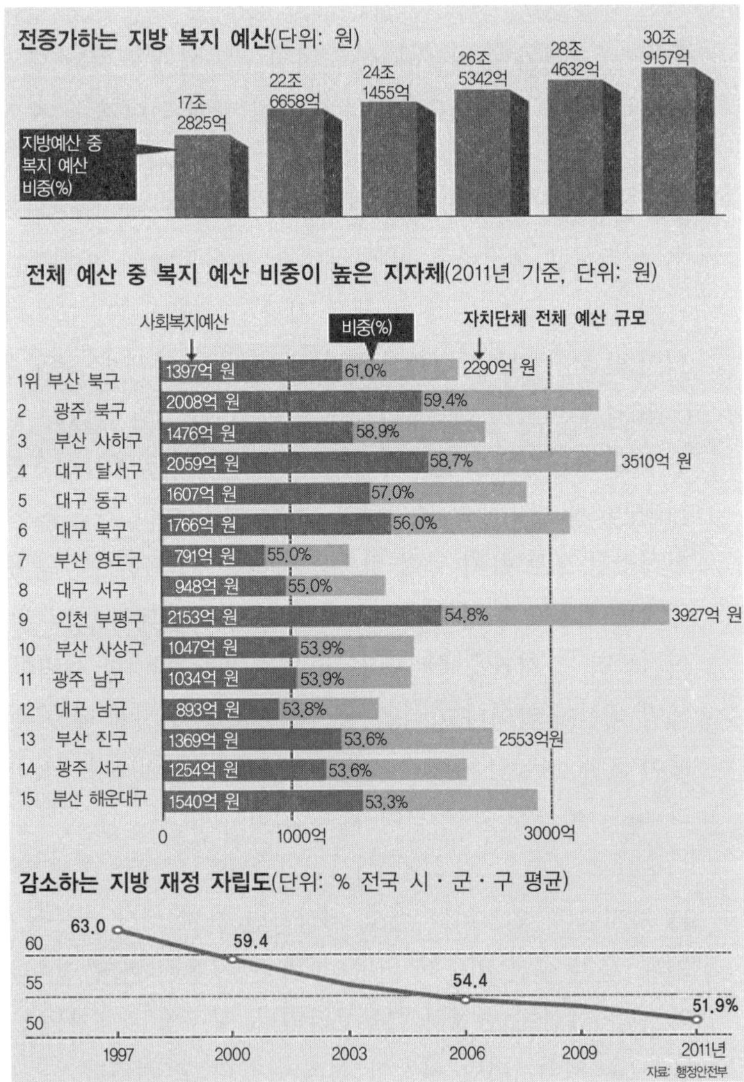

자료: 조선일보. 2012.2.25.

을 더 부담하여야 하는 상황이다. 현재 정치권에서 거론하는 각종 복지 예산까지 반영하여야 할 때는 그 액수는 천문학적으로 늘어날 수 있다. 원종욱 보건사회연구원 연구위원은 "보육료만으로도 지방자치단체에 부담이 큰데 앞으로 정치권이 선심 정책으로 양육수당이나 기초노령연금 등 대상자나 액수를 확대하면 파탄 나는 자치단체가 생길 수 있다"고 우려하였다(조선일보, 2012.2.25).

2) 복지예산 급증으로 도청 이전 전면 보류(경기도)

경기도가 재정난을 우려하여 신청사 건립 계획을 전면 보류하였다. 현 재정 상태로 3,800억 원(부지매입비 포함)에 달하는 예산이 들어가는 건립 비용을 감당하기 어렵다는 판단에서이다. 최근 인천광역시와 경기도 용인시가 극심한 재정난으로 간부들의 급여를 삭감하는 등 '비상 관리 체제'에 돌입한 데 따른 타산지석(他山之石) 효과로 볼 수 있다.

김문수 경기지사는 16일 "오랜 부동산 경기 침체로 세수가 급감하여 비상경영 체제에 나서야 한다"며 도청사 이전 사업을 보류한다고 전격적으로 발표하였다. 경기도는 2016년 말까지 수원 광교신도시에 신청사를 지어 이전할 계획이었다. 현재 수원 팔달구 효원로에 있는 도청사는 1980년에 건립되어 낡고 비좁다. 김 지사는 "3월 말 현재 경기도의 세입은 부동산 거래세(취·등록세) 감소로 전년 동기 대비 3,000억 원이나 줄어든 반면 영유아 보육료 870억 원을 비롯해 올해 복지예산은 지난해보다 4,600억 원을 더 지출하여 한다"고 설명하였다.

김 지사는 "도의 재정이 이런 상황에서 민생·복지 등 주민들의 생활과 직접 관련이 없는 신청사 건립을 도정의 1순위로 놓고 추진하는 것은 현실적으로 어렵다"며 "신청사 건립에 필요한 재원이 마련될 때까지 건립을 보류한다"고 밝혔다. 도는 올해 3억 9,000여만 원의 예산을 들여 신청사 기본·실시설계 용역에 들어가 내년 말 용역이 마무리되면 2014년께 착공할 예정이었다. 사업 보류 결정에 광교신도시 입주민들의 반발이 우려된다. 도는 2년 전에도 호사 청사 논란 우려 등의 이유로 사업을 보류하였다가 광교 입주민들의 반발에 부닥치자 사업을 재추진해 왔다(중앙일보, 2012.4.17).

11 지방재정과 보궐선거

2010년 6월 지방선거를 치른 지 2년도 안 돼 국회의원이 되겠다며 중도 사퇴한 기초단체장과 지방의원은 41명으로, 이 41개 지역 보궐선거 비용으로 20억 1,000만 원의 정부 예산이 든 것으로 나타났다. 의원 당선자는 4명으로, 국회의원 3명, 시의원 1명이다. 단 4명 당선을 위하여 20억 원의 혈세가 낭비된 셈이다.

2012년 4월 15일 중앙선거관리위원회에 따르면 이번 총선과 함께 전국 61개 선거구에서 지방선거 재·보궐선거가 치러졌다. 이 중 기초단체장과 지방의원 38명이 총선 출마로 직행하였고 광역의원의 총선 출마로 공석이 된 자리에 기초의원 3명이 현직을 사퇴한 뒤 도전하였다. 전체 재·보선 비용은 모두 20억 8,320만 원으로, 이 중 총선과 관련돼 보궐선거가 발생한 41곳에는 20억 1,000만 원이 소요되었다. 이 비용은 해당 선거에서 10% 이상 득표를 한 후보에게 지급하는 선거보전 경비(10~15% 미만 절반, 15% 이상 전액)를 제외한 액수라 선거 결과에 따라 더 많은 정부 예산이 투입될 것으로 보인다.

선관위 관계자는 "12월 대선을 앞두고 있기 때문에 광역단체장들이 대권 도전을 위하여 중도 사퇴할 경우 더 많은 재·보선 비용이 소요될 것으로 보인다"고 말하였다. 지난해 오세훈 서울시장의 중도 사퇴로 치러진 서울시장 보궐선거 때 약 320억 원이 든 것으로 집계되었다. 연말 대선 도전이 점쳐지는 광역단체장으로는 김두관 경남지사와 김문수 경기지사가 있다.

각 정당은 지자체장과 지방의원들의 중도 사퇴에 그 동안 부정적인 태도를 나타냈지만 이번 총선에선 당선 가능성이 큰 기초단체장 등을 버젓이 공천하곤 하였다. 새누리당은 인천 서-강화을에 안덕수 전 강화군수를 내세웠으며 경기도의원이었던 장정은 후보를 비례대표 29번에 배치하기도 하였다. 민주통합당은 전남 장흥-강진-영암에 황주홍 전 강진군수, 순천-곡성에 노관규 전 순천시장을 공천하였으며 통합진보당도 울산 동구에 이은주 전 시의원을 내세웠다. 국회의원에 당선된 사람은 안·황 전 군수와 전북 전주 덕진의 김성주 전 전북도의원이며 새누리당의 황보승희 전 부산 영도구의원은 공석이 된 시의원 자리에 도전해 당선되었다.

선관위는 "선출직 공직자가 임기 중 다른 선거에 입후보하기 위하여 그 직을 사퇴함으로써 보궐선거 실시 사유가 발생할 경우 반환받은 기탁금과 보전받은 선거비용을 다시 국가에 반환토록 해야 한다"는 내용의 정치관계법 개정 의견을 2008년 국회에 제출하였지만 국회에서는 논의가 진척되지 않고 있다(동아일보, 2012.4.16).

표 13-14 4·11총선 중도 사퇴한 지방자치단체장 및 지방의원 현황과 재·보선 비용

구분	전체 공석	총선 요인 사퇴	당선	선거 비용
기초단체장	5명	5명	2명	16억 270만 원
광역의원	37명	30명	1명	2억 8,050만 원
기초의원	19명	6명	1명(시의원 당선)	2억 원
계	61명	41명	4명	20억 8,320만 원

주) 재보선에서 10% 이상 득표한 후보에게 지급하는 보전비용은 제외.
자료: 동아일보, 2012.4.16.

제 14 장 지방재정조정제도

지방재정조정제도는 중앙정부의 지방자치단체에 대한 것과 광역자치단체의 기초자치단체에 대한 것이 있다.

1 중앙정부의 지방재정조정제도

지방교부세

1. 근거법

지방교부세법

2. 재원

내국세의 19.24%에 해당하는 금액(지방교부세법 제4조 제1항), 전전년도 내국세의 정산액(지방교부세법 제5조 제2항)

- 보통교부세: 분권교부세 및 양여금 도로사업 보전분을 제외한 교부세 총액의 96%
- 특별교부세: 분권교부세 및 양여금 도로사업보전분을 제외한 교부세 총액의 4%
- 분권교부세: 내국세 총액의 0.94%(2005~2014년간 배분)

※ 부동산교부세 별도 운영

3 용도

- 보통분권교부세: 용도 지정 없이 자치단체 일반예산으로 사용
- 특별교부세: 용도 지정 · 조건 부여 가능

국고보조금

1. 근거법

보조금의 예산 및 관리에 관한 법률
2. 재원
국가의 일반회계 또는 특별회계 예산으로 계상
3.용도
용도와 조건이 지정되어 특정 목적 재원으로 운용

표 14-1 중앙정부의 재원 이전(2011) (단위: 억 원)

계(구성비)	지방교부세(구성비)	국고보조금(구성비)
625,193(100%)	301,904(48.3%)	323,289(51.7%)

주) 지방자치단체의 2011년 당초예산에 반영된 금액이 아니고 국가에서 지원하는 금액 기준임. (부동산교부세 1조 681억 원 포함)
자료: 행정안전부, 「2011 지방자치단체 예산개요(상)」, p. 48.

1) 지방교부세

(1) 의의

국세수입의 일부를 지방자치단체의 행정 운영에 필요한 재원으로 교부하여 그 재정을 조정함으로써 지방행정의 건전한 발전을 기하는 제도이다.

(2) 보통교부세 교부 현황

표 14-2 2011년도 보통교부세 교부 현황 (단위: 억 원)

구분	단체 수			보통교부세 교부액	비 고 (불교부단체)
	계	교부	불교부		
계	175	168	7	257,755	
특별시	1	-	1	-	서울
광역시	6	6	-	25,579	
도	9	9	-	47,049	제주도 포함
시	73	67	6	88,146	수원, 성남, 고양, 과천, 용인, 화성
군	86	86	-	96,981	

주) 1. 자치구 69개는 특별·광역시 본청에 합산하여 산정. 제주특별자치도는 보통교부세 재원의 3%를 정액교부.
2. 기준재정수입액이 기준재정수요액을 초과할 경우 불교부.
자료: 행정안전부, 「2011 지방자치단체 예산개요(상)」, p. 50.

(3) 교부세의 산정

가. 보통교부세

매년도의 기준재정수입액이 기준재정수요액에 미달하는 지방자치단체에 대하여 그 미납액(재정부족액)을 기초로 산정한다.

가) 기준재정수요액: 기초수요액(16개 세항목) +보정수요액 ± 수요자체 노력

※ 기초수요액 = 자치단체별 기본행정 수행을 위한 기본경비로서 측정 단위 수치에 단위 비용 및 보정계수를 곱하여 산출

나) 기준재정수입액: 기초수입액(보통세 추계액의 80%) +보정수입액 ±수입 자체 노력

※ 보정수입액 = 목적세 수입액의 80%, 경상세외수입액의 80%, 일반재정 보전금 및 정산분, 시도세 징수교부금 및 정산분 지방세·경상세외 수입결산액 정산분의 80%, 부동산교부세 수입 및 결산액 정산분의 80%

다) 조정률: 교부세 총액이 재정부족액을 완전 충족치 못하므로 이를 조정하기 위한 비율(보통교부세 총액÷재정부족액 총액)

나. 특별교부세

보통교부세의 산정 방법으로 포착할 수 없는 재정 수요나 연도 중에 발생한 각종 재해, 공공복지시설 설치, 국가적 장려사업 등 예측하지 못한 특별한 재정 수요에 대비하여 지방교부세의 4%(분권교부세 및 지방양여금 도로사업 보전분을 제외)를 특별교부세 재원으로 하여 지방교부세법령에 의하여 배정한다.

가) 지역 현안 수요(총액의 30% 해당액)

- 행정구역 개편, 지방공공시설의 신설·복구·확장 등 지역 현안 사업비 지원

나) 시책 수요(총액의 20% 해당액)

- 지역경제 활성화, 주민생활 안정, 지방행정 기능의 강화, 국가적 행사 관련 등의 시책 사업 지원

다) 재해대책 수요(총액의 50% 해당액)

- 각종 재해 발생에 따른 응급 · 항구 복구 및 시급한 재해 예방 사업 지원

※ 재해 대책 수요의 재원 잉여예상분→ 우수단체 행 · 재정 지원(행정안전부, 2011c : 50-51).

다. 분권교부세

이양사업의 성격을 분석하여 크게 경상적 수요와 비경상적 수요로 구분 산정한다.

가) 경상적 수요

- 각 산정 항목별 자치단체 예산편성 현황분석 및 관련 통계를 적용하여 산출한 산식에 의거 산정

나) 비경상적 수요

- 관계 부처에서 사업별 한도액 범위 내에서 실시한 자치단체별 수요조사 결과 반영

(4) 연도별 지방교부세 현황

표 14-3 연도별 지방교부세 현황 (단위: 백만 원)

연도별	계	보통교부세	특별교부세	분권교부세	증액교부금
2000	8,266,546	7,468,678	746,868	–	51,000
2001	12,288,992	11,119,539	1,111,953	–	57,500
2002	12,259,400	10,884,910	1,088,490	–	286,000
2003	14,910,674	12,238,522	1,223,852	–	1,448,300
2004	14,469,054	13,012,867	1,301,566	–	154,900
2005	19,484,517	17,927,570	711,566	845,381	–
2006	20,441,392	18,691,488	743,396	1,006,508	–
2007	23,307,694	21,316,202	852,759	1,138,733	–
2008	28,213,686	25,795,852	1,039,411	1,378,423	–
2009	25,186,858	23,032,062	924,254	1,230,542	–
2010	26,990,688	24,679,136	992,880	1,318,672	–
2011	29,122,280	26,625,487	1,073,979	1,422,814	–

주) 1. 2010년까지는 최종 교부액(추경 및 정산분 포함), 2011은 당초예산 기준, 보통교부세에는 양여금 도로보전분(850,000백만 원이) 포함.
2. 2005년에는 증액교부금 제도가 폐지되고 분권교부세 제도 신설.

자료: 행정안전부, 「2011 지방자치단체 예산개요(상)」, p. 52.

(5) 노무현 대통령의 특별교부세 축소 지시

노무현 대통령은 2003년 3월 24일 행정자치부 업무 보고를 받는 자리에서 "특별교부금을 보통교부금에 흡수하는 폐지 방안까지 포함하여 근본적 개선 방안을 강구하라"고 지시하였다. 노 대통령은 이 자리에서 "특별교부금 제도가 행정과 정치에 대한 신뢰를 깎아먹는 데 크게 작용하고 있다. 국회의원들이 특별교부금으로 지역에 가서 큰소리치거나 행정자치부 장관이 자의적으로 쓸 수 있는 부분은 없어져야 한다"고 말하였다.

특별교부금(정확한 이름은 특별교부세인데 대부분 특별교부금이라고 한다)은 정부 예산 가운데 특별한 용도를 정해두지 않았다가 그때그때 필요에 따라 시・군・구에 배정해 주는 돈을 말한다. 이를테면 지하철 참사가 발생한 대구처럼 특별한 재해 지원 필요성이 생겼을 때 특별교부금을 활용할 수 있다. 대통령이 민생 현장을 순시하면서 민원인들에게 즉석 선물을 할 때 특별교부금으로 뒷받침하기도 한다. 행정자치부가 관리하며 2003년 예산 기준으로 1조 1,800억 원이니 규모가 꽤 크다.

이러한 특별교부금을 두고 노 대통령이 "행정과 정치의 신뢰를 깎아먹는다"고 문제삼은 이유는 무엇일까. 그것은 특별교부금이 재해 대책 등의 용도로 쓰였지만, 상당한 액수가 국회의원들이 자기 지역구 생색용으로 분배해 왔기 때문이다. 국회의원 선거 때 의원들이 "각고의 노력으로 몇억 원의 예산을 확보해 노인정 몇 개를 지었으며…"라고 홍보해 온 것들이 특별교부금을 따서 생색을 내온 것이다. 국회의원들이 자기 주머니를 불린 게 아니라 지역구 사업에 쓰는 것인 만큼 이런 행태를 나쁘게만 볼 일은 아니다. 그러나 특별교부금의 사용 내역을 보면 뭔가 투명하지 못한 구석들이 있었다.

김홍신 의원(한나라당)이 2000년에 행자부로부터 제출받은 자료에 따르면 1999년 기준으로 당시 여권 실세인 김홍일・한화갑 의원의 지역구인 전남 목포에 비교적 거액인 29억 2,200만 원이 배정되었다. 당시 총리이던 김종필 의원, 김봉호 당시 국회부의장, 김옥두・박상천 의원 등 여권 중진의 지역구에도 22억 원 이상이 돌아갔다. 한나라당 중진인 박희태·하순봉·목요상 의원과 양정규 전 의원 등의 지역구도 20억~33억 원을 받았다.

그 무렵에는 김대중 정부의 야당 의원 빼가기가 정치 쟁점이 된 바 있는데, 당시 한나라당을 탈당해 국민회의나 자민련으로 당적을 옮긴 권정달·이택석·정영훈·황학수·송훈석 의원의 지역구에도 23억~37억 원이 배정되었다. 정권 쪽이 특별교부금을 '의원 빼내기 사례금'으로 이용한 것 아니냐는 의심마저 불러일으킨 것이다.

예산 전문가들은 이에 따라 "청와대와 정치권이 특별교부금을 줄 테니 도와달라는 식의 음성 거래를 하는 것 아니냐"라고 비판해 왔다. 실제로 정부는 내역 공개를 극구 꺼렸는데, 김홍신 의원의 자료도 승강이 끝에 '비공개로 열람만 하는' 조건으로 제공된 것이었다. 그런 것을 김 의원이 '공익'을 앞세워 일부 내용을 언론에 흘림으로써 그나마 어슴푸레한 윤곽이 세상에 공개된 것이다. 따라서 특별교부금 개선 발언은 나름대로 명분이 있다. 국민의 세금을 계속해서 밀실 집행하는 것은 옳지 않기 때문이다(한겨레 21, 2003.4.10 : 34-36).

(6) 특별교부세의 규모 축소

2003년 12월 29일 지방교부세법 개정안이 국회에서 의결되고 2004년 1월 29일 공포됨에 따라 2005년부터 특별교부세가 교부세 총액의 11분의 1인 9.09%에서 4%로 축소되었다. 개정된 내용은 다음과 같다.

지방교부세법

제4조(교부세의 재원)

① 교부세의 재원은 당해 연도의 내국세(목적세와 다른 법률에 의하여 특별회계의 재원으로 사용되는 세목의 당해 금액을 제외한다. 이하 같다) 총액의 1천분의 183에 해당하는 액과 제5조 제2항의 규정에 의한 정산액으로 한다.〈개정 1989.12.30, 1990.12.31, 1999.12.28, 2004.1.29〉

② 보통교부세의 재원은 제1항의 규정에 의한 교부세 총액의 100분의 96에 해당하는 액으로 하고, 특별교부세의 재원은 제1항의 규정에 의한 교부세 총액의 100분의 4에 해당하는 액으로 한다.〈개정 2004.1.29〉

(7) 특별교부세의 배정 실태

2009년 특별교부금 9,243억 '힘센 정치인'에게 몰렸다. 10위 안에 영남 의원 지역구 7곳, 야권 실세 지역에도 상당액이 배정되었다.

표 14-4 특별교부세 집행 내역(2009)

지역	의원	액수
전북 진안-무주-장수-임실	정세균(민주당)	89억 원
경남 양산	박희태(한나라당)	80억 원
광주 남	강운태(민주당)	65억 원
경남 창원	권영길(민노당) 외 1인	63억 원
전북 군산	강봉균(민주당)	54억 원
전북 전주	정동영(민주당) 외 2인	54억 원
부산 남	김무성(한나라당) 외 1인	50억 원
대구 달성	박근혜(한나라당)	43억 원
경북 포항	이상득(한나라당) 외 1인	38억 원

자료: 행정안전부.

정부가 지방자치단체에 '특별한' 재정 수요가 있을 때 지원하는 '특별교부금(세)'의 2009년 집행 내역이 처음으로 공개되었다. 행정안전부가 5일 민주당 김희철 의원에게 제출한 '2009년도 자치단체별 특별교부금 배정 내역'에 따르면 지난해 특별교부금은 모두 9,243억 원이 집행되었다. 2005년 7,115억 원이었음을 감안하면 4년 만에 2,000억 원 이상 불어난 규모이다.

광역단체별로 보면 수도권인 경기도(1,264억 원) 다음으로 경남도(1,230억 원)가 많았는데, 교부금 집행 당시 행안부 장관이었던 이달곤 전 장관은 6월 지방선거 경남지사 예비후보이다.

기초단체별로는 경남 김해시가 115억 9,400만 원을 지원받아 가장 수혜를 누린 것으로 나타났다. 김해시는 지난해 5월 서거한 노무현 전 대통령의 고향이자 한나라당 김정권, 민주당 최철국 의원의 지역구이다.

김해시는 바위공원 조성, 장유건강지원센터 건축, 웹 접근성 개선 등의 명목으로 33억여 원, 재해 대책용으로 82억여 원을 지원받았다.

다음으로는 박희태 전 한나라당 대표의 지역구인 경남 양산시였다. 양산시는 지방재정 조기 집행 4월 말 실적평가 우수, 대한민국 지방자치경영대전 우수, 희망근로 프로젝트 실적평가 우수, 청소년회관 건립 용도 등으로 20억여 원, 재해 대책용으로 59억여 원 등 모두 80억 5,800만 원을 받았다. 내무관료 출신으로 행정자치부 장관을 지낸 민주당 최인기 의원의 지역구인 전남 나주시도 세 번째로 많은 71억 원을 지원받았다.

기초단체별 집행 순위 4~10위는 경기도 고양시(69억 원), 경남 하동군(66억 5,100만 원), 광주 남구(65억 원), 경남 창원시(63억 원), 대구 동구(62억 원), 경남 합천시(56억 원), 경북 구미시(54억 원)였다. 대부분 한나라당 의원들이 지역구 의원인 영남권 기초단체가 7곳이나 되었다. 노무현 정부 때인 2006년엔 상위 10곳 가운데 호남이 네 곳, 영남이 네 곳이었다. 1~10위에는 포함되지 않았지만 한나라당 실세·중진의원들의 지역구에도 상당액이 투입되었다. 박근혜 전 대표의 지역구인 대구 달성군에 43억 원, 이상득·이병석 의원 지역구인 경북 포항시에 38억여 원, 김무성 의원 지역구인 부산 남구에 50억 원 등이 배정되었다.

반면 2005~2007년 387억 원(연평균 129억 원)을 지원받았던 강원도 평창군은 올해 15억 6,900만 원으로 축소되었다. 2005년 74억 원을 지원받아 1위였던 전북 장수군도 14억 원으로 줄었다. 평창군은 노무현 정부 실세였던 이광재 의원의 지역구이고, 장수군은 정세균 민주당(당시 집권당) 대표의 지역구이다. 특별교부금에도 권력 교체가 이루어진 셈이다. 민주당 정동영 의원의 지역구인 전주시는 54억 4,600만 원을 확보하였다.

정부는 자료에서 "국가 시책의 원활한 추진을 지원하고, 자치단체의 예기치 못한 수요에 탄력 대응하기 위해 특별교부세를 마련하였다"고 설명하였다. 그러나 특별교부금은 그 동안 권력의 쌈짓돈 식으로 운용되었다는 지적을 받아왔다. 정부가 지자체를 길들이는 용도로 특별교부금을 쓸 수 있다는 지적도 나온다(중앙일보, 2010.4.6).

(8) 교부세와 정권 교체

정부가 지방자치단체 재정을 지원하는 특별교부세와 분권교부세가 정권에 따라 지역별 편중 현상이 심한 것으로 조사되었다. 행정안전부가 2006년부터 지난해까지 5년간 지자체에 지원한 10조 6,254억 원의 특교세와 분교세 배정 현황을 국민일보가 분석한 결과 노무현 정부 시절인 2006년과 2007년 특교세는 강원도(16.65%), 경남(12.84%), 전남(11.77%) 등의 순으로 많이 배정되었다.

하지만 이명박 대통령이 취임한 2008년부터 지난해까지는 특교세 배정 상위 지자체가 경남(10.82%), 경기(10.58%), 경북(10.15%) 등의 순으로 바뀌었다. 2008~2010년 영남권 지자체에 배정된 특교세는 모두 1조 74억 원으로 전체의 34.7%를 차지하였다. 이는 2006~207년 평균 배정 비율 31.7%보다 늘어난 수치이다. 반면 강원도의 특교세 배정 비율은 평균 7.86%로 노무현 정부 시절의 절반에도 못 미쳤다.

특교세는 재해 복구 등 예기치 못한 재정 수요가 발생할 때 지원하기 위하여 만들어졌다. 실제로는 국정 수행을 뒷받침하는 용도로 사용되어 '통치자금'의 성격이 강하다. 청와대가 전체 특교세의 상당한 액수에 대하여 사용처와 용도를 정하고 있으며, 나머지 금액은 국회와 정부가 일정 몫을 행사하고 있다.

2005년 국고보조사업의 일부가 지자체로 이양되면서 이를 지원하기 위하여 신설된 분권교부세도 정권에 따라 부침이 심하였다. 노무현 정부 때 연평균 900억 원 안팎의 분권교부세를 지원받던 경북은 이명박 정부 들어 지원 규모가 1,178억 원으로 30.1%나 급증하였다. 경북은 2006년과 2007년 각각 858억 원과 965억 원의 분교세를 지원받았으나 2008년에는 1,203억 원으로 지원 규모가 급증하였다. 이어 2009년(1,165억 원), 2010년(1,167억 원)에도 다른 지자체에 비하여 상대적으로 많은 지원을 받았다.

한나라당 김문수 지사가 재선에 성공한 경기도 역시 분교세 지원 혜택을 톡톡히 누렸다.

대신 광주의 분교세 지원 비율은 같은 기간 3.16%에서 2.97%로, 충남은 6.54%에서 6.26%로 낮아졌다(국민일보, 2011.10.20).

2) 국고보조금

(1) 의의

국고보조금은 국가위임사무와 시책사업 등에 대한 사용 범위를 정하여 그 경비의 전부 또는 일부를 보조하거나 재정상의 원조를 하기 위하여 교부하는 제도로서 교부금, 국고부담금, 협의의 국고보조금 등을 포괄한다.

(2) 종류

가. 교부금 : 국가의 사무를 자치단체에 위임하였을 경우 그 경비를 부담

나. 국고부담금 : 지방자치단체가 행하는 사업 중 그 성질상 국가의 책임정도에 따라 그 경비의 전부 또는 일부를 부담

다. 협의의 국고보조금 : 지방자치단체에 대해 특정 사업의 실시를 권장하거나 지방자치 단체의 재정을 지원(행정안전부, 2011c : 61).

(3) 연도별 국고보조금 현황

표 14-5 연도별 국고보조금 현황 (단위 : 억 원)

연도별	국고보조금	비고
2006	207,084	
2007	224,101	
2008	265,717	
2009	294,059	
2010	316,392	
2011	323,289	

주) 국가 본예산에 반영된 금액.
자료 : 행정안전부, 「2011 지방자치단체 예산개요(상)」, p. 62.

(4) 부처별 국고보조금 현황

표 14-6 부처별 국고보조금 현황 (단위 : 억 원)

부처명	계	일반회계	광특회계	기타 특별회계	기금
계	323,289	174,253	62,003	68,060	18,973
기획재정부	1,277				1,277
공정거래위원회	2	2			
국가보훈처	39	26	13		
통일부	54	54			
교육과학기술부	1,601	1,541	30		30
외교통상부	46	46			
법무부	315	17			298
행정안전부	11,547	6,578	4,969		
경찰청	392	95	297		
보건복지부	148,622	143,688	19	608	4,307
문화체육관광부	12,041	983	6,259	164	4,635
여성가족부	3,137	1,128	494		1,515
농촌진흥청	1,482	444	994	44	
산림청	8,686	2,422	2,323	3,941	
지식경제부	9,323	487	5,922	1,438	1,476
중소기업청	1,949		1,949		
특허청	10			10	
식품의약품안전청	99	51	48		
환경부	34,685		4,842	29,843	
노동부	920	542	69	9	300
농림수산식품부	38,771	2,197	17,008	15,623	3,943
문화재청	2,613	2,183	210		220
국토해양부	39,373	7,540	16,552	14,308	973
소방방재청	6,095	4,019	4	2,072	
국민권익위	4	4			
대법원	205	205			

자료: 행정안전부, 「2011 지방자치단체 예산개요(상)」, p. 63.

2 광역자치단체의 지방재정조정제도

조정교부금

1. 근거법

지방자치법 제173조

특별시장이나 광역시장은 시세(市稅) 수입 중의 일정액을 확보하여 조례로 정하는 바에 따라 해당 지방자치단체의 관할 구역 안의 자치구 상호간의 재원을 조정하여야 한다.

2.재원

특별시・광역시세인 취득세・등록세 중 조례로 정하는 일정액

3.용도

일반재원

재정보전금

1. 근거법

지방재정법 제29조①

시・도지사(특별시장은 제외한다. 이하 이 조에서 같다)는 다음 각 호의 금액의 27퍼센트(인구 50만 이상의 시와 자치구가 아닌 구가 설치되어 있는 시의 경우에는 47퍼센트)에 해당하는 금액을 시・군에 대한 재정보전금의 재원으로 확보하여야 한다. 〈시행일 2014.1.1〉

1) 시・군에서 징수하는 광역시세・도세(화력 발전・원자력 발전에 대한 지역자원시설세, 특정 부동산에 대한 지역자원시설세 및 지방교육세는 제외한다)의 총액

2) 해당 시・도(특별시는 제외한다. 이하 이 조에서 같다)의 지방소비세액을 전년도 말의 해당 시・도의 인구로 나눈 금액에 전년도 말의 시・군의 인구를 곱한 금액

시・도비 보조금

1. 근거법

지방재정법 제23조 ②

시・도는 시책상 필요하다고 인정할 때 또는 시・군 및 자치구의 재정 사정상 특히 필요하다고 인정할 때에는 예산의 범위 안에서 시・군 및 자치구에 보조금을 교부할 수 있다.

2. 재원

시・도의 일반회계 또는 특별회계

3. 용도

용도 지정

2.재원

시・도지사는 시・군에서 징수하는 광역시세・도세의 27퍼센트(인구 50만 이상의 시와 자치구가 아닌 구가 설치되어 있는 시의 경우에는 47퍼센트)에 해당하는 금액

3.용도

일반재원

표 14-7 광역자치단체에서 기초자치단체로의 재원 이전(2011) (단위 : 억 원, %)

구분	계 (구성비)	시·도비 보조금(구성비)	조정교부금 및 재정보전금(구성비)
계	135,869 (100)	76,223 (100)	59,646 (100)
자치구(특별시)	26,184 (19.3)	10,613 (13.9)	15,571 (26.1)
광역시(계)	35,246 (25.9)	20,542 (26.9)	14,704 (24.7)
군(광역시)	2,883 (2.1)	2,137 (2.8)	746 (1.3)
자치구(광역시)	32,363 (23.8)	18,405 (24.1)	13,958 (23.4)
도(계)	74,440 (54.8)	45,068 (59.1)	29,372 (49.2)
시	55,330 (40.7)	30,251 (39.7)	25,080 (42)
군	19,109 (14.1)	14,818 (19.4)	4,292 (7.2)

자료: 행정안전부, 「2011 지방자치단체 예산개요(상)」, p. 69.

1) 조정교부금(특별시·광역시 → 자치구)

지방자치법

제173조(자치구의 재원) 특별시장이나 광역시장은 시세(市稅) 수입 중의 일정액을 확보하여 조례로 정하는 바에 따라 해당 지방자치단체의 관할 구역 안의 자치구 상호 간의 재원을 조정하여야 한다.

지방자치법 시행령

제117조(자치구의 재원 조정) 법 제173조에 따른 자치구 상호 간의 조정 재원은 해당 시세(市稅) 중 취득세로 하며, 자치구 상호 간의 재원 조정 방법을 정하는 조례에는 조정교부금의 교부율・산정 방법 및 교부 시기 등이 포함되어야 한다.〈개정 2010.9.20〉

(1) 재원

가. 특별시광역시세인 취득세 · 등록세 중 조례로 정하는 일정액

서울 50%, 부산 55%, 대구 56%, 인천 40%, 광주 70%, 대전 68%, 울산 58%

나. 일반교부금과 특별교부금으로 운영

<특별교부금>

서울 10%, 부산 5%, 대구 10%, 인천 10%, 광주 10%, 대전 10%, 울산 10%

(2) 용도

용도 지정 없이 기초자치단체의 일반재원으로 사용

(3) 배분 방법

기초자치단체별 기준재정수입액과 기준재정수요액을 분석한 후 재정부족액을 기준으로 포괄 배분(행정안전부, 2011c : 68).

(4) 조정교부금 현황(인천광역시)

재정난을 겪고 있는 인천 지역 자치구가 예산 조기 집행 압박까지 받자 인천시의 재정조정교부금에 목을 매고 있다. 더구나 정부는 인천시 예산의 26%, 군 · 구 예산의 42%나 차지하는 사회복지정책(매칭 펀드)을 계속적으로 늘리고 있어 자치구들은 그야말로 죽을 맛이다. 2012년 4월 24일 인천시와 주요 군 · 구에 따르면, 올해 각 자치구가 시로부터 받아야 할 재정조정교부금은 모두 3천 527억 5천여만 원이지만, 현재까지 단 한푼도 받지 못하였다. 지난해 못 받은 교부금 일부도 올 초에야 지급되었다. 그 때문에 각 자치구들은 정부의 예산 조기 집행 권고에도 불구하고, 엄두도 내지 못하고 있다. 엎친데 겹친 격으로 정부가 복지 예산을 꾸준히 늘리고 있어 자치구들의 한숨은 더욱 깊어지고 있다.

복지 예산은 정부와 시 · 군 · 구가 절반씩 부담하는 구조이기 때문에 정부가 복지를 확대하면 지방 재정에도 영향을 끼친다. 지난 3월부터 보육시설을 이용하는 0~2세 유아에 대한 보육료 지원이 소득 하위 70%에서 모든 계층으로 확대되면서 소요 예산은 더욱 늘어났다. 이들은 복지 예산에 대한 국비 지원을 90%~100%까지 늘려야 한다고 입을 모으고 있다.

부평구의 경우, 시에서 재정지원교부금을 제때 지급하지 못하면 당장 5~6월부터 적자 운영이 불가피한 상황이다. 부평구는 지난 1월 설을 앞두고 금융권에서 50억 원을 빌릴 정도로 재정난이 심각하다. 일시 차입한 금액은 갚았지만 재정 상황이 나아져서가 아니다. 부평구는 직원 한 달 급여로 사용하는 돈만 50억 원을 웃돈다. 부평구 관계자는 "구가 갖고 있는 잉여자금이 많지 않은데다 매달 나가는 보육비 등 사업은 계속 하여야 한다. 시로부터 교부금을 받지 못하면 적자가 날 수밖에 없다"며 "예산의 약 40%를 차지하는 사회복지비가 가장 큰 부담이다. 복지비는 국가가 책임져야 한다"고 하였다.

남구는 또한 조기 집행은 엄두를 못내고 있다. 남구 오영식 자치행정국장은 "지난 2009~2010년 시 재원조정교부금 350억 원이 투입되지 못하여 이 여파로 2010~2011년 단기 차입까지 하여야 하는 상황을 맞았다"며 "당장 단기 차입 계획은 없지만, 시의 재원조정교부금 투입이 불

표 14-8 2011~2012 인천시 재정조정교부금 현황

구분	2011년 재정조정교부금	2011년 말 지급액	2012년 초 지급액 (2011년 미지급 교부금)	2012년 재정조정교부금	2012년 지급액
부평구	528억 원	210억 원	318억 원	591억 원	0원
남구	525억 원	439억 원	86억 원	561억 원	0원
계양구	445억 원	210억 원	235억 원	513억 원	0원
동구	396억 원	140억 원	256억 원	429억 원	0원
남동구	384억 원	40억 원	345억 원	409억 원	0원
서구	320억 원	170억 원	150억 원	350억 원	0원
중구	323억 원	0 원	323억 원	337억 원	0원
연수구	295억 원	101억 원	194억 원	332억 원	0원

자료: 인천신문, 2012.4.25.

확실한 상황에서 예산 조기 집행을 할 수는 없다"고 하였다. 또 "보통 예산 집행은 1년 후를 내다보고 추진하지만, 현재 여건은 한 달 앞만 보고 집행하고 있다"고 하였다.

(5) 인천시 군수 · 구청장협의회의 재정문제 해결 위한 제도 개선을 정부 및 국회에 요구

인천시 군수 · 구청장협의회는 2012년 1월 5일 인천시청에서 기자회견을 열고 "지난 20년간 지방자치 · 지방분권은 조금씩 진전되었지만 지방재정의 경우는 오히려 역행하는 가운데 최근 몇 년 간 기초단체의 재정은 급속히 악화하고 있다"며 "상응하는 재원 이전이 이루어지지 않고 있기 때문"이라고 지적하였다.

지방재정의 평균 자립도가 1995년 63.5%에서 지난해에는 51.9%로 덜어졌고 인천지역 기초자치단체는 더욱 심각하여 평균 37%에 그치고 있다 한다. 협의회는 사회복지 분야 52개 사무가 지방으로 이양되었으나 국비 지원 비중은 오히려 줄어들면서 협의회는 지방재정을 크게 압박하는 사회복지사업과 관련, 기초노령연금과 보육 등 국민기본권적 사업은 전액 국고보조사업으로 환원할 것과 법령 개정을 통한 무상급식 국비 지원을 요청하였다 한다. 협의회는 이날 공동으로 조정교부금과 관련한 지방자치법 시행령 개정, 국세와 지방세 간의 세목구조 개편, 사회복지사업 국가 지원 확대, 지방교부세법 개정을 통한 보통교부세 자치구 직접 교부, 지방세 비과세 및 감면 비율 축소를 정부와 국회에 건의한 것으로 전해졌다(인천신문, 2012.1.9).

(6) '조정교부금 재원' 보통세로 확대

그 동안 취득세로 한정되어 있던 조정교부금의 재원이 앞으로는 보통세로 확대된다. 지금까지는 부동산 경기에 민감하고 재원 변동이 심한 취득세를 조정교부금의 재원으로 하고 있어 자치구의 안정적인 재정 운영이 어렵다는 지적이 있었다. 조정교부금이 보통세로 확대되면 취득세, 레저세, 담배소비세, 지방소비세, 자동차세, 주민세, 지방소득세 등이 포함된다.

행정안전부는 이 같은 내용의 「지방자치법 시행령」 일부 개정안을 2012년 3월 20일부터 입법예고하고 앞으로 국무회의 의결을 거친 후 내년 1월부터 시행할 예정이다. 노병찬 행안부 지방재정세제국장은 "이번 조정교부금 산정 재원의 확대는 자치구의 안정적인 재정 운영에 기여할 것"이라며 "자치구에서는 특·광역시 보통세에 대한 징수 노력을 강화하게 되어 전반적인 세수 증대 효과도 기대된다"고 말하였다(경기일보, 2012.3.20).

2) 재정보전금(광역시 · 도 → 시 · 군)

지방재정법

제29조(시 · 도가 시 · 군에 하는 재정보전 등)

① 시 · 도지사(특별시장은 제외한다. 이하 이 조에서 같다)는 다음 각 호의 금액의 27퍼센트(인구 50만 이상의 시와 자치구가 아닌 구가 설치되어 있는 시의 경우에는 47퍼센트)에 해당하는 금액을 시 · 군에 대한 재정보전금의 재원으로 확보하여야 한다. 〈시행일 2014.1.1〉

1. 시 · 군에서 징수하는 광역시세 · 도세(화력 발전 · 원자력 발전에 대한 지역자원시설세, 특정 부동산에 대한 지역자원시설세 및 지방교육세는 제외한다)의 총액
2. 해당 시 · 도(특별시는 제외한다. 이하 이 조에서 같다)의 지방소비세액을 전년도 말의 해당 시 · 도의 인구로 나눈 금액에 전년도 말의 시 · 군의 인구를 곱한 금액

② 시 · 도지사는 제1항에 따른 재정보전금의 재원을 인구, 징수 실적(지방소비세는 제외한다), 해당 시 · 군의 재정 사정, 그 밖에 대통령령으로 정하는 기준에 따라 해당 시 · 도의 관할 구역의 시 · 군에 배분한다.

③ 시 · 도지사는 화력 발전 · 원자력 발전에 대한 각각의 지역자원시설세의 100분의 65에 해당하는 금액(「지방세기본법」 제67조 제2항에 따른 징수교부금을 교부한 경우에는 그 금액을 뺀 금액을 말한다)을 화력발전소 · 원자력발전소가 있는 시 · 군에 각각 배분하여야 한다. 〈시행일 2014.1.1〉

[전문개정 2011.8.4]

(1) 재원

광역시 · 도의 징수교부금 중 조례로 정하는 일정액

가. 일반재정보전금: 90%

나. 시책추진보전금: 10%

다. 특별재정보전금(경기도, 경상남도 해당)

(2) 용도

용도 지정 없이 기초자치단체의 일반재원으로 사용
(시책추진보전금은 시장·군수가 요청하는 사업 또는 시·도지사가 필요하다고 인정하는 사업)

(3) 배분 방법

인구, 징수 실적, 당해 시·군의 재정 사정 기타 대통령령이 정하는 기준에 따라 배분(행정안전부, 2011c: 68).

3) 시·도비 보조금(시·도→시·군·자치군)

지방재정법

제23조(보조금의 교부)

② 시·도는 정책상 필요하다고 인정할 때 또는 시·군 및 자치구의 재정 사정상 특히 필요하다고 인정할 때에는 예산의 범위에서 시·군 및 자치구에 보조금을 교부할 수 있다.

지방재정법 시행령

제29조(기부·보조 또는 출연의 제한)

⑤ 법 제17조 제1항의 규정에 의한 지방자치단체의 보조금 또는 그 밖의 공금의 지출에 대한 교부 신청, 교부 결정 및 사용 등에 관하여 필요한 사항은 당해 지방자치단체의 조례로 정한다.

(1) 재원

시·도의 일반회계 또는 특별회계

(2) 용도

특정한 지원 대상 사업 재정 수요 충당(용도 지정)

(3) 배분 방법

지원 사업별 사업 우선순위 등에 의거 지원(행정안전부, 2011c : 68)

4) 연도별 시 · 도비 보조금 및 교부금 교부 현황(총계)

표 14-9 연도별 시 · 도비 보조금 및 교부금 교부 현황(총계) (단위 : 억 원)

연도별	계	시 · 도비 보조금	조정교부금 및 재정보전금
2006	121,234	58,914	62,320
2007	138,556	68,657	69,899
2008	146,870	79,716	67,154
2009	159,029	93,106	65,923
2010	155,678	86,609	69,068
2011	135,869	76,223	59,646

주) 2010까지는 최종 예산액 2011은 당초예산액.
자료: 행정안전부, 「2011 지방자치단체 예산개요(상)」, p. 69.

제 15 장 지방자치단체의 자체수입

지방자치단체의 자체수입은 지방세 수입과 세외수입이 있다. 지방자치단체의 예산 중 자체수입이 차지하는 비중이 재정자립도이다.

1 지방세

1) 2010.3. 31 지방세법의 개편

지방세 기본법 제정(제정 2010.3.31 법률 제10219호, 2011.1.1 시행)

지방세법 전부 개정(개정 2010.3.31 법률 제10221호, 2011.1.1 시행)

지방세특례제한법 제정(제정 2010.3.31 법률 제10220호, 2011.1.1 시행)

2) 지방세의 구조

그림 15-1 지방세의 구조

주) * 등록면허세, 주민세(재산분), 재산세, 지방소득세(종업원분)은 자치구세
** 서울특별시는 특별시와 자치구 간 재산세 공동 과세
주민세: 균등분은 개인 또는 법인에 대하여 제78조 제1항에 따라 균등하게 부과하는 주민세
재산분은 사업소 연면적을 과세표준으로 하여 부과하는 주민세(지방세법 제74조)
지방소득세: 2010년부터 소득할 주민세(소득분 =소극세분+법인세분)와 사업소세(종업원분)를 통합
지방소비세: 2010년부터 부가가치세액의 5%(지방세법 제69조), 2013년부터 지방소비세 규모 확대(부가가치세액의 10%) 계획
자료: 지방세기본법, 지방세법(2012년 7월 기준).

3) 2011년도 지방세 관련 제도 개선

(1) 지방세 세목 체계 간소화(16→11개 세목)

(2) 중복 과세 통·폐합

취득세+취득 관련분 등록세→ 취득세

재산세+도시계획세 → 재산세

(3) 유사 세목 통합

취득 무관분 등록세+면허세→ 등록면허세

공동시설세+지역개발세 → 지역자원시설세

자동차세+주행세 → 자동차세

(4) 영세 세목 폐지(도축세)

(5) 현행 유지 : 주민세, 지방소득세, 지방소비세, 담배소비세, 레저세, 지방교육세

4) 국세 대 지방세 비율

표 15-1 국세 대 지방세 비율 (단위: 억 원, %)

구분 / 연도별	조세 총액	국세		지방세	
		세액	비율	세액	비율
2006	1,793,380	1,380,443	77.0	412,937	23.0
2007	2,049,834	1,614,591	78.8	435,243	21.2
2008	2,127,857	1,673,060	78.6	454,797	21.4
2009	2,097,085	1,645,407	78.5	451,678	21.5
2010	2,244,124	1,750,125	78.0	493,999	22.0
2011	2,373,795	1,876,361	79.0	497,434	21.0

주) 2009까지는 결산 기준, 2010은 결산 전망액, 2011은 당초예산액.
자료 : 행정안전부, 「2011년도 지방자치단체 예산개요(상)」, p. 108.

표 15-2 OECD 주요 국가의 국세 대 지방세 비율(2008년)

구분	국세	지방세
한국	78.6%	21.4%
일본	53.7%	46.3%
미국	51.9%	48.1%
독일	50.4%	49.6%
이탈리아	76.6%	23.4%
영국	89.8%	10.2%
프랑스	75.0%	25.0%

주) OECD Revenue Statistics 2010, 연방형 국가의 경우 주(州)정부의 세입을 지방세에 포함. 하고 Social Security Funds를 제외했을 때의 중앙지방 간 상대적 비중임.
자료: 행정안전부, 「2011년도 지방자치단체 예산개요(상)」, p. 108.

5) 지방세 신장 추세

표 15-3 단체별 지방세 신장 추세 (단위: 억 원)

구분	2006	2007	2008	2009	2010	2011
지방세(계)	412,818	435,315	458,351	450,565	493,045	497,434
시 · 도세	298,389	303,183	312,486	306,307	342,638	340,106
시 · 군 · 구세	114,429	132,132	145,865	144,259	150,407	157,328

주) 2009까지는 결산액, 2010은 최종예산액, 2011은 당초예산액.
자료: 행정안전부, 「2011년도 지방자치단체 예산개요(상)」, p. 35.

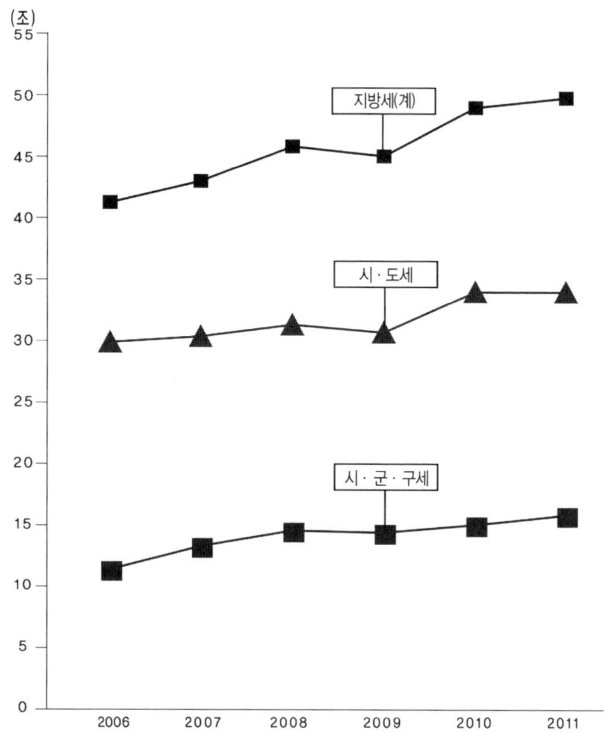

그림 15-2 단체별 지방세 신장 추세

자료: 행정안전부, 「2011년도 지방자치단체 예산개요(상)」, p. 35.

6) 지방세 · 세목별 단체별 규모

표 15-4 지방세 · 세목별 단체별 규모(2011) (단위: 억 원)

세목별 \ 단체별		계	특별 광역시세	도세	특 별 자치도세	시세	군세	자치구세	구성비 (%)
계		497,434	209,970	125,135	5,001	101,916	19,314	36,098	100
보통세	소계	435,434	181,523	94,813	4,210	100,125	19,066	35,716	87.5
	취득세	129,201	60,584	67,519	1,099	–	–	–	26.0
	등록면허세	10,599	159	5,655	40	–	–	4,744	2.1
	주민세	2,973	996	–	31	1,339	329	278	0.6
	재산세	80,152	17,079	–	656	28,787	4,229	29,401	16.1
	자동차세	62,823	27,695	–	552	27,766	6,810	–	12.6
	레저세	9,589	2,767	6,270	552	–	–	–	1.9
	담배소비세	28,526	12,231	–	388	12,876	3,030	–	5.7
	지방소비세	27,249	11,384	15,369	496	–	–	–	5.5
	지방소득세	84,342	48,627	–	397	29,358	4,668	1,292	17.0
목적세	소계	54,687	25,245	28,703	739	–	–	–	11
	지역자원 시설세	7,254	3,383	3,819	52	–	–	–	1.5
	지방교육세	47,434	21,682	24,884	687	–	–	–	9.5
과년도 수입		7,294	3,201	1,619	53	1,791	248	382	1.5

자료: 행정안전부, 「2011년도 지방자치단체 예산개요(상)」, p. 32.

7) 지방세 · 세목별 세입 구성

2011년도 지방세 세입 규모: 49조 7,434억 원

- 최대 세입: 취득세 12조 9,201억 원(26.0%)
- 최소 세입: 주민세 2,973억 원(0.6%)

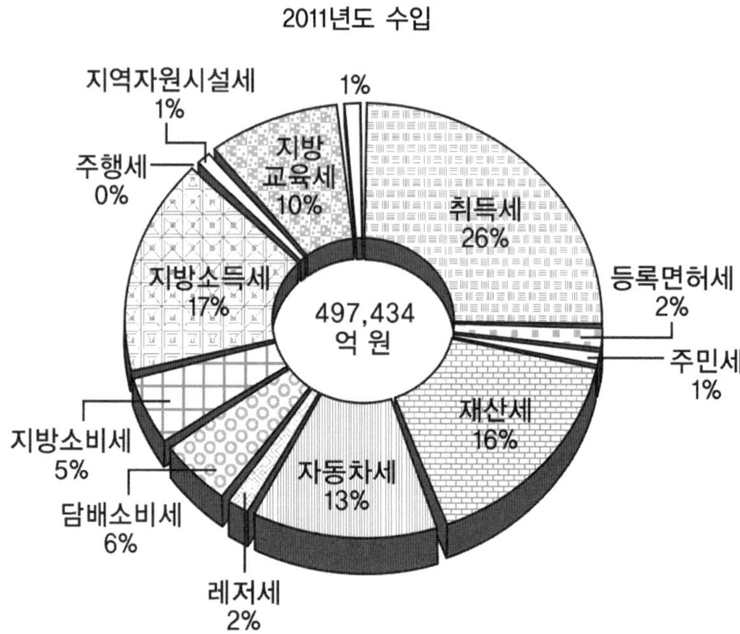

그림 15-3 지방세 · 세목별 세입 구성

자료: 행정안전부, 『2011년도 지방자치단체 예산개요(상)』, p. 16.

8) 주민 1인당 지방세 부담액(2011년도)

(1) 전국 평균 : 985,000원

가. 적용 회계 : 일반회계

나. 전국 평균, 시 · 도별 평균: 순계 예산 규모로 산출

다. 자치단체별 평균 : 총계 예산 규모로 산출

라. 산정 공식

$$\frac{\text{지방세액(보통세+목적세+과년도 수입)}}{\text{주민등록 인구 수(2010.12.31 현재)}}$$

(2) 단체별 최고 최저

표 15-5 주민 1인당 지방세 부담액(단체별 최고 · 최저) (단위: 천 원)

구분	특별시	광역시	도	특별자치도	시	군	자치구
평균	1,140	715	469	876	454	401	159
최고	1,140	799	534	876	766	985	780
	서울 본청	인천 본청	경기 본청	제주 본청	경기 용인	경기 연천	서울 중구
최저	–	634	319	–	220	155	68
	–	광주 본청	전남 본청	–	경북 문경	경북 영양	부산 북구

주) 총계 예산 규모 기준.
자료: 행정안전부, 「2011년도 지방자치단체 예산개요(상)」, p. 150.

(3) 시 · 도별 현황

표 15-6 주민 1인당 지방세 부담액 시·도별 현황(2011) (단위: 천 원)

시 · 도 · 별	평균 (순계 규모)	특별시 광역시 (총계 규모)	도 특별자치도 (총계 규모)	시 (총계 규모)	군 (총계 규모)	자치구 (총계 규모)
단체별 평균	985	904	477	454	401	159
서울	1,327	1,140	–	–	–	187
부산	866	735	–	–	499	119
대구	781	644	–	–	413	116
인천	995	799	–	–	402	190
광주	734	634	–	–	–	100
대전	787	659	–	–	–	128
울산	1,041	783	–	–	692	164
경기	1,030	–	534	490	689	–
강원	780	–	419	355	376	–
충북	798	–	406	355	460	–
충남	942	–	470	496	423	–
전북	675	–	351	325	319	–
전남	693	–	319	423	315	–
경북	767	–	365	430	297	–
경남	961	–	523	459	327	–
제주	876	–	876	–	–	–

자료: 행정안전부, 「2011년도 지방자치단체 예산개요(상)」, p. 151.

9) '서울특별시'의 재산세 공동과세

2007년 7월 20일 서울특별시의 자치구 간 재정력의 불균형을 완화하기 위하여 재산세의 공동과세를 위한 지방세법이 개정되었다. 이에 따라 특별시의 관할 구역 안의 재산세는 특별시 및 구세인 재산세가 되었다. 특별시분 재산세와 구(區)분 재산세는 각각 제3장 제2절에 따라 산출된 재산세액(제188조 제1항에 따른 표준세율을 적용하여 산출한 세액을 말한다)의 100분의 50을 그 세액으로 한다. 이 경우 특별시분 재산세는 제6조 제1항의 보통세인 특별시세로 보고 구분 재산세는 제6조 제3항의 보통세인 구세로 본다.

특별시분 재산세 전액을 관할 구역 안의 자치구에 교부하고, 특별시분 재산세의 교부 기준 및 교부 방법 등 필요한 사항은 자치구의 지방세수 등을 감안하여 특별시의 조례로 정한다. 다만, 교부 기준을 정하지 아니한 경우에는 자치구에 균등 배분하여야 한다. 부칙에는 경과 조치로 종래 자치구세인 재산세를 2008년에는 40%, 2009년에는 45%, 2010년에는 50%를 특별시분 재산세로 하였다.[본조신설 2007.7.20] [시행일 2008.1.1]

지방세기본법

제9조(특별시의 관할구역 재산세의 공동과세)

① 특별시 관할 구역에 있는 구의 경우에 재산세(「지방세법」 제9장에 따른 선박 및 항공기에 대한 재산세와 같은 법 제112조 제1항 제2호 및 같은 조 제2항에 따라 산출한 재산세는 제외한다)는 제8조에도 불구하고 특별시세 및 구세인 재산세로 한다.

② 제1항에 따른 특별시세 및 구세인 재산세 중 특별시분 재산세와 구(區)분 재산세는 각각 「지방세법」 제111조 제1항에 따라 산출된 재산세액의 100분의 50을 그 세액으로 한다. 이 경우 특별시분 재산세는 제8조 제1항의 보통세인 특별시세로 보고 구(區)분 재산세는 같은 조 제3항의 보통세인 구세로 본다.

표 15-7 재산세 공동과세 시행 효과(2008~2010) (단위: 억 원)

구분	2008년				2009년				2010년			
	재산세 공동과세		세입 격차		재산세 공동과세		세입격차		재산세 공동과세		세입격차	
	과세 전	과세 후	조정 전	조정 후	과세 전	과세 후	조정 전	조정 후	과세 전	과세 후	조정 전	조정 후
계	16,014	15,640			14,708	15,233			16,293	15,970		
종로	621	613	3.3	1.7	614	623	3.2	1.6	635	630	3.2	1.5
중구	822	734	4.3	2.1	840	748	4.4	1.9	870	746	4.3	1.8
용산	678	648	3.6	1.8	622	627	3.2	1.6	702	664	3.5	1.6
성동	369	462	1.9	1.3	373	492	1.9	1.3	399	512	2.0	1.2
광진	394	477	2.1	1.3	362	485	1.9	1.2	383	503	1.9	1.2
동대문	358	456	1.9	1.3	366	487	1.9	1.2	374	500	1.9	1.2
중랑	219	373	1.1	1.0	220	408	1.1	1.0	225	424	1.1	1.0
성북	353	453	1.8	1.3	346	476	1.8	1.2	362	494	1.8	1.2
강북	191	356	1.0	1.0	192	392	1.0	1.0	201	413	1.0	1.0
도봉	218	371	1.1	1.0	210	402	1.1	1.0	217	421	1.1	1.0
노원	332	440	1.7	1.2	342	474	1.8	1.2	355	490	1.8	1.2
은평	248	390	1.3	1.1	260	429	1.3	1.1	282	453	1.4	1.1
서대문	287	414	1.5	1.2	280	441	1.5	1.1	301	464	1.5	1.1
마포	489	535	2.6	1.5	482	550	2.5	1.4	533	579	2.7	1.4
양천	591	595	3.1	1.7	440	526	2.3	1.3	517	571	2.6	1.4
강서	529	568	2.8	1.6	507	575	2.6	1.5	529	590	2.6	1.4
구로	361	458	1.9	1.3	363	486	1.9	1.2	377	501	1.9	1.2
금천	212	368	1.1	1.0	217	406	1.1	1.0	234	430	1.2	1.0
영등포	731	679	3.8	1.9	678	658	3.5	1.7	748	686	3.7	1.7
동작	346	448	1.8	1.3	340	474	1.8	1.2	358	491	1.8	1.2
관악	340	446	1.8	1.3	345	476	1.8	1.2	358	492	1.8	1.2
서초	1,872	1,362	9.8	3.8	1,547	1,132	8.0	2.9	1,810	1,216	9.0	2.9
강남	3,280	2,207	17.2	6.2	2,911	1,879	15.1	4.8	3,378	2,002	16.8	4.9
송파	1,602	1,203	8.4	3.4	1,330	1,014	6.9	2.6	1,564	1,095	7.8	2.7
강동	571	584	3.0	1.6	521	573	2.7	1.5	581	603	2.9	1.5

주) 세입격차는 재산세액 규모가 가장 적은 강북구를 기준으로 한 배수 크기 비교치임.
자료: 서울특별시 세제과.

(1) 재산세 공동과세 시행 효과(2008~2010년)

재산세의 공동과세에 따라 서울특별시의 자치구 간 세입 격차의 완화 효과는 <표 15-7>과 같다. 재산세액 규모가 가장 적은 강북구를 기준으로 한 배수 크기를 보면 2008년에는 세입 규모가 가장 큰 강남구의 경우 조정 전 17.2에서 조정 후가 6.2였으나 2010년에는 조정 전 16.8에서 4.9로 완화되었다.

(2) 재산세 공동과세 시행 효과(2011년)

재산세 공동과세 시행으로 서울 강남구와 강북구 간 세입 격차가 인구 1인당 9.9배에서 2.8배로 줄었다. 세액 단순 대비 격차는 16.3배에서 4.6배로 완화되었다. 서울시는 2011년 전체 재산세 3조 1,382억 원 가운데 자치구 재산세 총 1조 6,882억 원의 50%(8,441억 원)를 25개 자치구에 338억 원씩 균등 배분하는 공동과세 시행 시 이 같은 세입 격차 완화 효과가 나타난다고 18일 밝혔다. 2011년 9월분 재산세 부과액은 전년 동기(1조 9,791억 원) 대비 16만 3,000건, 399억 원이 증가한 2조 190억 원이다. 2011년 전체 재산세 3조 1,382억 원의 64.3% 규모이다.

9월 자치구별 재산세는 강남(3,941억 원), 서초(2,129억 원), 송파(1,817억 원)가 강세를 보였다. 재산세가 적은 자치구는 도봉구 261억 원, 강북구 267억 원, 중랑구 305억 원 순이다.

2010년과 비교하여 강남(7억 원)은 세액이 감소하였고, 은평(36억 원), 금천(24억 원), 동작(24억 원)은 재산세가 증가하였다. 강남구는 공동주택가격(-3%)과 개별주택가격(-0.14%) 하락으로 주택분 재산세가 소폭 감소하였다. 은평구는 준공된 은평뉴타운 1만 2,000여 가구 부과, 금천구는 독산동 군부대 토지 매각, 동작구는 흑석5구역 주택재개발 1,700가구에 대한 과세로 세액이 증가하였다.

법인 토지분 재산세는 호텔롯데(송파구 잠실동, 101억 7,000만 원), 용산역세권 국제업무지구개발사업의 드림허브프로젝트금융투자회사(용산구 한강로3가, 93억 1,500만 원), 롯데물산(송파구 신천동, 80억 8,600만 원)순으로 나타났다(아시아경제, 2011.9.18).

10) 골프장과 지방 세수

전국 곳곳에서 골프장 건설 붐이 일고 있다. 23일 전국 지방자치단체에서 추진 중이거나 공사에 들어간 골프장은 103곳이다. 현재 운영 중인 골프장 204곳의 절반에 해당하는 수치이다. 특히 98곳의 골프장이 있는 경기도에는 15곳이 건설될 예정이어서 '1개 도(道) 100개 골프장 시대'를 맞을 것으로 보인다.

주목할 것은 지방자치단체들이 골프장 건설에 적극 나선다는 점이다. 종전에는 농약 과다 사용 등 환경분쟁 때문에 골프장 건설에 소극적이던 시 · 군 · 구 등이 세수(稅收)와 늘어나는 일자리, 지역경제 활성화 때문에 태도가 180도 바뀐 때문이다.

그림 15-4 지역별 골프장 숫자

자료: 조선일보, 2006.3.24.

재정경제부의 추산에 따르면, 18홀짜리 골프장 한 개를 지으면 건설할 때 평균 348명, 짓고 나서 운영할 때 330명의 일자리가 생긴다. 경북도를 기준으로 18홀짜리 골프장 건설비는 540억 원이 든다. 그만큼 지역경제에 활력이 도는 것이다. 또 지자체와 중앙정부는 연간 37억여 원의 세수를 올릴 수 있다. 지자체가 골프장 건설 경쟁에 나선 이유이다(조선일보, 2006.3.24).

11) '용인시'와 골프장 세수

경기도 각 자치단체마다 골프장 유치를 위하여 필사적인 경쟁을 벌이고 있다. 자치체들은 골프장이 지방 세수 확보로 지역경제에 큰 도움이 된다고 생각하고 있기 때문이다. 용인시 역시 현재 26개 골프장에서 6개를 더 늘릴 예정이다. 단순한 세수 확대를 넘어 골프를 용인의 대표적 관광상품으로 키워 지역경제를 발전시키겠다는 복안이다. 현재 용인시에서 운영되고 있는 골프장은 26개로 전국 골프장의 약 10%에 이른다. 여기에 6개의 골프장을 추가로 추진 중이다.

이와 함께 용인시는 총 933억여 원의 예산을 투입하는 시립골프장을 검토 중이다. 골프아카데미, 골프연습장, 골프스쿨 등이 들어서며 건설효과로 957억 원의 생산성을 유발한다. 용인시는 1,521명의 고용 창출, 236억 원의 소득을 유발, 연간 이용객 9만 4,860명 유치 등 172억여 원의 직접 효과를 기대하고 있다.

용인 지역 골프장의 경우 1홀당 한 해 평균 1억 원의 지방세를 납부한다. 작년 용인시 지방세 수입은 총 3,063억 4,500만 원으로 그 중 골프장 관련 조세수입은 400억 원이었다. 전체 지방세의 8%를 차지하는 수치이다. 용인시는 올해 이 수입으로 경전철 건설과 5개 하천에 대한 생태하천복원사업 등 굵직한 대형 사업을 추진하였다(조선일보, 2008.12.2).

2 세외수입

1) 세외수입 구조

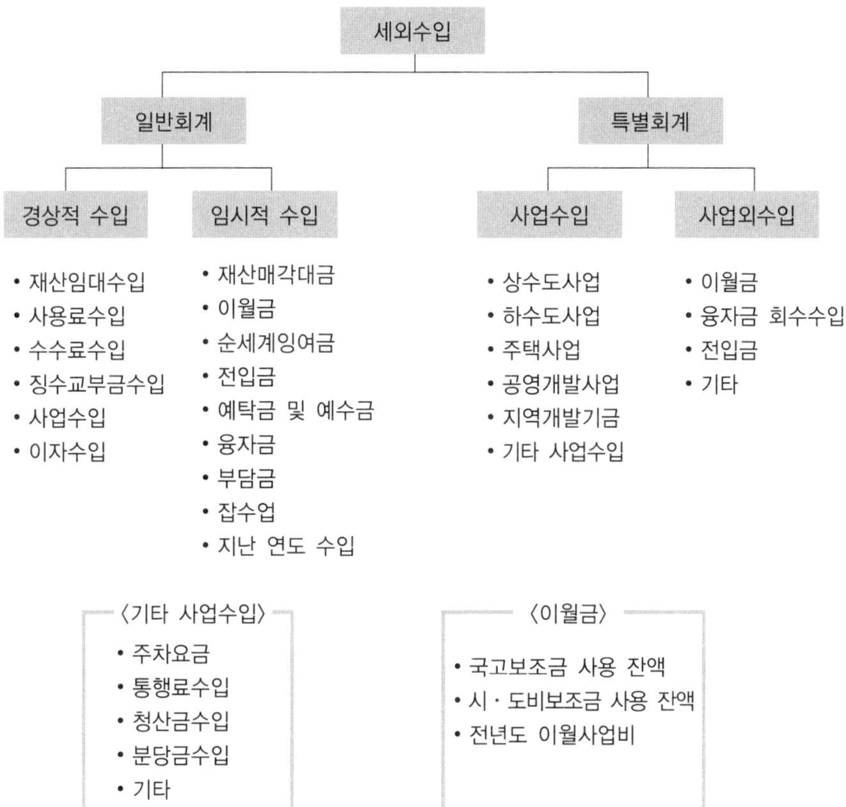

그림 15-5 세외수입 구조

자료: 행정안전부, 「2011년도 지방자치단체 예산개요(상)」, p. 40.

2) 세외수입 세목별 · 단체별 규모

2011년도 세외수입 세목별 · 단체별 규모 <표 15-8>과 같이 경상적 세외수입 중에는 사용료 수입의 비중이 15.9%로 가장 높고, 임시적 세외수입 중에는 순세계잉여금(23.1%)과 전입금(21.6%)의 비중이 높은 것으로 나타났다.

표 15-8 2011년도 세외수입 세목별 · 단체별 규모 (일반 +특별회계) (단위: 억 원)

단체별 세목별		세외수입 예산 규모 (일반 + 특별회계)							
		계	특별광역시	도	특별자치도	시	군	자치구	구성비(%)
계		370,351	128,361	49,505	3,904	119,983	35,261	33,337	100
경상적 세외수입	소 계	130,259	48,326	6,900	1,873	49,004	9,853	14,303	35.2
	재산임대 수입	4,598	3,072	75	37	840	218	356	1.2
	사용료 수입	59,066	27,424	546	719	23,579	3,803	2,995	15.9
	수수료 수입	9,275	610	410	134	4,386	767	2,968	2.5
	사업 수입	34,783	14,695	679	683	14,232	2,558	1,936	9.4
	징수교부금수입	9,818	422	691	28	2,866	572	5,239	2.7
	이자 수입	12,718	2,103	4,498	271	3,102	1,934	810	3.4
임시적 세외수입	소계	240,092	80,035	42,605	2,031	70,979	25,408	19,034	64.8
	재산 매각 수입	11,210	3,893	747	26	4,212	1,074	1,258	3.0
	순세계 잉여금	85,694	10,915	13,087	893	34,475	14,364	11,960	23.1
	이월금	1,365	343	20	–	310	250	442	0.4
	전입금	79,926	45,346	10,315	772	15,975	7,278	240	21.6
	예탁금 및 예수금	997	487	142	–	182	25	161	0.3
	융자금원금수입	13,502	2,749	9,878	121	231	466	57	3.6
	부담금	23,900	8,187	6,790	37	7,736	571	579	6.5
	잡수입	18,096	6,893	1,564	131	5,774	1,117	2,617	4.9
	지난 연도 수입	5,403	1,223	62	52	2,083	263	1,720	4.5

주) 총계 기준.
자료: 행정안전부, 「2011년도 지방자치단체 예산개요(상)」, p. 41.

참고 문헌

국내 문헌

정일섭(2010), 「한국지방자치론」, 대영문화사.
한국지방행정연구원(1999), 「지방자치・행정 50년사」.
행정안전부(2011a), 「2010 행정안전백서」.
———(2011b), 「2011년 지방자치단체 외국인주민 현황」 조사결과 발표 2011. 6.24 보도자료.
———(2011c), 「2011년도 지방자치단체 예산개요(상)」.
———(2011d), 「2011년도 지방자치단체 예산개요(하)」.

강원일보, 2011.8.27.
경기일보, 2012.3.20.
경인일보, 2010.8.10, 2011.7.19
경향신문, 2012.6.4.
국민일보, 2011.10.20.
뉴스타운, 2011.12.24.
뉴시스, 2012.1.17.
동아일보, 2011.9.14, 2011.10.25, 2012.1.4, 2012.4.14.
머니 투데이, 2011.11.16.
부산일보, 2009.1.8, 2010.6.24, 2010.6.25.
세계일보, 2012.6.28.
아시아경제, 2011.9.18.
연합뉴스, 2008.11.20, 2012.3.29, 2012.5.2.
인천신문, 2012.6.4.
전남매일, 2012.2.14.
제민일보, 2012.5.30.
조선일보, 2003.10.9, 2006.3.24, 2006.6.23, 2007.4.1, 2008.12.2, 2011.4.15, 2011.6.17,

2012.1.7, 2012.1.12, 2012.2.9, 2012.2.25, 2012.2.27, 2012.3.8, 2012.3.28, 2012.4.5, 2012.4.16, 2012.4.25, 2012.5.16, 2012.6.7.

중앙일보, 2005.6.8, 2010.4.6, 2010.5.17, 2011.10.7, 2011.12.5, 2012.1.16, 2012.1.19, 2012.1.25, 2012.1.26, 2012.2.4, 2012.2.10, 2012.2.16, 2012.3.22, 2012.4.2, 2012.4.6, 2012.4.16, 2012.4.17, 2012.4.23, 2012.5.2, 2012.5.3, 2012.5.30, 2012.6.28.

한겨레 21, 2003.4.10.

한겨레신문, 2004.5.4, 2011.12.8.

한국일보, 2012.2.13.

cnews, 2011.9.20.

http://www.mta.go.kr/introduction/conference/condition.jsp(2012.5.20)

http://www.clar.go.kr/popup.html?seq=5(2012.5.20)

http://www.clar.go.kr/section/content/content.html?PID=plan(2012.5.20)

http://www.clar.go.kr/section/content/content.html?PID=condition(2012.5.27)

http://www.jirisantour.go.kr/(2012.6.8)

찾아보기

ㄱ

ㅊ

ㅋ

ㅌ

ㅎ

저자 소개

정일섭

[약력]

- 인하대학교 행정학과 졸업
- 서울대학교 행정대학원 졸업
- 행정학박사
- 행정자치부, 지방행정혁신 평가위원(역임)
- 인천광역시, 인사위원회 위원(역임)
- 인천광역시, 도시계획위원회 위원(역임)
- 인천광역시, 공직자윤리위원회 위원(역임)
- 인천광역시, 소청심사위원회 위원(역임)
- 요꼬하마시립대학 객원교수(2003)
- 현재 인하대학교 행정학과 교수

[주요 저서 및 논문]

- 「인천지역의 이해」(공저), 1999. 인하대학교출판부.
- 「한국지방자치론」, 2010. 대영문화사.
- 「지방자치의 이해」, 2010. 대영문화사.
- 「지방의회의 이해」(공저), 2008, 박영사.
- "지방자치와 시민운동", 「한국지방자치학회보」, 1999.9. 제11권 제3호.
- "지방자치와 관련된 용어에 대한 연구", 「한국정책과학학회보」, 2000. 9. 제4권 제2호
- "지방자치단체의 환경협정", 「한국행정학보」, 2000,11, 제34권 제3호.
- "주민자치센터에 대한 연구", 「한국지방자치학회보」, 2001.12. 제13권 제4호.
- "인사청문회제도에 대한 연구", 「한국지방자치학회보」, 2003, 9. 제15권 제3호.
- "주민투표제도에 대한 평가", 「한국지방자치학회보」, 2006.12, 제18권 제4호.
- "주민소환제도에 대한 평가", 「한국지방자치학회보」, 2009. 3. 제21권 제1호.

지방자치 사례연구

펴낸날 / 제1판 제1쇄 2012년 7월 25일

지은이 / 정일섭

펴낸이 / 임춘환

펴낸곳 / 도서출판 대영문화사

주소 / 서울 용산구 청파동 1가 178-2 ㉾ 140-869

등록 / 1975년 12월 26일 제3-16호

전화 / (02)716-3883, (02)714-3062

팩시밀리 / (02)703-3839

우체국 온라인 / 011353-02-009106

ISBN 978-89-7644-410-3

〔값 13,000원〕